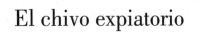

El chivo expiatorio

René Girard

El chivo expiatorio

Traducción de Joaquín Jordá

EDITORIAL ANAGRAMA

BARCELONA

Título de la edición original:
Le Bouc émissaire
© Éditions Grasset & Fasquelle
  París, 1982

Ilustración: © lookatcia
Diseño de la biblioteca: © lookatcia

Primera edición en «Argumentos»: abril 1986
Primera edición en «Compactos»: junio 2024

Diseño de la colección: Julio Vivas y Estudio A

© De la traducción, Joaquín Jordá, 1986

© EDITORIAL ANAGRAMA, S. A. U., 1986
  Pau Claris, 172
  08037 Barcelona

ISBN: 978-84-339-2634-0
Depósito legal: B. 3132-2024

Printed in Spain

· Liberdúplex, S. L. U., ctra. BV 2249, km 7,4 - Polígono Torrentfondo
08791 Sant Llorenç d'Hortons

CAPÍTULO I
GUILLAUME DE MACHAUT Y LOS JUDÍOS

El poeta francés Guillaume de Machaut escribía en pleno siglo XIV. Su *Jugement du Roy de Navarre* merecería ser mejor conocida. Ciertamente la parte principal de la obra no es más que un largo poema en el tradicional estilo cortés, de tema convencional. Pero su comienzo tiene algo que estremece. Es una serie confusa de acontecimientos catastróficos a los que Guillaume pretende haber asistido antes de que el terror acabara por encerrarle en su casa, para esperar en ella la muerte o el final de la increíble prueba. Algunos acontecimientos resultan completamente inverosímiles, otros lo son solo a medias. Y, sin embargo, del relato se desprende una impresión: algo real sucedió.

Hay signos en el cielo. Llueven piedras y golpean a todos los vivientes. Ciudades enteras han sido destruidas por el rayo. En la que residía Guillaume –no dice cuál– muere gran cantidad de hombres. Algunas de estas muertes se deben a la maldad de los judíos y de sus cómplices entre los cristianos. ¿Qué hacían esas personas para ocasionar tan vastas pérdidas en la población local? Envenenaban los ríos, las fuentes de abastecimiento de agua potable. La justicia celestial remedió estas tropelías mostrando sus autores a la población, que los mató a todos. Y, sin embargo, las gentes no cesaron de morir, cada vez en mayor número hasta que cierto día de primavera Guillaume oyó música en la calle y a unos hombres y mujeres que reían. Todo había terminado y podía volver a empezar la poesía cortés.

Desde sus orígenes en los siglos XVI y XVII, la crítica moderna insiste en no conceder una confianza ciega a los textos. En nuestra época, muchas personas inteligentes creen seguir haciendo progresar la perspicacia crítica exigiendo una desconfianza cada vez mayor. A fuerza de ser interpretados y reinterpretados por generaciones sucesivas de historiadores, unos textos que antes parecían portadores de información real han pasado a ser sospechosos. Por otra parte, los epistemólogos y los filósofos atraviesan una crisis radical que contribuye al desmoronamiento de lo que antes se llamaba la ciencia histórica. Los intelectuales acostumbrados a alimentarse de textos se refugian en desengañadas consideraciones respecto a la imposibilidad de cualquier interpretación segura.

A primera vista, el texto de Guillaume de Machaut puede parecer vulnerable al clima actual de escepticismo en materia de certidumbre histórica. Después de unos instantes de reflexión, incluso hoy, sin embargo, los lectores descubren en él unos acontecimientos reales a través de las inverosimilitudes del relato. No creen en los signos del cielo ni en las acusaciones contra los judíos, pero no tratan todos los temas increíbles de la misma manera; no los sitúan en el mismo plano. Guillaume no inventó nada. Desde luego, fue un hombre crédulo y refleja una opinión pública histérica. No por ello las innumerables muertes que relata son menos reales, causadas, según todos los indicios, por la famosa peste negra que asoló el norte de Francia en 1349 y 1350. La matanza de los judíos es igualmente real, justificada a los ojos de las multitudes asesinas por los rumores del envenenamiento que circulaban por todas partes. El terror universal de la enfermedad concedía a estos rumores el peso suficiente para desencadenar dichas matanzas.

He aquí el pasaje del *Jugement du Roy de Navarre* que trata de los judíos:

> *Après ce, vint une merdaille*
> *Fausse, traïte et renoïe:*
> *Ce fu Judée la honnie,*
> *La mauvaise, la desloyal,*
> *Qui bien het et aimme tout mal,*
> *Qui tant donna d'or et d'argent*
> *Et promist a crestienne gent,*
> *Que puis, rivieres et fonteinnes*
> *Qui estoient cleres et seinnes*
> *En plusieurs lieus empoisonnerent,*
> *Dont plusieur leurs vies finerent;*
> *Car trestuit cil qui en usoient*
> *Assez soudeinnement moroient.*
> *Dont, certes, par dis fois cent mille*
> *En moururent, qu'a champ, qu'a ville.*
> *Einsois que fust aperceüe*
> *Ceste mortel deconvenue.*
>
> *Mais cils qui haut siet et loing voit,*
> *Qui tout gouverne et tout pourvoit,*
> *Ceste traïson plus celer*
> *Ne volt, eins la fist reveler*
> *Et si generalement savoir*
> *Qu'ils perdirent corps et avoir.*
> *Car tuit Juïf furent destruit,*

Li uns pendus, li autres cuit,
L'autre noié, l'autre ot copée
La teste de hache ou d'espée.
En meint crestien ensement
En morurent honteusement.[1]

Las comunidades medievales tenían tanto miedo de la peste que su propio nombre las horrorizaba; evitaban en lo posible pronunciarlo e incluso tomar las medidas debidas a riesgo de agravar las consecuencias de las epidemias. Su impotencia era tal que confesar la verdad no era afrontar la situación, sino más bien abandonarse a sus efectos disgregadores, renunciar a cualquier apariencia de vida normal. Toda la población se asociaba gustosamente a ese tipo de ceguera. Esta voluntad desesperada de negar la evidencia favorecía la caza de los «chivos expiatorios».[2]

En *Les animaux malades de la peste*, La Fontaine sugiere de manera admirable esta repugnancia casi religiosa por enunciar el término terrorífico, por desencadenar, en cierto modo, su poder maléfico en la comunidad:

La peste (puisqu'il faut l'appeler par son nom)...

El fabulista nos hace asistir al proceso de la mala fe colectiva que consiste en identificar la epidemia con un casti-

1. *Oeuvres* de Guillaume de Machaut, publicadas por Ernest Hoeppfner, I, *Le jugement du Roy de Navarre*, Société des Anciens Textes Français, 1908, pp. 144-145.
2. J.-N. Biraben, *Les Hommes et la Peste en France et dans les pays Européens et méditerranéens*, París-La Haya, 1975-1976, 2 vols.; Jean Delumeau, *La Peur en Occident*, París, 1978. (Hay traducción española: *El miedo en Occidente*, trad. de Mauro Armiño, Taurus, Madrid, 2012.)

go divino. El dios colérico está irritado por una culpa que no es igualmente compartida por todos. Para desviar el azote, hay que descubrir al culpable y tratarle en consecuencia o, mejor dicho, como escribe La Fontaine, «entregarle» a la divinidad.

Los primeros interrogados, en la fábula, son unos animales predadores que describen ingenuamente su comportamiento de animal predador, el cual es inmediatamente disculpado. El asno llega en último lugar y él, el menos sanguinario y, por ello, el más débil y el menos protegido de todos, resulta, a fin de cuentas, inculpado.

En algunas ciudades, según creen los historiadores, los judíos fueron exterminados antes de la llegada de la peste, por el mero rumor de su presencia en la vecindad. El relato de Guillaume podría corresponder a un fenómeno de ese tipo, pues la matanza se produjo mucho antes del paroxismo de la epidemia. Pero las numerosas muertes atribuidas por el autor a la ponzoña judaica sugieren otra explicación. Si estas muertes son reales –y no hay ningún motivo para considerarlas imaginarias– podrían muy bien ser las primeras víctimas de una sola e idéntica epidemia. Pero Guillaume no lo cree así, ni siquiera retrospectivamente. A sus ojos, los chivos expiatorios tradicionales conservan su poder explicativo *para las primeras fases de la epidemia*. Solo para las fases siguientes, el autor admite la presencia de un fenómeno propiamente patológico. La amplitud del desastre acabó por desvirtuar como única explicación el complot de los envenenadores, pero Guillaume no reinterpreta la serie completa de los acontecimientos en función de su verdadera razón de ser.

Podemos preguntarnos, además, hasta qué punto el poeta reconoce la presencia de la peste, pues evita hasta el final escribir la palabra fatídica. En el momento decisivo, introduce con solemnidad el término griego y, según parece, excepcional en aquella época, de *epydimie*. Evidentemente, esta palabra no *funciona* en su texto como lo haría en el nuestro; no es un auténtico equivalente del temido término; es más bien una especie de sucedáneo, un nuevo procedimiento para no llamar a la peste por su nombre, en definitiva, un nuevo chivo expiatorio, pero, en esta ocasión, puramente lingüístico. Jamás ha sido posible, nos dice Guillaume, determinar la naturaleza y la causa de la enfermedad de la que tantas personas murieron en tan poco tiempo:

> *Ne fusicien n'estoit, ne mire*
> *Qui bien sceüst la cause dire*
> *Dont ce venoit, ne que c'estoit*
> *(Ne nuls remede n'y metoit),*
> *Fors tant que c'estoit maladie*
> *Qu'on appelloit epydimie.*

También respecto a este punto, Guillaume prefiere remitirse a la opinión pública en vez de pensar por su cuenta. De la palabra culta *epydimie* se desprende siempre, en el siglo XIV, un aroma de «cientifismo» que contribuye a rechazar la angustia, algo así como aquellas fumigaciones odoríferas que se practicaron durante mucho tiempo en las esquinas de las calles para moderar los efluvios pestíferos. Una enfermedad con un nombre adecuado parece semicurada y para conseguir una falsa impresión de dominio frecuentemente se vuelven a bautizar los fenómenos incontrolables. Estos exorcismos verbales no han dejado de seducirnos en todos los campos donde nuestra ciencia sigue siendo ilusoria o ineficaz. Al negarse a nombrarla, es la propia peste, en definitiva, la que se «entrega» a la divinidad.

Aparece ahí algo así como un sacrificio del lenguaje, sin duda bastante inocente comparado con los sacrificios humanos que lo acompañan o lo preceden, pero siempre análogo a ellos en su estructura esencial.

Incluso desde un punto de vista retrospectivo, todos los chivos expiatorios colectivos reales e imaginarios, los judíos y los flagelantes, los pedriscos y la *epydimie*, siguen desempeñando su papel con tanta eficacia en el relato de Guillaume que este no ve jamás la unidad de la plaga designada por nosotros como la «peste negra». El autor sigue percibiendo una multiplicidad de desastres más o menos independientes o unidos entre sí únicamente por su significación religiosa, algo parecido a las diez plagas de Egipto.

Todo o casi todo lo que acabo de decir es evidente. Todos entendemos el relato de Guillaume de la misma manera y los lectores no necesitan que se lo explique. No es inútil, sin embargo, insistir respecto a esta lectura cuya audacia y cuya fuerza se nos escapan, precisamente porque es admitida por todos, porque no ha sido controvertida. Desde hace siglos el acuerdo en torno a ella se ha hecho unánime y jamás se ha roto. Es tanto más notable en la medida en que se trata de una reinterpretación radical. Rechazamos sin titubear el sentido que el autor da a su texto. Afirmamos que no sabe lo que dice. A varios siglos de distancia, nosotros, modernos, lo sabemos mejor que él y somos capaces de corregir su opinión. Creemos incluso descubrir una verdad que el autor no ha visto y, con una audacia aún mayor, no vacilamos en afirmar que él es quien nos aporta esta verdad, pese a su ceguera.

¿Significa que esta interpretación no merece la masiva adhesión que recibe; que mostramos respecto a ella una indulgencia excesiva? Para desacreditar un testimonio judicial basta con probar que, en algún punto, aunque solo sea uno, el testigo peca de parcialidad. Por regla general, tratamos los documentos históricos como testimonios judiciales. Ahora bien, transgredimos esta regla en favor de un Guillaume de Machaut que tal vez no merece este tratamiento privilegiado. Afirmamos la realidad de las persecuciones mencionadas en *Le Jugement du Roy de Navarre*. En resumidas cuentas, pretendemos extraer verdades de un texto que se equivoca torpemente en unos puntos esenciales. Si tenemos razones para desconfiar de él, quizá debiéramos considerarlo completamente dudoso y renunciar a sustentar en él la menor certidumbre, incluida la de la persecución.

De ahí procede, pues, la seguridad asombrosa de nuestra afirmación: se produjo realmente una matanza de judíos. Se presenta, pues, a la mente una primera respuesta. No leemos este texto de manera aislada. Hay otros de la misma época que tratan de los mismos temas y algunos de ellos son mejores que el de Guillaume. Sus autores se muestran menos crédulos. Entre todos constituyen una red cerrada de conocimiento histórico en cuyo seno volvemos a situar el texto de Guillaume. Gracias, sobre todo, a este contexto conseguimos separar lo verdadero de lo falso en el pasaje que he citado.

En verdad, las persecuciones antisemitas de la peste negra constituyen un conjunto de hechos relativamente conocido. Encontramos ahí todo un saber ya aceptado que suscita en nosotros cierta expectativa. El texto de Guillaume responde a tal expectativa. Este enfoque no es falso en el plano de nuestra experiencia individual y del contacto inmediato con el texto, pero resulta insatisfactorio desde el punto de vista teórico.

También es verdad que disponemos de una red de datos históricos sobre ello, pero los documentos nunca son mucho más seguros que el texto de Guillaume, por razones análogas o de otro tipo. Y no podemos acabar de situar a Guillaume en este contexto puesto que, como ya he dicho, no sabemos dónde se desarrollan los acontecimientos que nos refiere. Tal vez en París, quizá en Reims, o en otra ciudad. De todos modos, el contexto no juega un papel decisivo; incluso sin estar informado acerca de él, el lector moderno llegaría a la lectura que he hecho. Concluiría que probablemente se realizó una matanza injusta. Pensaría, pues, que el texto miente, ya que estas víctimas son inocentes, pero al mismo tiempo pensaría que no miente, puesto que las víctimas son reales. Acabaría por diferenciar la verdad de la mentira exactamente como nosotros las diferenciamos. ¿Qué es lo que nos concede este poder? ¿No conviene guiarse sistemáticamente por el principio de que hay que tirar todo el cesto de manzanas siempre que haya una estropeada? ¿No debemos sospechar en este caso un fallo de la suspicacia, un resto de ingenuidad con el que la hipercrítica contemporánea ya habría terminado si le dejaran el campo libre? ¿No hay que confesar que todo conocimiento histórico es inseguro y que nada se puede deducir de un texto como el nuestro, ni siquiera la realidad de una persecución?

Todas estas preguntas deben contestarse con un «no» categórico. El escepticismo sin matices no toma en consideración la naturaleza propia del texto. Entre los datos verosímiles y los inverosímiles hay una relación muy especial. Al principio el lector es incapaz de afirmar: esto es falso, esto es cierto. Solo ve unos temas más o menos increíbles y factibles. Las muertes que se multiplican resultan factibles; podría tratarse de una epidemia. Pero los envenenamientos apenas lo son, sobre todo en la escala masiva descrita por Guillaume. En el siglo XIV no se dispone de sustancias capaces de producir unos efectos tan nocivos. El odio del autor hacia los supuestos culpables es explícito y vuelve su tesis extremadamente sospechosa.

No podemos examinar estos dos tipos de datos sin comprobar, al menos implícitamente, que se influyen de modo recíproco. Si hubo realmente una epidemia, no hay duda de que pudo inflamar los prejuicios latentes. El apetito persecutorio se polariza con facilidad en las minorías religiosas, sobre todo en tiempo de crisis. A la inversa, una persecución real podría justificarse perfectamente por el tipo de acusación de la que, de manera tan crédula, Guillaume se convierte en eco. Un poeta como él no debería ser especialmente sanguinario. Si da crédito a las historias que cuenta, ello se debe sin duda a que su entorno se lo impone. Así pues, el texto sugiere una opinión pública sobreexcitada, dispuesta a dar crédito a los rumores más absurdos. Sugiere, en suma, un estado de cosas propicio a las matanzas que el autor refiere.

En el contexto de las representaciones inverosímiles, la verosimilitud de las demás se confirma y se transforma en probabilidad. Lo recíproco es cierto. En el contexto de las representaciones verosímiles, la inverosimilitud de las restantes tampoco puede depender de una «función fabuladora» que se ejercería gratuitamente, por el mero placer de inventar la ficción. Cierto es que reconocemos lo imaginario, pero no cualquier cosa imaginaria, solo lo que es específico de los hombres ávidos de violencia.

Entre todas las evocaciones del texto, por consiguiente, hay un acuerdo recíproco, una correspondencia que únicamente puede explicarse mediante una sola hipótesis. El texto que leemos debe arraigarse en una persecución real, vinculada a la perspectiva de los perseguidores. Esta perspectiva es necesariamente engañosa en la medida en que los perseguidores están convencidos de la legitimidad de su violencia; se consideran a sí mismos justicieros; necesitan, por tanto, víctimas culpables, pero este enfoque es parcialmente verídico, pues la certidumbre de estar en lo justo anima a esos mismos perseguidores a no disimular un ápice sus matanzas.

Ante un texto como el de Guillaume de Machaut, es legítimo invalidar la regla general según la cual el conjunto de un texto nunca es mejor, desde el punto de vista de la información real, que el peor de sus datos. Si el texto describe unas circunstancias favorables a la persecución, si nos presenta unas víctimas como las que los perseguidores suelen elegir, y si, para mayor certidumbre aún, presenta a estas víctimas como culpables del tipo de crímenes que los perseguidores achacan generalmente a sus víctimas, la probabilidad de que la persecución fuera real es grande. Si el propio texto afirma esta realidad, no hay razones para ponerla en duda.

Tan pronto como se intuye la perspectiva de los perseguidores, la absurdidad de sus acusaciones, lejos de comprometer el valor de información del texto, refuerza la verosimilitud de las violencias que en él hallan eco. Si Guillaume hubiera añadido a su caso de envenenamiento unas historias de infanticidio ritual, su información sería todavía más increíble, pero ello no provocaría dudas en cuanto a la realidad de las matanzas que nos refiere. Cuanto más inverosímiles son las acusaciones en ese tipo de texto, más refuerzan la verosimilitud de las matanzas: nos confirman la presencia de un contexto psicosocial en cuyo seno las matanzas debieron de producirse casi irremediablemente. Por el contrario, el tema de las matanzas, yuxtapuesto al de la epidemia, ofrece el contexto histórico dentro del cual hasta un intelectual en principio refinado podría tomarse en serio su historia de envenenamiento.

Es indudable que tales relatos de persecuciones nos mienten de una manera tan característica acerca de los perseguidores en general y de los perseguidores medievales en especial que su texto confirma exactamente, punto por punto, las conjeturas sugeridas por la propia naturaleza de su mentira. Cuando lo que afirman los presuntos perseguidores es la realidad de sus persecuciones, merecen que se les crea.

Lo que engendra la certidumbre es la combinación de dos tipos de datos. Si solo se presentara esta combinación en unos pocos ejemplos, tal certidumbre no sería completa. Pero la frecuencia es demasiado grande para que la duda sea posible. Solo la persecución real, vista desde el punto de vista de los perseguidores, puede explicar la conjunción regular de estos datos. Nuestra interpretación de todos los textos es estadísticamente cierta.

Este carácter estadístico no significa que la certidumbre se base en la pura y simple acumulación de unos documentos, todos ellos igualmente inciertos. Esta certidumbre es de calidad superior. Todo documento del tipo del de Guillaume de Machaut tiene un valor considerable porque coinciden en él lo verosímil y lo inverosímil, dispuestos de tal manera que lo uno y lo otro explican y legitiman su recíproca presencia. Si nuestra certidumbre tiene un carácter estadístico se debe a que cualquier documento, considerado aisladamente, podría ser la obra de un falsario. Las posibilidades son pequeñas, pero no son nulas al nivel del documento individual. Si consideramos, en cambio, un mayor número, son nulas.

La solución realista que el mundo occidental y moderno ha adoptado para demistificar los «textos de persecución» es la única posible, y es verdadera por ser perfecta; explica perfectamente todos los datos que aparecen en ese tipo de textos. No nos la dictan el humanitarismo o la ideología, sino unas razones intelectuales decisivas. Esta interpretación no ha usurpado el consenso prácticamente unánime de que es objeto. La historia no puede ofrecernos unos resultados más sólidos. Para el historiador «de las mentalidades», un testimonio en principio digno de fe, es decir, el testimonio de un hombre que no comparte las ilusiones de un Guillaume de Machaut, jamás tendrá tanto valor como el indigno testimonio de los perseguidores, o de sus cómplices, y más porque es inconscientemente revelador. El documento decisivo es el de los perseguidores suficientemente ingenuos como para no borrar las huellas de sus crímenes, a diferencia de la mayoría de los perseguidores modernos, demasiado astutos como para dejar tras ellos unos documentos que podrían ser utilizados en su contra.

Llamo ingenuos a los perseguidores todavía bastante convencidos de su justo derecho y no suficientemente suspicaces como para disfrazar o censurar los datos característicos de su persecución. Estos aparecen a veces en sus textos bajo una forma verídica y directamente manifiesta, otras bajo una forma engañosa pero indirectamente reveladora. Todos los datos aparecen considerablemente estereotipados y la combinación de los dos tipos de estereotipos, los verídicos y los falaces, es lo que nos informa acerca de la naturaleza de esos textos.

Actualmente, todos sabemos descubrir los estereotipos de la persecución. Se trata de un saber que se ha trivializado pero que no existía, o en muy escasa medida, en el siglo XIV. Los perseguidores ingenuos *no saben lo que hacen*. Tienen demasiada buena conciencia para engañar a sabiendas a sus lectores y presentan las cosas tal como realmente las ven.

No se imaginan que al redactar sus relatos ofrecen armas contra sí mismos a la posteridad. Esto es cierto en el siglo XVI, en el caso de la tristemente célebre «caza de brujas». Y sigue siéndolo en nuestros días en el caso de las regiones «atrasadas» de nuestro planeta.

De modo que nos movemos en plena banalidad y tal vez el lector considere tediosas las evidencias fundamentales que proclamo. Le pido excusas, pero pronto verá que no es inútil; basta, a veces, un desplazamiento minúsculo para hacer insólito, incluso inconcebible, lo que resulta obvio en el caso de Guillaume de Machaut.

Por lo antedicho, el lector puede comprobar que estoy contradiciendo algunos principios sacrosantos para numerosos críticos. Siempre se me argumenta que jamás se puede violentar el texto. Frente a Guillaume de Machaut, la opción es clara: o bien violentamos el texto o bien dejamos que se perpetúe la violencia del texto contra unas víctimas inocentes. Algunos principios que parecen universalmente válidos en nuestros días porque, según se dice, ofrecen excelentes defensas contra los excesos de determinados intérpretes pueden provocar unas consecuencias nefastas en las que no han pensado quienes creen haberlo previsto todo considerándolos inviolables. Se va repitiendo por doquier que el primer deber del crítico consiste en respetar la significación de los textos. ¿Es posible defender este principio hasta las últimas consecuencias frente a la «literatura» de un Guillaume de Machaut?

Otro capricho contemporáneo hace un triste papel al enfrentarse a Guillaume de Machaut, o más bien a la lectura que todos, sin titubear, hacemos de él, y es la manera desenvuelta con que nuestros críticos literarios se desembarazan actualmente de lo que llaman el «referente». En la jerga lingüística de nuestra época, el referente es aquello de lo que un texto pretende hablar, o sea, en este caso, la matanza de los judíos vistos como responsables del envenenamiento de los cristianos. Desde hace unos veinte años se nos está repitiendo que el referente es prácticamente inaccesible. Poco importa, por otra parte, que seamos o no capaces de acceder a él; según parece, la ingenua preocupación por el referente no puede provocar otra cosa que obstáculos al estudio *modernísimo* de la textualidad. Ahora solo importan las relaciones siempre equívocas y resbaladizas del lenguaje consigo mismo. No siempre debemos rechazar por completo este enfoque pero, si lo aplicamos de manera escolar, corremos el riesgo de ver en Ernest Hoeppfner, el editor de Guillaume en la venerable Société des Anciens Textes, el único crítico realmente ideal de ese escritor. En efecto, su introducción habla de poesía cortés, pero jamás trata de la matanza de los judíos durante la peste negra.

El pasaje de Guillaume, citado anteriormente, constituye un buen ejemplo de lo que en *Cosas ocultas desde la fundación del mundo* he denominado los «textos de persecución».[1] Entiendo por ello los relatos de violencias reales, frecuentemente colectivas, redactados desde la perspectiva de los perseguidores, y aquejados, por consiguiente, de características distorsiones. Hay que descubrir estas distorsiones, para rectificarlas y para determinar la arbitrariedad de todas las violencias que el texto de persecución presenta como bien fundadas.

No es necesario examinar extensamente el relato de un proceso de brujería para comprobar que en él se encuentra la misma combinación de datos reales e imaginarios, pero en absoluto gratuitos, que hemos encontrado en el texto de Guillaume de Machaut. Todo está presentado como verda-

---

1. I, cap. V (trad. de Tania Checchi, Sígueme, Salamanca, 2021).

dero pero nosotros no lo creemos, aunque tampoco creemos, por el contrario, que todo sea falso. No tenemos la menor dificultad para distinguir en esencia entre lo verdadero y lo falso.

También en dicho caso los cargos de acusación parecen ridículos aunque la bruja los considere reales, y aunque exista motivo para pensar que sus confesiones no fueran obtenidas mediante la tortura. Es muy posible que la acusada se considerase una auténtica bruja. Es posible que se esforzase realmente en dañar a sus vecinos a través de procedimientos mágicos. No por ello consideramos que mereciera la muerte. Para nosotros no existen procedimientos mágicos eficaces. Admitimos sin esfuerzo que la víctima pudo compartir con sus verdugos la misma fe ridícula en la eficacia de la brujería, pero esta fe no nos afecta a nosotros; nuestro escepticismo permanece intacto.

Durante esos procesos no se alzó ninguna voz para restablecer, o, mejor dicho, establecer la verdad. Todavía no había nadie capaz de hacerlo. Eso equivale a decir que tenemos contra nosotros, contra la interpretación que damos de sus propios textos, no solo a los jueces y a los testigos, sino a las propias acusadas. Esta unanimidad no nos impresiona. Los autores de esos documentos estaban allí y nosotros no. No disponemos de ninguna información que no proceda de ellos. Y sin embargo, a varios siglos de distancia, un historiador solitario, o incluso el primero en analizarlos, se considera capacitado para anular la sentencia dictada contra las brujas.[1]

1. J. Hansen, *Zauberwahn, Inquisition and Hexenprozess im Mittelalter und die Entstehung der gorseen Hexenverfolgung*, Múnich-Leipzig, 1900; Jean Delumeau, *op. cit.*, II, cap. II. Sobre el fin de los procesos de brujería, léase Roben Mandrou, *Magistrats et Sorciers*, París,

Se trata de la misma reinterpretación radical que en el ejemplo de Guillaume de Machaut, la misma audacia en la alteración de los textos, la misma operación intelectual y la misma certidumbre, basada en el mismo tipo de razones. La presencia de datos imaginarios no nos lleva a considerar el conjunto del texto como imaginario. Muy al contrario. Las acusaciones inverosímiles no disminuyen, sino que refuerzan la credibilidad de los otros datos.

También en este caso nos encontramos ante una relación que parece paradójica, pero que en realidad no lo es, entre la improbabilidad y la probabilidad de los datos que entran en la composición de los textos. En función de esta relación, generalmente sin formular pero en cualquier caso presente en nuestra mente, valoramos la cantidad y la calidad de la información que se puede extraer de nuestro texto. Si el documento es de naturaleza legal, los resultados son habitualmente tan positivos o incluso más positivos todavía que en el caso de Guillaume de Machaut. Es una pena que la mayoría de los documentos hayan sido quemados al mismo tiempo que las propias brujas. Las acusaciones son absurdas y la sentencia injusta, pero los textos están redactados con la preocupación de exactitud y de claridad que caracteriza, por regla general, los documentos legales. Así pues, nuestra confianza está bien justificada. No permite la sospecha de que secretamente simpaticemos con los cazadores de brujas. El historiador que contemplara todos los datos de un proceso como igualmente fantasioso con el pretexto de que a algunos de ellos les afectan distorsiones

---

1968. Véase también Natalie Zemon Davis, *Society and Culture in Early Modern France*, Stanford, 1975. (Hay traducción española: *Sociedad y cultura en la Francia moderna*, trad. de Jordi Beltrán, Crítica, Barcelona, 1993.)

persecutorias no conocería nada de su oficio y no sería tomado en serio por sus colegas. La crítica más eficaz no consiste en asimilar todos los datos del texto, hasta el más inverosímil, bajo la excusa de que siempre se peca por defecto y jamás por exceso de desconfianza. Una vez más el principio de la desconfianza ilimitada debe borrarse ante la regla de oro de los textos de persecución. La mentalidad persecutoria suscita cierto tipo de ilusiones y las huellas de estas ilusiones confirman más que anulan la presencia, tras el texto que a su vez las explica, de un cierto tipo de acontecimiento, la propia persecución, la ejecución de la bruja. Así pues, repito que no es difícil separar lo verdadero de lo falso cuando lo uno y lo otro tienen un carácter muy fuertemente estereotipado.

Para acabar de entender el porqué y el cómo de la seguridad extraordinaria que demostramos ante los textos de persecución, es preciso enumerar y describir los estereotipos. Tampoco en este caso la tarea es difícil. En ningún momento se trata de hacer explícito un saber que ya poseemos pero cuyo alcance ignoramos, pues jamás lo desarrollamos de manera sistemática. El saber en cuestión permanece atrapado en los ejemplos concretos a los que lo aplicamos y estos pertenecen siempre al ámbito de la historia, sobre todo occidental. Todavía no hemos intentado nunca aplicar tal saber al margen de este ámbito, por ejemplo a los universos llamados «etnológicos». Para hacer posible este intento, voy a esbozar ahora, de manera sin duda somera, una tipología de los estereotipos de la persecución.

CAPÍTULO II
LOS ESTEREOTIPOS DE LA PERSECUCIÓN

Solo me refiero aquí a las persecuciones colectivas o con resonancias colectivas. Por persecuciones colectivas entiendo las violencias perpetradas directamente por multitudes homicidas, como la matanza de los judíos durante la peste negra. Por persecuciones con resonancias colectivas entiendo las violencias del tipo de la caza de brujas, legales en sus formas pero estimuladas generalmente por una opinión pública sobreexcitada. La distinción, sin embargo, no es esencial. Los terrores políticos, especialmente los de la Revolución francesa, participaron con frecuencia de uno y de otro tipo. Las persecuciones que nos interesan se desarrollaron preferentemente en unos períodos de crisis que provocaron el debilitamiento de las instituciones normales y favorecieron la formación de *multitudes*, es decir, de agregados populares espontáneos, susceptibles de sustituir por completo unas instituciones debilitadas o de ejercer sobre ellas una presión decisiva.

No siempre son las mismas circunstancias las que favorecen estos fenómenos. A veces se trata de causas externas, como epidemias, sequía extrema, o inundación, que provocan una situación de miseria. Otras, de causas internas: los disturbios políticos o los conflictos religiosos. Afortunadamente, no nos planteamos la determinación de las causas reales. En efecto, sean cuales fueren sus causas auténticas, las crisis que desencadenan las grandes persecuciones colectivas, quienes las sufren siempre las viven más o menos de la misma manera.

La impresión más vívida es invariablemente la de una pérdida radical de lo social, el fin de las reglas y de las «diferencias» que definen los órdenes culturales. En este punto todas las descripciones se parecen. Tanto si proceden de los mejores escritores, especialmente en el caso de la peste, desde Tucídides y de Sófocles hasta el texto de Antonin Artaud, pasando por Lucrecio, Boccaccio, Shakespeare, De Foe, Thomas Mann y muchísimos más, como si son de individuos sin pretensiones literarias, nunca difieren gran cosa. No resulta sorprendente, pues relatan y repiten machaconamente el cese de toda diferencia; representan la suspensión de las diferencias que genera la cultura y todas las confusiones que de ello se derivan. Véase, por ejemplo, lo que escribe el fraile portugués Francisco de Santa María en 1697:

> Tan pronto como se enciende en un reino o en una república este fuego violento e impetuoso, se ve a los magistrados estupefactos, a las poblaciones asustadas, al gobierno político desarticulado. No se obedece a la justicia; los oficios cesan; las familias pierden su coherencia y las calles su animación. Todo queda reducido a una extrema confusión y todo es ruina porque todo se ve afectado y alterado por el peso y la dimensión de una calamidad tan horrible. Las gentes, sin distinción de estado o de fortuna, se sumen en una tristeza mortal... Quienes ayer enterraban hoy son enterrados... Se niega cualquier piedad a los amigos, puesto que toda piedad es peligrosa...

Todas las leyes del amor y de la naturaleza aparecen ahogadas u olvidadas en medio de los horrores de una confusión tan grande: los hijos son bruscamente separados de los padres, las mujeres de los maridos, los hermanos o los amigos los unos de los otros... Los hombres pierden su coraje natural y, no sabiendo ya qué consejo seguir, caminan como ciegos desesperados que tropiezan a cada paso con su miedo y sus contradicciones.[1]

El hundimiento de las instituciones borra o enfrenta las diferencias jerárquicas y funcionales, y confiere a todas las cosas un aspecto simultáneamente monótono y monstruoso. En una sociedad que no está en crisis la impresión de las diferencias procede a la vez de la diversidad de lo real y de un sistema de intercambios que *diferencia* y que, por consiguiente, disimula los elementos de reciprocidad que necesariamente supone, so pena de dejar de constituir un sistema de intercambios, es decir, una cultura. Por ejemplo, ya no se ven como intercambios los de bienes de consumo ni los contratos matrimoniales. En cambio, cuando una sociedad se descompone los plazos de pago se acortan; se instala una reciprocidad más rápida no solo en los intercambios positivos que solo subsisten en la estricta medida de lo indispensable, por ejemplo en forma de trueques, sino también en los intercambios hostiles o «negativos» que tienden a multiplicarse. La reciprocidad, que, por así decirlo, se vuelve visible al acortarse, no es la de los buenos, sino la de los malos modos, la reciprocidad de los insultos, de los golpes, de la venganza y de los síntomas neuróticos. He ahí por qué las culturas tradicionales rechazan esta reciprocidad en exceso inmediata.

1. Francisco de Santa María, *História de sagradas congregações...*, Lisboa, 1697; citado por Jean Delumeau, p. 112.

Aunque enfrente unos hombres a otros, esta mala reciprocidad uniformiza las conductas y provoca una predominancia de lo mismo, siempre un poco paradójica, puesto que es esencialmente conflictiva y solipsista. Así pues, la experiencia del cese de las diferencias corresponde a algo real en el plano de las relaciones humanas pero no por ello resulta menos mítica. Los hombres, y esto es lo que ocurre de nuevo en nuestra época, tienden a proyectarla sobre el universo entero y a absolutizarla.

El texto que acabo de citar destaca mucho este proceso de uniformización por reciprocidad: «Quienes ayer enterraban hoy son enterrados... Se niega cualquier piedad a los amigos, puesto que toda piedad es peligrosa..., los hijos son bruscamente separados de los padres, las mujeres de los maridos, los hermanos o los amigos los unos de los otros...». La identidad de conductas provoca la sensación de confusión y de indiferenciación universales: «La gente, sin distinción de estado o de fortuna, se sume en una tristeza mortal... Todo queda reducido a extrema confusión».

La experiencia de las grandes crisis sociales apenas se ve afectada por la diversidad de las causas reales. Se deduce de ahí una gran uniformidad en las descripciones, pues se refieren a la uniformidad misma. Guillaume de Machaut no representa una excepción. Ve en el repliegue egoísta del individuo sobre sí mismo y en el juego de represalias que provoca, es decir, en sus consecuencias paradójicamente recíprocas, una de las causas principales de la peste. Por consiguiente cabe hablar de un estereotipo de la crisis y hay que verlo, lógica y cronológicamente, como el primer estereotipo de la persecución. Al desaparecer las diferencias, lo que en cierto modo se eclipsa es lo cultural. Una vez entendido eso, se comprende mejor la coherencia del proceso persecutorio y el tipo de lógica que liga entre sí todos los estereotipos de que se compone.

Ante el eclipse de lo cultural, los hombres se sienten impotentes; la inmensidad del desastre les desconcierta pero no se les ocurre interesarse por las causas naturales; la idea de que podrían intervenir sobre estas causas aprendiendo a conocerlas mejor sigue siendo embrionaria.

Ya que la crisis afecta fundamentalmente a lo social, hay una fuerte tendencia a explicarla por causas sociales y sobre todo morales. Al fin y al cabo, lo que se disgrega son las relaciones humanas y los sujetos de estas relaciones no pueden ser totalmente ajenos al fenómeno. Pero los individuos tienden a preferir achacarlo a la sociedad en su conjunto, cosa que no les compromete a nada, o bien a otros individuos que les parecen especialmente nocivos por unas razones fáciles de descubrir: antes que culparse a sí mismos se acusa a los sospechosos de crímenes de un tipo especial.

Algunas acusaciones son tan características de las persecuciones colectivas que basta su mención para que los observadores modernos sospechen que hay violencia en el ambiente y, entonces, buscan por doquier otros indicios susceptibles de confirmar su sospecha, es decir, otros estereotipos característicos de las persecuciones.

A primera vista, las acusaciones son muy diversas, pero resulta fácil descubrir su unidad. En primer lugar están los crímenes violentos perpetrados contra aquellos a quienes es más criminal violentar, sea en términos absolutos, sea en relación al individuo que los comete, el rey, el padre, el símbolo de la autoridad suprema, y a veces, tanto en las sociedades bíblicas como en las modernas, contra los más débiles e inermes, en especial contra los niños.

Están luego los crímenes sexuales, la violación, el incesto, la bestialidad. Los que transgreden los tabúes más rigurosos respecto a la cultura considerada son siempre los invocados con mayor frecuencia.

Finalmente están los crímenes religiosos, como la profanación de hostias. También en ese caso se han de transgredir precisamente los tabúes más severos.

Todos estos crímenes parecen fundamentales: lesionan los fundamentos mismos del orden cultural, las diferencias familiares y jerárquicas sin las cuales no habría orden social. Por consiguiente, aunque inscritos en la esfera de la acción individual, se corresponden, con las consecuencias globales de una epidemia de peste o de cualquier desastre comparable. No se limitan a relajar el vínculo social, lo destruyen por entero.

Los perseguidores siempre acaban por convencerse de que un pequeño número de individuos, o incluso uno solo, puede llegar pese a su debilidad relativa a ser extremadamente nocivo para el conjunto de la sociedad. La acusación estereotipada permite y facilita esta creencia y desempeña un papel mediador. Sirve de puente entre la pequeñez del individuo y la enormidad del cuerpo social. Para que unos malhechores, por diabólicos que sean, consigan masificar a toda la comunidad han de herirla directamente en el corazón o en la cabeza, o bien iniciar el proceso a escala individual cometiendo crímenes como parricidios, incestos, etc., que provocan por contagio el cese de toda diferencia.

No tenemos por qué preocuparnos de las causas últimas de esta creencia, por ejemplo, de los deseos inconscientes de que nos hablan los psicoanalistas, o de la voluntad secreta de oprimir de que nos hablan los marxistas. Nos situamos en un momento previo; nuestra preocupación es más elemental; solo nos interesa la mecánica de la acusación, los entramados de las formas en que se presentan las persecuciones con las acciones en que se desarrollan. Integran un sistema y aunque para entenderlo resulte imprescindible pensar en sus causas, con la más inmediata y evidente nos bastará. Se trata del terror que inspira a los hombres el eclipse de lo cultural, la confusión universal que se traduce en la aparición de la multitud; esta coincide, finalmente, con la comunidad literalmente «desdiferenciada», es decir, privada de todo lo que hace *diferir* a unos hombres de otros en el tiempo y en el espacio, que ahora, en efecto, se amalgaman de manera desordenada en un mismo lugar y momento.

La multitud siempre tiende a la persecución, pues las causas naturales de lo que la turba, de lo que la convierte en turba, no consiguen interesarle. La multitud, por definición, busca la acción pero no puede actuar sobre causas naturales. Busca, por tanto, una causa accesible y que satisfaga su apetito de violencia. Los miembros de la multitud siempre son perseguidores en potencia, pues sueñan con purgar a la comunidad de los elementos impuros que la corrompen, de los traidores que la subvierten. El momento multitudinario de la multitud coincide con la oscura llamada que la congrega, que la moviliza o, en otras palabras, que la transforma en *mob*. Efectivamente este término viene de *mobile*, tan distinto de *crowd* como en latín *turba* puede serlo de *vulgus*. La lengua francesa no registra este matiz.

En francés solo se habla de *movilización* cuando es militar o partisana, dicho de otra forma, cuando se dirige contra un enemigo ya designado o que no tardará en serlo si la misma multitud, en virtud de su movilidad, no lo ha concretado aún.

Guillaume de Machaut no menciona sin embargo todas las acusaciones estereotipadas que circulaban respecto a los judíos y otros chivos expiatorios colectivos durante la peste negra. Como hemos visto, solo acusa a los judíos de envenenar los ríos. Descarta las acusaciones más increíbles y su relativa moderación tal vez proceda de su condición de «intelectual». Quizá tenga además una significación más general, ligada a la evolución de las mentalidades a finales de la Edad Media.

En el transcurso de este período, la creencia en las fuerzas ocultas se debilita. Más adelante nos preguntaremos por qué. La búsqueda de los culpables se perpetúa pero exige unos crímenes más racionales; intenta dotarse de un cuerpo material, forrarse de sustancia. Esa es la causa, me parece, de que recurra frecuentemente al tema del veneno. Los perseguidores imaginan concentrados tan venenosos que en cantidades ínfimas bastarían para emponzoñar poblaciones enteras. Se trata de lastrar con materialidad, por tanto con lógica «científica», la gratuidad ahora demasiado evidente de la causalidad mágica. La química toma el relevo del demonismo puro.

El objetivo de la operación sigue siendo el mismo. La acusación de envenenamiento permite desplazar la responsabilidad de unos desastres perfectamente reales a unas personas cuyas actividades criminales nunca han sido realmente descubiertas. Gracias al veneno consiguen persuadirse de que un pequeño grupo, o incluso un único individuo, puede dañar a toda la sociedad sin ser descubierto. Así pues, el veneno es a la vez menos mítico y tan mítico como las acusaciones anteriores o como la del mero y simple «mal de ojo» merced al cual se puede atribuir a cualquier individuo la responsabilidad de cualquier desgracia. Por tanto, hay que entender el envenenamiento de los manantiales de agua potable como una variante del estereotipo acusador.

La prueba de que todas estas acusaciones responden a

la misma necesidad es que todas ellas aparecen yuxtapuestas en los procesos de brujería. Las sospechosas siempre son halladas culpables de haber participado con nocturnidad en el famoso *sabbat*. No hay coartada alguna posible, ya que la presencia física de la inculpada no es necesaria para el establecimiento de la prueba. La participación en las reuniones criminales puede ser puramente espiritual.

Los crímenes y preparaciones de crímenes de que se compone el *sabbat* tienen abundantes repercusiones sociales. Encontramos en él las abominaciones tradicionalmente atribuidas a los judíos en tierra cristiana, y, antes que a ellos, a los cristianos en el Imperio romano. Siempre aparece el infanticidio ritual, las profanaciones religiosas, las relaciones incestuosas y el bestialismo. Pero la preparación de venenos juega también un gran papel en tales historias, al igual que las maniobras dañinas contra personajes influyentes o prestigiosos. Por consiguiente, la bruja, pese a su insignificancia personal, se entrega a unas actividades susceptibles de afectar al conjunto del cuerpo social. De ahí que el diablo y sus demonios no desdeñen aliarse con ella.

No insisto más sobre las acusaciones estereotipadas. Ya se ve claramente en qué consiste el segundo estereotipo y, sobre todo, lo que lo asemeja al primero, el de la crisis indiferenciada.

Paso al tercer estereotipo. Tanto puede ocurrir que las víctimas de una multitud sean completamente aleatorias como que no lo sean. Ni siquiera cuando los crímenes a que se refiere la acusación son reales, ni siquiera entonces determinan tan fundamentalmente la elección de los perseguidores, como la pertenencia de las víctimas a determinadas categorías singularmente expuestas a la persecución. Entre las personas responsables de envenenar los ríos, Guillaume de Machaut nombra en primer lugar a los judíos. De todas las indicaciones que nos da, esta es la más preciosa a nuestros ojos, la más reveladora de distorsión persecutoria. En el contexto de los demás estereotipos, imaginarios y reales, sabemos que este ha de ser real. En efecto, en la sociedad occidental y moderna frecuentemente se persigue a los judíos.

Las minorías étnicas y religiosas tienden a polarizar en su contra a las mayorías. Este es un criterio de selección de víctimas sin duda relativo a cada sociedad, pero en principio transcultural. Hay muy pocas sociedades que no sometan a sus minorías, a todos sus grupos mal integrados o simplemente peculiares, a determinadas formas de discriminación cuando no de persecución. En la India, básicamente se persigue a los musulmanes y en Pakistán a los hindúes. Hay pues unos rasgos universales de selección de víctimas que constituyen nuestro tercer estereotipo.

Junto a criterios culturales y religiosos, los hay puramente físicos. La enfermedad, la locura, las deformidades genéticas, las mutilaciones accidentales y hasta las invalideces en general tienden a polarizar a los perseguidores. Para entender que eso tiene algo de universal basta con echar una mirada en torno a uno mismo o incluso dentro de uno mismo. Aún hoy, son muchas las personas que no pueden reprimir un ligero retroceso delante de la anormalidad física al primer encuentro con ella. La misma palabra, *anormal*, como la palabra peste en la Edad Media, tiene algo de tabú; es a la vez noble y maldita, *sacer* en todos los sentidos del término. Se considera más decente sustituirla por la palabra impedido.

Los impedidos siguen siendo objeto de medidas claramente discriminatorias y vejatorias, desproporcionadas con la perturbación que su presencia puede aportar a la fluidez de los intercambios sociales. La grandeza de nuestra sociedad estriba en que ya se siente obligada a tomar medidas en su favor.

La invalidez se inscribe en un conjunto indisociable de signos vejatorios, y en ciertos grupos –un internado escolar, por ejemplo– cualquier individuo que experimente dificultades de adaptación, el extranjero, el provinciano, el huérfano, el hijo de familia, el pobre, o, simplemente, el último en llegar, es más o menos asimilable al inválido.

Cuando las invalideces o las deformaciones son reales, tienden a polarizar las mentes «primitivas» contra los individuos aquejados de ellas. Paralelamente, cuando un grupo humano ha adquirido la costumbre de elegir a sus víctimas en una cierta categoría social, étnica o religiosa, tiende a atribuirle las invalideces y las deformidades que reforzarían la polarización vejatoria si fueran reales. Esta tendencia aparece netamente en las caricaturas racistas.

No solo puede haber anormalidad en el plano físico. Se da en cualquier plano de la existencia y del comportamiento. Y en todos por igual, la anormalidad puede servir de criterio preferencial para la selección de los perseguidos.

Existe, por ejemplo, una anormalidad social, que se define por diferencia respecto a la norma o media. Cuanto más se aleja uno en el sentido que sea del estatus social común, mayor es el riesgo de que se le persiga. Lo vemos fácilmente en el caso de las personas situadas en la parte inferior de la escala social.

No está tan claro, en cambio, que a la marginalidad de los miserables, o marginalidad de los de fuera, haya que añadir una segunda, la marginalidad de los de dentro, la de los ricos y de los poderosos. El monarca y su corte recuerdan a veces el ojo de un huracán. Esta doble marginalidad sugiere una organización social turbulenta. Claro que en época normal los ricos y los poderosos disfrutan de todo tipo de protecciones y de privilegios de que carecen los desheredados. Pero no nos interesan aquí las circunstancias normales, sino los períodos de crisis. Basta una ojeada a la historia universal para revelar que los riesgos de muerte violenta a manos de una multitud desbocada son estadísticamente más elevados para los privilegiados que para cualquier otra categoría.

En el límite, todas las cualidades extremas atraen, de vez en cuando, las iras colectivas; no solo los extremos de la riqueza y de la pobreza, sino también del éxito y del fracaso, de la belleza y de la fealdad, del vicio y de la virtud, del poder de seducir y del poder de disgustar; a veces se trata de la debilidad de las mujeres, de los niños y de los ancianos, pero otras el poder de los más fuertes se convierte en debilidad delante del número. Las multitudes se revuelven contra aquellos que en un primer tiempo ejercieron sobre ellas un dominio excepcional.

Supongo que habrá quienes considerarán escandaloso incluir a los ricos y a los poderosos entre las víctimas de la persecución colectiva a igual título que los débiles y los pobres. A sus ojos, los dos fenómenos no son simétricos. Los ricos y los poderosos ejercen sobre su sociedad una influencia que justifica las violencias de que se les pueda hacer objeto en período de crisis. Se trata de la santa rebelión de los oprimidos, etc.

A veces resulta difícil trazar la frontera entre discriminación racional y persecución arbitraria. Por razones políticas, morales, médicas, etc., determinadas formas de discriminación nos parecen hoy razonables y, sin embargo, se asemejan a las antiguas formas de persecución; es el caso, por ejemplo, de la puesta en cuarentena, en período de epidemia, de cualquier individuo que pudiera ser contagioso. En la Edad Media, los médicos eran hostiles a la idea de que la peste pudiera propagarse por contacto físico con los enfermos. Pertenecían en general a medios intelectuales y cualquier teoría del contagio se asemejaba demasiado al prejuicio persecutorio para no antojárseles sospechosa. Y sin embargo esos médicos se equivocaban. Para que la idea de contagio pueda reaparecer e imponerse en el siglo XIX en un contexto puramente médico, ajeno a la mentalidad persecutoria, es preciso que ya no pueda suponerse en ella el retorno del prejuicio bajo un nuevo disfraz.

He aquí un problema interesante pero que no tiene ninguna relación con la presente obra. Mi único objetivo es enumerar los rasgos que tienden a polarizar a las multitudes violentas contra quienes los poseen. Todos los ejemplos que he citado a este respecto son indudables. El hecho de que incluso hoy se puedan justificar algunas de tales violencias carece de toda importancia para el tipo de análisis que persigo.

No intento delimitar exactamente el campo de la persecución; no intento determinar con precisión dónde empieza y dónde acaba la injusticia. En contra de lo que piensan algunos, no me interesa la distribución de buenas y malas notas en el orden social y cultural. Solo me interesa mostrar que hay un esquema transcultural de la violencia colectiva y que es fácil esbozar, a grandes rasgos, sus perfiles. La existencia del esquema es una cosa, el hecho de que tal o cual acontecimiento concreto depende de él otra muy diferente. En determinados casos es difícil especificarlo pero la demostración que busco no se ve afectada. Cuando se vacila en tildar de estereotipo de persecución tal o cual rasgo particular de un determinado acontecimiento no hay que intentar resolver el problema únicamente al nivel de este rasgo, aislado de su contexto, hay que preguntarse si se le yuxtaponen los demás estereotipos.

Elijo dos ejemplos. La mayoría de los historiadores piensa que la monarquía francesa no está exenta de responsabilidad en la revolución de 1789. Así pues, ¿la ejecución de María Antonieta es exterior a nuestro esquema? La reina pertenece a varias categorías de víctimas preferenciales; no solo es reina, sino también extranjera. Su origen austríaco reaparece incesantemente en las acusaciones populares. El tribunal que la condena se halla muy influido por la muchedumbre parisina. Nuestro primer estereotipo está igualmente presente: en la Revolución aparecen todos los rasgos característicos de las grandes crisis que favorecen las persecuciones colectivas. Claro que los historiadores no tienen por costumbre tratar los datos de la Revolución francesa como elementos estereotipados de un solo e idéntico esquema de persecución. No pretendo que esta forma de pensar haya de sustituir en todas partes nuestras ideas sobre la Revolución francesa. Aun así, ilumina con interesante claridad la acusación contra la reina, frecuentemente formulada con sordina pero que aparece explícitamente en su proceso, de haber cometido un incesto con su hijo.[1]

Tomemos ahora como ejemplo a otro condenado. Este ha cometido realmente el acto que desencadena en contra de él las violencias de una multitud. El negro ha violado realmente a una mujer blanca. La violencia colectiva deja de ser arbitraria en el sentido más evidente de la palabra. Sanciona realmente el acto que pretende sancionar. Podríamos imaginar en tales condiciones que no hay distorsiones persecutorias y que la presencia de los estereotipos de la persecución ya no tiene la significación que le concedo. En realidad, las distorsiones persecutorias están ahí y

1. Agradezco a Jean-Claude Guillebaud haber llamado mi atención sobre esta acusación de incesto.

no resultan incompatibles con la verdad literal de la acusación. La forma en que los perseguidores se representan el delito sigue siendo irracional. Invierte la relación entre la situación global de la sociedad y la transgresión individual. Si existe entre ambos niveles un vínculo de causa o de motivación, solo puede ir de lo colectivo a lo individual. La mentalidad persecutoria se mueve en sentido contrario. En lugar de ver en el microcosmos individual un reflejo o una imitación del nivel global, busca en el individuo el origen y la causa de todo lo que la hiere. Real o no, la responsabilidad de las víctimas sufre el mismo aumento fantástico. En suma, bajo el punto de vista que nos interesa, apenas si hay diferencia entre el caso de María Antonieta y el del negro perseguido.

Como hemos visto, se da una estrecha relación entre los dos primeros estereotipos. Para atribuir a las víctimas la «indiferenciación» de la crisis se les acusa de crímenes «indiferenciadores». Pero, en realidad, son sus rasgos victimarios los que exponen a la persecución a estas víctimas. ¿Qué relación une este tercer estereotipo con los dos primeros? A primera vista, los signos victimarios son puramente diferenciales. Pero no lo son menos los signos culturales. Por lo tanto, debe haber dos maneras de diferir, dos tipos de diferencias.

En el seno de cualquier cultura cada individuo se siente «diferente» de los demás y concibe las «diferencias» como legítimas y necesarias. Lejos de ser radical y progresista, la exaltación actual de la diferencia no es más que la expresión abstracta de una perspectiva común a todas las culturas. En cada individuo hay una tendencia a sentirse «más diferente» de los otros que los demás, y, paralelamente, en cada cultura, una tendencia a imaginarse a sí misma no solo como diferente de las demás, sino como la más diferente de todas, porque cada cultura mantiene en los individuos que la componen este sentimiento de «diferencia».

Los signos de selección victimaria no significan la diferencia en el seno del sistema, sino la diferencia en el exterior y al margen del sistema, la posibilidad para el sistema de diferir de su propia diferencia. En otras palabras, de no diferir en absoluto, de dejar de existir en tanto que sistema.

Esto se ve perfectamente en el caso de las deformidades físicas. El cuerpo humano es un sistema de diferencias anatómicas. Si la deformidad, por accidental que sea, inquieta, se debe a que provoca una impresión de dinamismo desestabilizador. Parece amenazar al sistema como tal. Se procura delimitarla pero no se puede; acumula en torno a ella unas diferencias que devienen *monstruosas*, se atropellan, se enfrentan, se mezclan, y, en última instancia, amenazan con anularse. La diferencia al margen del sistema aterroriza porque sugiere la verdad del sistema, su relatividad, su fragilidad, su fenecimiento.

Las categorías victimarias parecen predispuestas a los crímenes indiferenciadores. Nunca se reprocha a las minorías religiosas, étnicas o nacionales su diferencia propia, se les reprocha que no difieran como es debido, y, en última instancia, que no difieran en nada. Los extranjeros son incapaces de respetar las «auténticas» diferencias; carecen de modales o de gusto, según los casos; no captan lo realmente diferencial. No es *barbaros* quien habla otra lengua, sino quien confunde las únicas distinciones realmente significativas, las de la lengua griega. En todas partes, el vocabulario de los prejuicios tribales, nacionales, etc., no expresa el odio hacia la diferencia, sino hacia su privación. No es el otro *nomos* lo que vemos en el otro, sino la anomalía, no es la otra norma, sino la anormalidad; se convierte al inválido en deforme y al extranjero en apátrida. En Rusia, pasar por *cosmopolita* no es conveniente. Los *metecos* imitan todas las diferencias porque no las poseen. Aunque en la inconsciencia de su reproducción, los mecanismos ancestrales se reproducen de generación en generación, si bien con frecuencia, debemos reconocerlo, a un nivel menos letal que en el pasado. En nuestros días, por ejemplo, el antiamericanismo cree «diferir» de todos los prejuicios anteriores porque asume todas las diferencias contra el virus indiferenciador de procedencia exclusivamente americana.

En todas partes oímos decir que la «diferencia» es perseguida, pero tal discurso no es necesariamente el de las víctimas, es el sempiterno discurso de las culturas, que se hace cada vez más abstractamente universal en el rechazo de lo universal y que solo puede presentarse ya bajo la máscara ahora indispensable de la lucha contra la persecución.

Incluso en las culturas más cerradas, los hombres se creen libres y abiertos a lo universal; su carácter diferencial hace que se vivan desde dentro como inagotables los campos culturales más estrechos. Todo lo que compromete esta ilusión nos aterroriza y despierta en nosotros la tendencia inmemorial a la persecución. Esta tendencia adopta siempre los mismos caminos, la concretan siempre los mismos estereotipos, responde siempre a la misma amenaza. Contrariamente a lo que se repite a nuestro alrededor, nunca es la diferencia lo que obsesiona a los perseguidores y siempre es su inefable contrario, la indiferenciación.

Los estereotipos de la persecución son indisociables y resulta un hecho notable que la mayoría de las lenguas no los disocien. Así ocurre en el caso del latín y del griego, por ejemplo, y, por tanto, del francés, lo que nos obliga a recurrir incesantemente, en el estudio de los estereotipos, a unos términos emparentados: *crisis, crimen, criterio, crítica,* que provienen todos de la misma raíz, del mismo verbo griego, *krino*, que no solo significa juzgar, distinguir, diferenciar, sino también acusar y condenar a una víctima. No hay que confiar demasiado en las etimologías y nunca razono a partir de ellas. Pero el fenómeno es tan constante que, según creo, conviene observarlo. Sugiere una relación todavía disimulada entre las persecuciones colectivas y lo cultural en su conjunto. Si esta relación existe, ningún lingüista, ningún filósofo, ningún político la ha descubierto jamás.

CAPÍTULO III
¿QUÉ ES UN MITO?

Cada vez que un testimonio oral o escrito muestra violencias directa o indirectamente colectivas nos preguntamos si ello supone además: a) la descripción de una crisis social y cultural, o sea, de una indiferenciación generalizada –primer estereotipo, b) crímenes «indiferenciadores» –segundo estereotipo, c) la designación de los autores de esos crímenes como poseedores de signos de selección victimaria, unas marcas paradójicas de indiferenciación –tercer estereotipo. Hay un cuarto estereotipo y es la propia violencia; más adelante lo trataremos.

De la yuxtaposición de varios estereotipos en un solo e idéntico documento se deduce que hay persecución. No hace falta que aparezcan todos los estereotipos. Bastan tres de ellos y con frecuencia solo dos. Su presencia nos lleva a afirmar que: a) las violencias son reales, b) la crisis es real, c) no se elige a las víctimas en virtud de los crímenes que se les atribuyen, sino de sus rasgos victimarios, de todo lo que sugiere su afinidad culpable con la crisis, d) el sentido de la operación consiste en achacar a las víctimas la responsabilidad de esta crisis y actuar sobre ella destruyéndolas o, por lo menos, expulsándolas de la comunidad que «contaminan».

Si este esquema es universal, deberíamos encontrarlo en todas las sociedades. Los historiadores, efectivamente, lo hallan en todas las sociedades que dependen de su jurisdicción, es decir, actualmente en la totalidad del planeta, y en el caso de épocas anteriores, en la sociedad occidental y sus predecesoras inmediatas, especialmente en el Imperio romano.

Por el contrario, los etnólogos nunca descubren el esquema característico de las persecuciones en las sociedades que estudian. Hay que preguntarse por qué. Existen dos respuestas posibles. 1) Las sociedades «etnológicas» no se entregan, o se entregan en tan escasa medida, a la persecución que el tipo de análisis practicado con el texto de Guillaume de Machaut resulta inaplicable. El neoprimitivismo contemporáneo tiende a esta solución. Opone a la inhumanidad de nuestra sociedad superior la humanidad de todas las demás culturas. Sin embargo, nadie se atreve a sostener todavía que la persecución está realmente ausente de las sociedades no occidentales. 2) Que la persecución está presente pero no la vemos, bien porque no poseemos los documentos necesarios, *bien porque no sabemos descifrar los documentos que poseemos.*

Creo que esta última hipótesis es la correcta. Las sociedades mítico-rituales no están exentas de persecución. Poseemos los documentos que deberían permitir mostrarlo: contienen los estereotipos de persecución que acabo de enumerar, dependen del mismo esquema de conjunto que el tratamiento de los judíos en Guillaume de Machaut. Si fuéramos lógicos con nosotros mismos, practicaríamos con ellos el mismo tipo de interpretación.

Estos documentos son los mitos. Para facilitar mi demostración comienzo con un mito ejemplar relacionado con el punto de vista que me interesa. Contiene todos los estereotipos de persecución y no contiene nada más. Los contiene de modo deslumbrante. Aludo al episodio del mito de Edipo tratado por Sófocles en *Edipo rey*. Me referiré a continuación a unos mitos que también reproducen el esquema de persecución pero de una forma no tan fácilmente descifrable. Finalmente señalaré unos mitos que rechazan este mismo esquema pero de manera tan evidente que confirman su pertinencia. Yendo de lo más fácil a lo más difícil, demostraré que todos los mitos se arraigan necesariamente en violencias reales, contra víctimas reales.

Así pues, empiezo por el mito de Edipo. La peste asola Tebas: es el primer estereotipo de persecución. Edipo es responsable porque ha matado a su padre y se ha casado con su madre: es el segundo estereotipo. Para acabar con la epidemia, afirma el oráculo, hay que expulsar al abominable criminal. La finalidad persecutoria es explícita. El parricidio y el incesto sirven abiertamente de intermediarios entre lo individual y lo colectivo; estos crímenes son tan indiferenciadores que su influencia se extiende por contagio a toda la sociedad. En el texto de Sófocles, comprobamos que indiferenciado coincide con apestado.

Tercer estereotipo: los rasgos victimarios. Aparece en primer lugar la invalidez: Edipo cojea. Además, nadie conoce a este héroe recién llegado a Tebas, extranjero de hecho si no de derecho. Finalmente, es hijo del rey y rey él mismo, heredero legítimo de Layo. Al igual que tantos otros personajes míticos, Edipo se las ingenia para acumular la marginalidad exterior y la marginalidad interior. Al igual que Ulises al final de la *Odisea*, unas veces es extranjero y mendigo, otras monarca omnipotente.

El único dato al que no se encuentra equivalente en las persecuciones históricas es su calidad de expósito. Pero todo el mundo está de acuerdo en definir al expósito como una víctima precoz, elegida en virtud de unas señales de anormalidad que le auguran un mal futuro y que coinciden, evidentemente, con los signos de selección victimaria enumerados anteriormente. El fatal destino prometido al expósito estriba en que se le expulsa de su comunidad. El expósito solo se salva temporalmente; en el mejor de los casos su destino queda aplazado y la conclusión del mito comprueba la infalibilidad de los signos del oráculo, que ya le consagraban desde su más tierna infancia a la violencia colectiva.

Cuantos más signos victimarios posee un individuo, más posibilidades tiene de atraer el rayo sobre su cabeza. La invalidez de Edipo, su pasado de expósito, su condición de extranjero, de recién llegado, de rey le convierten en un auténtico conglomerado de signos. Si el mito fuera considerado un documento histórico, no dejaríamos de notarlo y nos preguntaríamos qué significan todos esos signos junto a los demás estereotipos de persecución. La respuesta no ofrecería la menor duda. Veríamos claramente en el mito lo que vemos en el texto de Guillaume de Machaut, un relato de persecución redactado según la perspectiva de unos perseguidores ingenuos. Los perseguidores se imaginan a su víctima tal como la ven, o sea, como culpable, pero no disimulan las huellas objetivas de su persecución. Pensaríamos que detrás de ese texto debe haber una víctima real, elegida en virtud, no de los crímenes estereotipados de que se la acusa y que jamás han contagiado la peste a nadie, sino de todos los rasgos victimarios enumerados en el mismo texto y susceptibles realmente de polarizar sobre el que los posee la paranoica sospecha de una multitud angustiada por la peste.

En el mito, al igual que en Guillaume, o en los procesos de brujería, encontramos acusaciones claramente *mito-*

lógicas: parricidio, incesto, envenenamiento moral o físico de la comunidad. Tales acusaciones son características de la manera en que las multitudes desbocadas conciben a sus víctimas. Ahora bien, estas mismas acusaciones se yuxtaponen a unos criterios de selección de víctimas que podrían ser reales. ¿Cómo no creer que hay una víctima real detrás de un texto que nos la presenta como tal y que nos la hace ver, por una parte, tal como la imaginan generalmente los perseguidores, y, por otra, tal como debe ser en realidad para que resulte elegida por unos perseguidores reales? Para mayor seguridad, se dice que la expulsión de esta víctima se ha producido en unas circunstancias de crisis aguda que favorecen realmente la persecución. Aparecen todas las condiciones que desencadenarían automáticamente en el lector moderno el tipo de interpretación descrito anteriormente si el texto fuera «histórico», el mismo que daríamos a todos los textos redactados en la perspectiva de los perseguidores. ¿Por qué lo rechazamos en el caso del mito?

En el mito, los estereotipos son más completos y más perfectos que en el texto de Guillaume. ¿Cómo podríamos creer que están reunidos por mero azar, o por una imaginación totalmente gratuita, poética, fantasiosa, tan extraña a la mentalidad como a la realidad de la persecución? Sin embargo, esto es lo que nuestros profesores nos piden que creamos, y me consideran extravagante cuando sugiero lo contrario.

Se me dirá que el mito de Edipo podría ser un texto manipulado, tal vez por el propio Sófocles o por otra persona, si no totalmente elaborado. Siempre me he inclinado a empezar por el mito de Edipo porque resulta ejemplar desde el punto de vista de los estereotipos de persecución, aunque posiblemente deba ese tipo de perfección a la intervención de Sófocles. Pero eso no cambia en nada las cosas.

Al contrario. Si Sófocles mejora el mito desde la perspectiva de los estereotipos de persecución se debe a que, a diferencia de nuestros etnólogos, *se imagina algo*. Su inspiración más profunda, como siempre han sospechado los que tienden a convertirle en una especie de «profeta», tiende a la revelación de lo que tiene de más esencialmente mítico el mito, de «lo mítico» en general, que no estriba en un vaporoso perfume literario, sino en la perspectiva de los perseguidores sobre su propia persecución.

De igual manera que en las persecuciones medievales, los estereotipos de persecución aparecen siempre unidos en los mitos y su conjunción, estadísticamente, resulta francamente reveladora. Los mitos que dependen del mismo modelo son tan numerosos que se puede atribuir la repetición de dicho modelo a persecuciones reales. Pensar otra cosa sería tan absurdo como decidir el carácter puramente ficticio de la de los judíos de Guillaume de Machaut.

Tan pronto como nos enfrentamos con un texto considerado histórico sabemos que solo el comportamiento persecutorio, aprehendido por la mentalidad perseguidora, puede lograr reunir los estereotipos que aparecen en muchos mitos. Los perseguidores creen elegir su víctima en virtud de los crímenes que le atribuyen y que a sus ojos la convierten en responsable de los desastres contra los que reaccionan con la persecución. En realidad, están determinados por unos criterios persecutorios y nos los transmiten fielmente, no porque quieran ilustrarnos, sino porque no sospechan su valor revelador.

En *La violencia y lo sagrado*[1] formulé por primera vez la hipótesis de una víctima y de una violencia colectiva reales

1. Capt. III (trad. esp. de Joaquín Jordá, Anagrama, Barcelona, 2006).

en el origen del mito. La mayoría de las críticas no han reconocido su legitimidad. Incluso los más predispuestos, a primera vista, a entenderlo, extrañamente, solo han visto en ello una «fábula de origen a lo Rousseau», una repetición de los mitos fundadores. No han descubierto el tipo de interpretación que yo desplazo al mito. Me ilusiono, afirman, respecto a *las posibilidades de la investigación histórica* en materia de mitología. ¿Cómo podría presentar como cierta la realidad de la víctima si no me exagerara a mí mismo los poderes de la interpretación?

Estas objeciones son reveladoras. Los críticos están convencidos de que la única actitud aplicable a cualquier texto visiblemente contaminado de representaciones imaginarias es la más extrema suspicacia. Ningún dato del texto, repiten, es más probable que el más improbable de todos ellos. Si hubiera que observar realmente esta regla, sin duda habría que renunciar a extraer del mito la menor información real. Lo más improbable en este caso es la génesis de la peste mediante el parricidio y el incesto; el tema es ciertamente imaginario pero eso no es motivo para calificarlo de totalmente imaginario, muy al contrario. La imaginación que inventa este tema no es aquella con la que se relamen los literatos solitarios, tampoco es el inconsciente del sujeto psicoanalítico, es el inconsciente de los perseguidores; el mismo que inventa el infanticidio ritual de los cristianos en el Imperio romano y de los judíos en el mundo cristiano. La misma imaginación que inventa la historia de los ríos envenenados durante la peste negra.

Cuando la imaginación de los perseguidores toma la palabra no hay que creer nada de lo que dice a excepción de lo que podría corresponder: a) a las circunstancias reales de su propia aparición, b) a los rasgos característicos de sus víctimas habituales y c) a las consecuencias que con mayor frecuencia se desprenden, o sea, la violencia colectiva. Si la imaginación de los perseguidores no nos habla únicamente de parricidios y de incestos generadores de pestes sino de todo lo que acompaña este tipo de creencia en el universo real y de todos los comportamientos que resultan de ella, es probable que diga la verdad sobre todos estos puntos porque miente respecto al primero. Aquí encontramos nuestros cuatro estereotipos, la misma combinación de verosimilitud y de inverosimilitud que en los textos históricos, y no puede significar otra cosa que lo que les pedimos a esos textos que signifiquen: la perspectiva parcialmente falsa y parcialmente verdadera de los perseguidores convencidos de su propia persecución.

No pensamos así por ingenuidad. En este caso la auténtica ingenuidad se disimula bajo el exceso de escepticismo, incapaz de descubrir los estereotipos de la persecución y de recurrir a la interpretación audaz pero legítima que exigen. El mito de Edipo no es un texto literario como los demás, tampoco es un texto psicoanalítico, pero sí es, sin duda, un texto de persecución; así pues, hay que tratarlo como texto de persecución.

Se me objetará que la aplicación al mito de un procedimiento de interpretación inventado en y para la historia no es algo obvio. Estoy de acuerdo, pero, como he demostrado anteriormente, la historia pasada solo desempeña un papel secundario en el descifrado de las representaciones de persecuciones. De haber tenido que contar con ella, este descifrado no habría comenzado nunca, y solo pudo empezarse a principios de la era moderna.

Si consideramos reales las víctimas de que nos hablan los cazadores de brujas, no se debe, por regla general, a que nos hayamos informado por fuentes independientes, fuentes no controladas por los acusadores. Es cierto que insertamos el texto en una red de conocimientos que lo ilumina, pero esta misma red no existiría si tratáramos los textos de persecución históricos de la misma manera que tratamos el mito de Edipo.

Ya he dicho que no sabemos dónde se desarrollan exactamente los acontecimientos que cuenta Guillaume de Machaut; en última instancia podríamos ignorarlos por completo, incluida la existencia de la peste negra, y no por ello dejaríamos de decidir que un texto como el suyo debe reflejar un fenómeno de persecución real. La mera conjunción de los estereotipos de persecución bastaría para ilustrarnos. ¿Por qué no habría de bastar también en el caso del mito?

Mi hipótesis no tiene nada de histórica en el sentido que mis críticos dan a este término. Es meramente «estructural», de la misma manera que ya lo es nuestra lectura de las representaciones de persecuciones en la historia. Solo la naturaleza y la disposición de los estereotipos de persecución nos lleva a postular el arraigo de un texto en una persecución real. Mientras no se postule esta génesis, no es posible explicar por qué, y cómo, los mismos temas reaparecen perpetuamente y se organizan de la manera como lo hacen. Por el contrario, tan pronto como se postula esta génesis, la oscuridad se disipa, todos los temas se explican de manera perfecta, y no cabe oponerles ninguna objeción seria. Esta es la razón de que hayamos adoptado tal génesis para todos los textos históricos que dependen de nuestro esquema de persecución y que lo hayamos hecho sin reticencias; por consiguiente, ya no la vemos como un postulado, sino como la pura y simple verdad de estos textos. Y llevamos razón. Queda por saber por qué esta misma solución no se nos ocurre ante un mito como el de Edipo.

Ahí está el auténtico problema y para llegar a plantearlo con corrección he analizado extensamente, hace un momento, el tipo de interpretación que desencadena espontáneamente nuestra localización de los estereotipos de la persecución. Mientras hablamos de textos históricos, nos parece que esta interpretación es obvia y resulta inútil precisar sus etapas. Es precisamente esta actitud la que nos impide adoptar la perspectiva necesaria y contemplar como se debe una *comprensión* de las representaciones de persecuciones, que ya poseemos pero que todavía no dominamos del todo porque nunca ha sido realmente formulada.

Sabemos, pero no sabemos que sabemos, y nuestro saber permanece prisionero de los terrenos en que ha comenzado a desarrollarse. No sospechamos las posibilidades que abre fuera de estos ámbitos. Mis críticos no reconocen literalmente su propio saber cuando yo lo aplico al mito de Edipo.

Casi no puedo reprocharles su inconsecuencia. Durante mucho tiempo, yo mismo no he admitido la auténtica naturaleza de mi hipótesis. Creía que mi trabajo se insertaba en el de Freud y otros hermeneutas modernos siempre contestables y contestados. Mis críticos no hacen más que compartir este error. Imaginan que mis sorprendentes resultados se insertan en una nueva obstinación «metodológica» más contestable aún que las anteriores. Si no reconocen el método de interpretación que ellos mismos practican no es porque yo lo modifique en lo más mínimo, sino porque le atribuyo un nuevo campo de aplicación y lo saco de su contexto habitual. Deberíamos admitirlo pero no lo admitimos. Solo vemos su audacia, no vemos lo que la justifica. Parece un pez fuera del agua y no acabamos de saber de qué animal se trata. Mis críticos lo confunden con el último de los monstruos engendrados por el espíritu contemporáneo. La mayoría de las objeciones que se me oponen están basadas en este error. Yo mismo he favorecido el malentendido al alejarme con lentitud de los callejones sin salida por donde anda metida la interpretación contemporánea.

Todo lo que digo acerca de la mitología parecería evidente, demasiado evidente incluso, si se tratara de un documento considerado «histórico». Si mis lectores todavía no están convencidos de ello, me dispongo a convencerles de inmediato mediante una experiencia muy sencilla. Voy a disfrazar groseramente la historia de Edipo; voy a retirarle sus ropajes griegos para vestirla a la occidental. Con ello, el mito descenderá uno o dos peldaños en la escala social. No preciso el lugar ni la fecha de este supuesto acontecimiento. La buena voluntad del lector hará el resto. Situará automáticamente mi relato en algún lugar del mundo cristiano entre los siglos XII y XIX; no se precisará mucho más para desencadenar, como una especie de resorte, la operación que nadie ha pensado jamás en practicar con un mito durante todo el tiempo que podemos reconocer en él eso que precisamente llamamos mito.

Las cosechas son malas, las vacas abortan; todos andan malavenidos. Se diría que alguien ha arrojado un maleficio sobre la aldea. Está claro que el cojo es el responsable. Ha llegado un buen día, no se sabe de dónde, y se ha instalado como en su casa. Incluso se ha permitido casarse con la heredera más vistosa de la aldea y hacerle dos niños. ¡Parece que en su casa pasan cosas extrañas! Se sospecha que el extranjero le ha jugado una mala pasada al primer esposo de su mujer, una especie de potentado local desaparecido en unas circunstancias misteriosas y demasiado rápidamente sustituido en uno y otro papel por el recién llegado. Un buen día a los muchachos de la aldea se les acabó la paciencia; empuñaron sus horquillas y obligaron al inquietante personaje a largarse.

En este caso nadie titubea lo más mínimo. Todo el mundo escoge instintivamente la interpretación que yo reclamo. Todo el mundo entiende que la víctima no ha hecho nada de lo que se le reprocha pero que todo la señala para servir de exutorio a la angustia o a la irritación de sus conciudadanos. Todo el mundo comprende sin esfuerzo la relación de lo verosímil y de lo inverosímil en esta historia vulgar. Nadie defenderá que se trata de una fábula inocente; nadie verá en ella la obra de una imaginación gratuitamente poética, o deseosa únicamente de ilustrar «los mecanismos fundamentales del pensamiento de los hombres».

Y, sin embargo, no ha cambiado nada. Se trata de la misma estructura del mito, puesto que no hay más que un grosero camuflaje de él. Así pues, no se ha elegido el modo de interpretación en virtud de la inserción o la no-inserción del texto en una red de conocimiento histórico que lo iluminara desde fuera. Basta con un cambio de decorado para orientar al intérprete hacia una lectura que rechaza con indignación si se le presenta el texto en forma «típicamente» mitológica. Transportad nuestra historia al ámbito de los polinésicos o de los indios americanos y veréis reaparecer el ceremonioso respeto que caracteriza a los helenistas frente a la versión griega del mito, y que evidentemente va acompañado del mismo rechazo obstinado en recurrir a la interpretación más eficaz. Esta queda exclusivamente reservada a nuestro universo histórico por razones que más adelante intentaremos descubrir.

Se está revelando aquí una auténtica esquizofrenia cultural. Mi hipótesis no sería inútil aunque solo sirviera para ponerla de manifiesto. No interpretamos los textos en función de lo que realmente son, sino de su envoltura exterior, por no decir, como nos sentimos tentados a manifestar, de su embalaje comercial. Basta con modificar ligeramente la presentación de un texto para inhibir o desencadenar la única demistificación realmente radical de que disponemos, y nadie tiene conciencia de tal estado de cosas.

Hasta el momento solo he hablado de un mito que yo mismo considero ejemplar desde la perspectiva de las representaciones de las persecuciones. Hay que hablar asimismo de los mitos que no lo son. Su semejanza con los textos de persecución no es evidente. Sin embargo, si buscamos nuestros cuatro estereotipos, no nos costará encontrarlos en buena parte de ellos, pero bajo una forma más modificada.

Con frecuencia el inicio de los mitos se reduce a un solo rasgo. El día y la noche aparecen confundidos. El cielo y la tierra se comunican: los dioses circulan entre los hombres y los hombres entre los dioses. Entre el dios, el hombre y la bestia no existe una clara distinción. El sol y la luna son hermanos gemelos; se pelean constantemente y es imposible diferenciarlos. El sol está demasiado próximo a la tierra; la sequía y el calor hacen insoportable la existencia.

A primera vista, no existe nada en estos principios de los mitos que pueda referirse a algo real. Está claro, sin embargo, que se trata de indiferenciación. Las grandes crisis sociales que favorecen las persecuciones colectivas se viven como una experiencia de indiferenciación. Ahí está el rasgo que yo mismo he descrito en el capítulo anterior. Por consiguiente, podemos preguntarnos si no encontramos en este caso nuestro primer estereotipo de persecución, pero extremadamente transfigurado y estilizado, reducido a su más simple expresión.

Esta indiferenciación mítica tiene a veces unas connotaciones idílicas sobre las que más adelante insistiré. Con frecuencia tiene un carácter catastrófico. La confusión del día y de la noche significa la ausencia de sol y el agostamiento de todas las cosas. El sol demasiado próximo a la tierra significa que la existencia es igualmente inviable pero por el motivo contrario. Los mitos que pasan por «inventar la muerte» en realidad no la inventan pero la diferencian claramente de la vida mientras que «al principio» una y otra aparecen confundidas. Eso quiere decir, supongo, que es imposible vivir sin morir, en otras palabras, que una vez más la existencia es inviable.

La indiferenciación «primordial», el caos «original» tienen a menudo un carácter fuertemente conflictivo. Los indiferenciados no cesan de luchar para diferenciarse entre sí. Este tema está especialmente desarrollado en los textos postvédicos de la India brahmánica. Todo comienza siempre por una batalla interminable, imprevisible, de los demonios, que se parecen tanto que ya no es posible distinguirlos. En suma, siempre es la mala reciprocidad demasiado rápida y visible lo que uniformiza los comportamientos en las grandes crisis sociales susceptibles de desencadenar las persecuciones colectivas. Lo indiferenciado no es más que una traducción parcialmente mítica de tal estado de cosas. Hay que asociar a ello el tema de los gemelos o de los hermanos enemigos que ilustra de manera especialmente eficaz la indiferenciación conflictiva; tal es, sin duda, la razón que convierte este tema en todo el universo en uno de los puntos de partida mitológicos más clásicos.

Fue Lévi-Strauss el primero en descubrir la unidad de numerosos comienzos míticos recurriendo al término de indiferenciado. No obstante, para él este indiferenciado solo posee un valor retórico: sirve de telón de fondo al despliegue de las diferencias. No hay por qué referir este tema a unas condiciones sociales reales. Y hasta ahora no existía, evidentemente, la menor esperanza de interrogar concretamente al mito respecto a sus relaciones con lo real. Nuestros cuatro estereotipos de la persecución han modificado este estado de cosas. Si recuperamos los tres restantes en los mitos que empiezan de la manera que acabo de describir, resultará legítimo, supongo, deducir que la indiferenciación inicial constituye una versión esquemática, pero en cualquier modo reconocible, del primero.

No necesito extenderme mucho sobre el segundo. Todos los crímenes que los perseguidores atribuyen a sus víctimas reaparecen, por regla general, en los mitos. En algunas mitologías, especialmente en la griega, sucede que estos crímenes no son tratados realmente como crímenes; solo se ven como simples calaveradas, pero aunque se las excuse y minimice están presentes y, desde un punto de vista literal, si no espiritual, corresponden exactamente a nuestro estereotipo. En los mitos más «salvajes», cuando no más «primitivos», puesto que actualmente el término parece prohibido, los principales personajes son unos temibles transgresores y se les trata como a tales. Atraen sobre ellos, gracias a este hecho, un castigo que se asemeja extrañamente al destino que sufren las víctimas de las persecuciones colectivas. Se trata con frecuencia de una especie de linchamiento. En definitiva, respecto a este punto capital, los mitos que califico de «salvajes» están todavía más próximos que el de Edipo a los fenómenos de masas con los que intento relacionarlos.

Solo tenemos que buscar un único estereotipo en estos mitos y es el signo preferencial de selección persecutoria. No necesito subrayar que la mitología mundial abunda en cojos, tuertos, mancos, ciegos y otros lisiados. También tenemos muchos apestados.

Junto a los héroes desgraciados, también los hay excepcionalmente hermosos, carentes de cualquier defecto. Eso no quiere decir que la mitología lo abarque todo, sino que se mueve preferentemente en los extremos, lo que como ya hemos visto caracteriza la polarización de las persecuciones.

En los mitos aparece la gama completa de los signos victimarios. No nos damos cuenta porque consideramos fundamentalmente la pertenencia de las víctimas a una minoría étnica o religiosa conocida. Ese rasgo no puede reaparecer sin más en la mitología. No encontraremos judíos o negros perseguidos. Pero creo que tenemos su equivalencia en un tema que desempeña un papel central en todas las partes del mundo, el del *extranjero* colectivamente expulsado o asesinado.[1]

La víctima es un hombre que viene de fuera, un extranjero significado. Se le invita a una fiesta que termina con su linchamiento. ¿Por qué? Ha hecho algo que no debía hacer; se ve su comportamiento como funesto; uno de sus gestos es malinterpretado. También en este caso basta con suponer una víctima real, un extranjero real, y todo se aclara. Si el extranjero se comporta de manera extraña o insultante a ojos de sus anfitriones, es porque obedece a unas normas extranjeras. Más allá de un cierto punto de etnocentrismo, el extranjero pasa a ser típicamente mitológico, tanto para lo mejor como para lo peor. El menor malentendido puede acabar mal. Cabe descubrir detrás del tema del extranjero asesinado y luego divinizado una forma de «provincianismo» tan extrema que ya no conseguimos identificarla, de la misma manera que a uno u otro lado de una cierta longitud de onda dejamos de percibir los sonidos y los colores. También en este caso, para hacer tocar de pies en el suelo a las interpretaciones excesivamente filosóficas,

1. Véanse los tres mitos estudiados en *Cosas ocultas...*, pp. 114-140.

hay que situar estos temas míticos en un decorado occidental y aldeano. Entonces vemos inmediatamente de qué se trata, al igual que en la pequeña transposición edípica de hace un momento. Una gimnasia intelectual apropiada, y sobre todo un poco menos de veneración en conserva por todo lo que no pertenece al moderno Occidente, nos enseñarán rápidamente a ampliar el campo de lo reconocible y de lo inteligible en la mitología.

No es necesario examinar los mitos muy de cerca para verificar que buena parte de ellos contiene nuestros cuatro estereotipos de la persecución; también los hay, sin duda, que solo contienen tres, dos, uno, e incluso ninguno. No los soslayo, pero todavía no he conseguido analizarlos eficazmente. Comenzamos a ver que las representaciones persecutorias, una vez descifradas, constituyen un auténtico hilo de Ariadna para orientarse en el laberinto de la mitología. Nos permitirán devolver a su origen auténtico la violencia colectiva, incluso los mitos que no contienen ningún estereotipo de la persecución. Lejos de contradecir nuestra tesis, como veremos más adelante, o de obligarnos a dudosas acrobacias para no distanciarnos de ella, los mitos totalmente desprovistos de estereotipos persecutorios le aportarán la confirmación más brillante. Por ahora, hay que proseguir el análisis de los mitos que contienen nuestros estereotipos pero de forma algo menos fácil de descubrir que en las persecuciones medievales o en el mito de Edipo, por estar un poco más transfigurada.

Esta transfiguración más extrema no abre un abismo infranqueable entre los mitos y las persecuciones ya descifradas. Cabe definir con una palabra, en efecto, el tipo del que depende; es exactamente monstruosa.

Desde el Romanticismo se tiende a ver en el monstruo mitológico una auténtica creación *ex nihilo*, una invención pura. Se interpreta la imaginación como un poder absoluto de concebir formas que no existen en ningún lugar de la naturaleza. El examen de los monstruos mitológicos no revela nada semejante. Siempre son elementos procedentes de varias formas existentes que se combinan y se mezclan en el monstruo y que buscan una especificidad. Así, el Minotauro es una mezcla de hombre y de toro. Y algo parecido Dyonysos, pero en su caso es más llamativo el dios que el monstruo, en otras palabras, la mezcla de las formas.

Hay que concebir lo monstruoso a partir de la indiferenciación, es decir, de un proceso que, claro está, no afecta en nada lo real, pero sí a su percepción. Al acelerarse, la reciprocidad conflictiva no suscita únicamente la impresión todavía cierta de comportamientos idénticos en los antagonistas, sino que descompone lo percibido, se hace vertiginosa. Los monstruos proceden de una fragmentación de lo percibido, de una descomposición seguida de una recomposición que no toma en consideración las especificidades naturales. El monstruo es una alucinación inestable que tiende retrospectivamente a cristalizar en formas estables, en falsas especificidades monstruosas, gracias a que la rememoración se efectúa en un mundo de nuevo estabilizado.

Ya hemos visto anteriormente que las representaciones de los perseguidores históricos poseen, bajo este punto de vista, algo de mitológico. El paso a lo monstruoso se sitúa en la prolongación de todas las representaciones de que ya hemos hablado, la de la crisis como indiferenciada, la de la víctima como culpable de crímenes indiferenciadores, la de los signos de selección victimaria como deformidad. Llega un momento en que la monstruosidad física y la monstruosidad moral coinciden. El crimen de bestialismo, por ejemplo, engendra unas mezclas monstruosas de hombres y animales; en el hermafroditismo de Tiresias la monstruosidad física no se diferencia en nada de la monstruosidad moral. En suma, son los propios estereotipos los que se mezclan, para suscitar los monstruos mitológicos.

En el monstruo mitológico, lo «físico» y lo «moral» son inseparables. La unión de ambas cosas resulta tan perfecta que cualquier intento de separarlas parece condenado a la esterilidad. Sin embargo, si yo tengo razón, es por ahí por donde hay que hacer pasar la distinción. La deformidad física debe corresponder a un rasgo real de alguna víctima, a una invalidez real; la cojera de Edipo o de Vulcano no es necesariamente menos real en su origen que la de la bruja medieval. La monstruosidad moral, en cambio, asume la tendencia de todos los perseguidores a proyectar los monstruos que crean a partir de tal o cual crisis, de tal desdicha pública o incluso privada, sobre algún desdichado cuya invalidez o cuya extravagancia sugiere una afinidad especial por lo monstruoso.

Mi análisis parece fantasioso porque generalmente se percibe el carácter monstruoso como la prueba irrefutable del carácter absolutamente ficticio e imaginario de la mitología. Sin embargo, en el monstruo encontramos lo ciertamente falso y lo posiblemente cierto de que ya he hablado ampliamente en este ensayo. Se me objetará que todos nuestros estereotipos se presentan en un encabalgamiento decepcionante para la tesis que propongo. Entendidos conjuntamente, constituyen una especie de unidad; engendran un clima especial, el clima específico de la mitología, y no debemos hacer nada, según parece, para disociar sus elementos, aunque solo sea por razones estéticas. Y es un hecho que ni nuestros mejores intérpretes han desunido jamás estos elementos. Sin embargo, tengo la impresión de que algunos investigadores no pueden situarlos por completo en el mismo plano. Se dirigen hacia la división decisiva entre los crímenes –imaginarios– de las víctimas y los signos –tal vez reales– de la selección victimaria. Respecto a la mitología griega, he aquí un texto característico de Mircea Eliade que comienza por los segundos y que termina con los primeros:

> Se distinguen [estos héroes] por su *fuerza* y su *belleza* pero también por unos *rasgos monstruosos* [estatura *gigantesca* –Hércules, Aquiles, Orestes, Pélope– pero también *muy inferior a la media*], son *teriomorfos* [p.e. Licaon, el «lobo»] o susceptibles de *metamorfosearse en animales*. Son *andróginos* (Cécrope) o *cambian de sexo* (Tiresias), o *se disfrazan de mujeres* (Hércules). Además, los héroes están caracterizados por numerosas *anomalías* (*acefalia* o *policefalia*, Hércules está dotado de *tres hileras de dientes*); son muchas veces *cojos*, *tuertos* o *ciegos*. Con frecuencia, los héroes son víctimas de la locura (Orestes, Belerofonte, incluso el excepcional Hércules, cuando *mata a los hijos* que le había dado Megara). En cuanto a su *comportamiento sexual*, es *excesivo* o *aberrante*: Hércules *fecunda en una noche a las cincuenta hijas de Tespios*; Teseo es famoso por sus *numerosas violaciones* (Helena, Ariadna, etc.), Aquiles *rapta a Estratónice*. Los héroes cometen *incesto con sus hijas o sus madres*, y asesinan por deseo, por cólera, o muchas veces sin razón alguna; *maltratan incluso a sus padres y madres o a sus parientes*.[1]

El texto es admirable por la densidad de los rasgos pertinentes. El autor une bajo el signo de lo monstruoso los

---

1. Mircea Eliade, *Histoire des croyances et des idées religieuses*, París, 1978, I, p. 301; la cursiva es mía. (Hay traducción española: *Historia de las creencias y las ideas religiosas*, trad. de Jesús Valiente, Paidós, Barcelona, 2019-2020, 4 vols.)

rasgos de selección victimaria y los crímenes estereotipados, pero no los mezcla. Según parece, algo en él se resiste a la confusión de las dos secciones. Se establece una separación de hecho que no está legalmente justificada. Esta distinción muda es más interesante que muchos juegos estructuralistas, pero no puede ser formulada.

Monstruosidad física y monstruosidad moral van unidas en la mitología. Su conjunción parece normal; el propio lenguaje la sugiere. Nadie formula nada en contra. Si se tratara de nuestro universo histórico, no podríamos excluir la posibilidad de víctimas reales. La perpetua yuxtaposición de las dos monstruosidades se nos antojaría odiosa; sospecharíamos que procede de una mentalidad persecutoria. Ahora bien, ¿de dónde, si no de ahí, podría proceder? ¿Qué otra fuerza podría hacer converger siempre los dos temas? Se dice para tranquilizarnos que debe tratarse de la *imaginación*. Es lo que siempre esgrimimos para escapar a lo real. Pero, una vez más, no se trata de la imaginación gratuita de nuestros estetas, es, con alguna complicación mayor, la de Guillaume de Machaut, que nos conduce más directamente a las víctimas reales en la medida en que es más complicada, siempre es la imaginación de los perseguidores.

Monstruosidad física y monstruosidad moral caminan del brazo en unos mitos que justifican la persecución de un tullido. La presencia alrededor de los demás estereotipos de la persecución apenas permite dudarlo. Si esta conjunción solo se produjera excepcionalmente, aún sería posible la duda, pero la encontramos en innumerables casos: es el pan cotidiano de la mitología.

Mientras que un espíritu crítico torpemente celoso se base en lo imaginario del conjunto, hará falta una sospecha más clara si el tipo de imaginación que actúa en los mitos no remite implacablemente una vez más a la violencia real.

Vemos perfectamente que la representación está alterada, sistemáticamente alterada en el sentido obligatorio de los perseguidores. Esta alteración tiene a la víctima como foco principal e irradia a partir de ella sobre el conjunto del cuadro. Las lluvias de piedra de Guillaume, sus ciudades enteras fulminadas, y sobre todo sus ríos emponzoñados no arrastran a la órbita de la ficción ni la peste negra ni la matanza de los chivos expiatorios.

Se dice que la proliferación de lo monstruoso en la mitología suscita una diversidad de formas que hace imposible cualquier lectura sistemática, y que mi idea de su origen único es insostenible. Eso resulta tan serio como objetar a la teoría de la evaporación de las aguas, en la génesis de las nubes, la forma siempre cambiante de estas, que exigiría necesariamente una infinidad de explicaciones diferentes.

A excepción de unos pocos mitos ejemplares, el de Edipo especialmente, la mitología no es *directamente asimilable* a las representaciones descifrables de persecuciones, pero sí *indirectamente*. En lugar de presentar algunos rasgos vagamente monstruosos, la víctima se deja descubrir torpemente como víctima, pues es por entero monstruo. No hay que deducir de esta divergencia que los dos tipos de texto no puedan depender de la misma génesis. Si entramos en detalles, descubrimos que estamos tratando necesariamente con un solo e idéntico principio de distorsión de lo representado pero, en la mitología, este motor funciona a un régimen más elevado que en la historia.

Una atenta comparación de los crímenes estereotipados en las persecuciones históricas y en los mitos confirma que así debe ser. Es cierto que en todas partes la convicción de los perseguidores es tanto más fuerte cuanto menos racional. Pero en las persecuciones históricas no resulta tan masiva como para disimular su carácter de convicción y el proceso acusatorio del que resulta. Sin duda, la víctima está condenada de antemano, no puede defenderse; ha sido condenada previamente; pero siempre existe un proceso, todo lo inicuo que se quiera pero que no por ello deja de manifestar su naturaleza de proceso. Las brujas son objeto de persecuciones manifiestamente legales y hasta los judíos perseguidos son explícitamente acusados, y de crímenes menos inverosímiles que los de los héroes míticos. El deseo de verosimilitud relativa que suscita el «envenenamiento de los ríos» contribuye, paradójicamente, a iluminarnos sobre la división entre lo verdadero y lo falso que debemos efectuar en el texto para entender su naturaleza. Es la misma operación que exige la mitología, pero se hace necesaria una audacia todavía mayor, pues los datos están más mezclados.

En las persecuciones históricas, los «culpables» permanecen suficientemente diferenciados de sus «crímenes» para que no podamos equivocarnos acerca de la naturaleza del proceso. No ocurre lo mismo en el mito. El culpable es tan consustancial a su falta que no podemos disociar esta de aquel. Esta falta aparece como una especie de esencia fantástica, un atributo ontológico. En numerosos mitos, basta con la presencia del desdichado en la vecindad para contaminar todo lo que le rodea, contagiar la peste a los hombres y a los animales, arruinar las cosechas, envenenar los alimentos, eliminar la caza, sembrar la discordia en su entorno. A su paso todo se descompone y no vuelve a crecer la hierba. Produce los desastres con tanta naturalidad como la higuera los higos. Le basta con ser lo que es.

La definición de las víctimas como culpables, o criminales, aparece tan segura de sí misma en los mitos, es tan fuerte el vínculo causal entre los crímenes y la crisis colectiva que los investigadores más perspicaces todavía no han conseguido disociar estos datos y descubrir el proceso acusatorio. Para conseguirlo, necesitan el hilo de Ariadna que seguimos nosotros, el texto de la persecución, medieval o moderna.

Incluso los textos históricos que siguen más a rajatabla la visión persecutoria no reflejan otra cosa que una creencia atenuada. Cuanto más se empeñan en demostrar la justicia de su mala causa, menos lo consiguen. Si el mito nos dijera: «Es indudable que Edipo ha matado a su padre, es cierto que se ha acostado con su madre», reconoceríamos el tipo de mentira que encarna, nos hablaría en el estilo de los perseguidores históricos, el de la creencia. Pero habla en el estilo sosegado del hecho indudable. Afirma: «Edipo ha matado a su padre, se ha acostado con su madre», en el tono que se adoptaría para afirmar: «La noche sucede al día» o «el sol sale por el este».

Las distorsiones persecutorias se debilitan cuando se pasa de los mitos a las persecuciones occidentales. Este debilitamiento nos ha permitido descifrar en primer lugar las segundas. Este primer desciframiento debe servirnos hoy de trampolín para acceder a la mitología. Me guío por textos ya leídos porque es más fácil leerlos, como Guillaume de Machaut, para acceder primero a la lectura del mito de Edipo y después a unos textos cada vez más difíciles, mediante un avance continuo que nos lleva a descubrir todos los estereotipos de la persecución y, por consiguiente, a postular unas violencias reales y unas víctimas reales detrás de unos temas tan fantásticos que parece casi inconcebible dejar de considerarlos como «pura y simplemente imaginarios».

Nuestros antepasados medievales se tomaban en serio las fábulas más aberrantes, los envenenamientos de fuentes por los judíos o los leprosos, los infanticidios rituales, las escobas de las brujas, las orgías diabólicas al claro de luna. Su mezcla de crueldad y de credulidad nos parece insuperable. Y, sin embargo, los mitos las superan; las persecuciones históricas proceden de una superstición degradada. Nos creíamos al amparo de las ilusiones míticas porque nos habíamos jurado no entenderlas. En realidad, considerarlo todo como ilusorio es una manera más astuta de eludir los problemas molestos que considerarlo todo como verdadero. La mejor coartada, lo más concluyente, sigue siendo este descreimiento abstracto que niega toda realidad a la violencia sugerida por el mito.

Hemos adquirido la costumbre de considerar incluso los rasgos verosímiles de los héroes mitológicos como necesariamente ficticios porque van asociados a unos rasgos inverosímiles. Pero ahí aparece, siempre dictado por la misma falsa prudencia, el mismo prejuicio de ficción que nos impediría reconocer la realidad de las matanzas antisemitas si le permitiéramos dominar nuestra lectura de Guillaume de Machaut. No dudamos de la realidad de estas matanzas bajo el pretexto de que corren yuxtapuestas a toda suerte de fábulas más o menos significativas. Por tanto, tampoco debemos dudar en el caso de los mitos.

En los textos de los perseguidores históricos, el rostro de las víctimas se transparenta detrás de la máscara. Existen lagunas y resquebrajamientos mientras que en la mitología la máscara sigue intacta; cubre tan perfectamente todo el rostro que no sospechamos que se trata de una máscara. Pensamos que detrás no hay *nadie*, ni víctimas ni perseguidores. Nos parecemos un poco a los cíclopes, hermanos suyos, que Polifemo, cegado por Ulises y sus compañeros, llama inútilmente en su ayuda. Reservamos nuestro único ojo para lo que llamamos la historia. En cuanto a nuestros oídos, si es que los tenemos, jamás oyen otra cosa que este *nadie, nadie...*, que se arraiga en la propia violencia colectiva y nos lleva a considerarla como nula e inexistente, enteramente inventada por un Polifemo en vena de improvisación poética.

Los monstruos mitológicos ya no son para nosotros especies sobrenaturales o ni siquiera naturales, ya no son géneros teológicos o ni siquiera zoológicos, pero siguen siendo casi-géneros de lo imaginario, fabulosos «arquetipos» acumulados en unos inconscientes más míticos aún que los propios mitos. Nuestra ciencia de los mitos lleva cuatro siglos de retraso respecto a la crítica histórica, pero el obstáculo que la frena no es infranqueable. No se trata de superar algún límite natural de la visión, de percibir el equivalente del infrarrojo o del ultravioleta en el orden de los colores. Hubo un tiempo en que nadie sabía leer, ni siquiera las distorsiones persecutorias de nuestra propia historia. Hemos acabado por aprender. Podemos fechar esta conquista. Se remonta a comienzos de la era moderna. Creo que solo constituye una primera etapa en un proceso de desciframiento nunca verdaderamente interrumpido pero que lleva varios siglos girando en redondo, a falta de orientarse por el camino realmente fecundo y de intentar extenderse a la mitología.

Hay que hablar ahora de una dimensión esencial de los mitos casi completamente ausente de las persecuciones históricas, la dimensión sagrada. Los perseguidores medievales y modernos no adoran a sus víctimas, se limitan a odiarlas. Así pues, son fácilmente identificables como tales. Es más difícil identificar la víctima en un ser sobrenatural que es objeto de un culto. Claro que a veces las aventuras gloriosas del héroe se parecen extraordinariamente a los crímenes estereotipados de las víctimas colectivas. Al igual que ellos, además, el héroe se hace en cierto modo expulsar o incluso asesinar por los suyos. Pero los supuestos expertos, de los griegos tardíos a todos los helenistas modernos, están de acuerdo en minimizar estos molestos incidentes. Afirman que no son más que pequeños contratiempos en una carrera tan noble y trascendental que resulta de mal gusto recordarlos.

Los mitos exudan lo sagrado y parece imposible compararlos con los textos que no lo exudan. Por impresionantes que sean las semejanzas señaladas en las páginas anteriores, palidecen ante esta desemejanza. Yo intento explicar los mitos descubriendo en ellos unas distorsiones persecutorias más acentuadas que las de nuestros perseguidores históricos rememorando sus propias persecuciones. Hasta el momento el método ha funcionado perfectamente, pues he encontrado en los mitos, si bien deformado, todo lo que aparece igualmente en los textos de persecución. Pero he aquí que se presenta una dificultad. En los mitos existe lo sagrado y no existe prácticamente en los textos de persecución. Cabe preguntarse si no se nos estará escapando lo esencial. Aunque la mitología sea vulnerable en su parte inferior a un método comparativo, siempre se le escapará por la superior, dicen nuestros idealistas, dada la dimensión trascendental que supone y que permanece inaprehensible.

Creo que esto no es cierto, y puedo demostrarlo de dos maneras. A partir de las semejanzas y de las diferencias en nuestros dos tipos de textos, podemos deducir literalmente, por un razonamiento muy sencillo, la naturaleza de lo sagrado y la necesidad de su presencia en los mitos. Me dirigiré acto seguido a los textos de persecución y demostraré que, pese a las apariencias, subsisten en ellos unas huellas de lo sagrado, que corresponden muy exactamente a lo que cabe esperar de estos textos si se reconoce en ellos, como yo lo hago ahora, unos mitos degradados y semi-descompuestos.

Para entender lo que hay de sagrado, hay que partir de lo que he denominado el estereotipo de acusación, la culpabilidad y la responsabilidad ilusoria de las víctimas; conviene inicialmente reconocerlo como una auténtica creencia. Guillaume de Machaut cree sinceramente en el envenenamiento de los ríos por los judíos. Jean Bodin cree sinceramente en los peligros que la brujería hace correr a la Francia de su época. No es preciso que simpaticemos con la creencia para que admitamos su sinceridad.

Jean Bodin no es una inteligencia mediocre y sin embargo cree en la brujería. Dos siglos después, esta misma creencia suscitará carcajadas, incluso en personas de una capacidad intelectual muy limitada.

¿De dónde pueden proceder, pues, las ilusiones de un Jean Bodin, o de un Guillaume de Machaut? Evidentemente, son de naturaleza social. Siempre son unas ilusiones compartidas por un gran número de hombres. En la mayoría de las sociedades humanas la creencia en la brujería no incumbe únicamente a unos pocos individuos o incluso a muchos, sino a todos.

Las creencias mágicas están impregnadas de un cierto consenso social. Aunque esté lejos de ser unánime en el siglo XVI e incluso en el XIV, este consenso sigue siendo amplio, por lo menos en ciertos medios; posee un carácter bastante coercitivo sobre los individuos. Las excepciones todavía no son muy numerosas, y carecen de la suficiente influencia para impedir las persecuciones. La representación perseguidora conserva ciertos rasgos de una representación colectiva en el sentido que le da al término Durkheim.

Hemos visto en qué consiste esta creencia. Vastas capas sociales se hallan enfrentadas a unas plagas tan terroríficas como la peste o a veces a otras circunstancias menos visibles. Gracias al mecanismo persecutorio, la angustia y las frustraciones colectivas encuentran una satisfacción vicaria en unas víctimas que favorecen la unión en contra de ellas, en virtud de su pertenencia a unas minorías mal integradas, etc.

Nuestra comprensión de ello procede del descubrimiento de un texto con los estereotipos de la persecución. Una vez que esta comprensión se ha adquirido no cesamos de repetir: *La víctima es un chivo expiatorio*. Todo el mundo entiende perfectamente esta expresión; nadie titubea acerca del sentido que hay que darle. Chivo expiatorio denota simultáneamente la inocencia de las víctimas, la polarización colectiva que se produce contra ellas y la finalidad colectiva de esta polarización. Los perseguidores se encierran en la «lógica» de la representación persecutoria y jamás pueden salir de ella. Es prácticamente seguro que Guillaume de Machaut nunca participó personalmente en las violencias colectivas, pero compartía la representación persecutoria que las alimentaba y, a su vez, se alimentaba de ellas; participaba del efecto colectivo del chivo expiatorio. La polarización ejerce tal presión sobre los polarizados que a las víctimas les resulta imposible justificarse.

Así pues, empleamos la expresión «chivo expiatorio» para resumir todo lo dicho hasta el momento sobre las persecuciones colectivas. Decir «chivo expiatorio» ante Guillaume de Machaut significa señalar que esta representación no nos engaña, que hemos hecho lo que debíamos para deshacer el sistema y sustituirlo con nuestra propia lectura.

«Chivo expiatorio» resume el tipo de interpretación que quisiera extender a la mitología. Desgraciadamente, con esta expresión ocurre algo semejante a lo que ocurre con dicha interpretación. Bajo el pretexto de que todo el mundo conoce su uso, nadie piensa nunca en comprobar exactamente lo que es, y se multiplican los malentendidos.

En el caso de Guillaume de Machaut, y de los textos de persecución en general, este uso carece de relación directa con el rito del chivo expiatorio tal como se describe en el Levítico, o con los restantes ritos a veces llamados «de chivo expiatorio» porque se parecen más o menos al del Levítico.

Tan pronto como reflexionamos sobre el «chivo expiatorio» o pensamos en esta expresión al margen del contexto persecutorio, tendemos a modificar su sentido. El rito retorna a la memoria; como se trata de una ceremonia religiosa que se celebraba en fecha fija y era ejecutada por sacerdotes, nos invade la idea de una manipulación deliberada. Imaginamos unos hábiles estrategas que no ignoran nada de los mecanismos victimarios y que sacrifican unas víctimas inocentes con conocimiento de causa, debido a unas maquiavélicas segundas intenciones.

Es posible, especialmente en nuestra época, que tales cosas lleguen a producirse, pero ni siquiera ahora se producirían si los eventuales manipuladores no dispusieran, para organizar sus crímenes, de una masa eminentemente manipulable, en otras palabras, de personas susceptibles de dejarse encerrar en el sistema de la representación persecutoria, personas capaces de creencia en la perspectiva del chivo expiatorio.

Evidentemente, Guillaume de Machaut no tiene nada de manipulador. No es bastante inteligente para eso. Si ya existe manipulación en su universo, debemos situarle del lado de los manipulados. Sin lugar a dudas, los detalles reveladores de su texto no lo son para él, sino únicamente para nosotros que comprendemos su auténtica significación. Acabo de hablar de perseguidores ingenuos, podría haberme referido a su inconsciencia.

Una concepción demasiado consciente y calculadora de todo lo que abarca la utilización moderna de «chivo expiatorio» elimina lo esencial, a saber, la creencia de los perseguidores en la culpabilidad de su víctima, su enclaustramiento en la ilusión persecutoria que, como hemos visto, no es algo simple, sino un auténtico sistema de representación.

El enclaustramiento en este sistema nos permite hablar de un inconsciente persecutorio, y la prueba de su existencia está en que hasta las personas más hábiles actualmente en descubrir los chivos expiatorios de los demás, y Dios sabe cuán diestros hemos llegado a ser en la materia, jamás descubren los propios. Nadie, o casi nadie, se siente culpable de esta falta. Para entender la dimensión del misterio, hay que interrogarse a uno mismo. Que cada cual se pregunte sobre su propia situación desde el punto de vista de los chivos expiatorios. Personalmente, yo no conozco ninguno y estoy persuadido, querido lector, de que a ti te pasa lo mismo. Ambos tenemos solo legítimos enemigos. Y, sin embargo, el universo entero está lleno de chivos expiatorios. La ilusión persecutoria hace más estragos que nunca, no siempre tan trágicos, evidentemente, como en tiempos de Guillaume de Machaut, pero sí más solapados. *Hypocrite lecteur, mon semblable, mon frère...*

Si esta es la situación actual, cuando todos rivalizamos en penetración y en sutileza para descubrir chivos expiatorios individuales y colectivos, ¿cuál sería la del siglo XIV? Nadie descifraba la representación persecutoria como la desciframos actualmente. «Chivo expiatorio» no tenía todavía el sentido que nosotros le damos. La idea de que unas multitudes, o incluso unas sociedades enteras, pueden cegarse con sus propias ilusiones victimarias era inconcebible. Si alguien hubiera intentado explicárselo, los hombres de la Edad Media no lo habrían entendido.

73

Guillaume de Machaut va más lejos que nosotros en la sumisión a los efectos del chivo expiatorio. Su universo está más sumido que el nuestro en la inconsciencia persecutoria pero menos, evidentemente, que los universos mitológicos. Como hemos visto, en el caso de Guillaume solo una pequeña parte de la peste negra, y no la peor, se atribuye a los chivos expiatorios: en el mito de Edipo, era la totalidad de la peste. Para explicar las epidemias, los universos mitológicos jamás han necesitado otra cosa que unos crímenes estereotipados y, claro está, unos culpables para estos crímenes. Para comprobarlo, basta consultar los documentos etnológicos. Los etnólogos hacen aspavientos ante mis blasfemias, pero desde hace mucho tiempo tienen en su poder todos los testimonios necesarios para su confirmación. En unas sociedades llamadas etnológicas, la presencia de una epidemia lleva a sospechar inmediatamente unas infracciones a las reglas fundamentales de la comunidad. Está prohibido calificar estas sociedades de primitivas. Nos vemos obligados, por el contrario, a calificar de primitivo todo lo que perpetúa en nuestro universo las creencias y los comportamientos persecutorios de tipo mitológico.

La representación persecutoria es más vigorosa en los mitos que en las persecuciones históricas, y es, precisamente, este vigor lo que nos desconcierta. Comparada con esta empedernida creencia, la nuestra es cosa de poca monta. Las representaciones persecutorias de nuestra historia siempre son vacilantes y residuales, y esta es la razón de que no tarden en ser demistificadas, como máximo al cabo de unos siglos, en lugar de perdurar durante miles de años, como el mito de Edipo, y de reírse, aún ahora, de nuestros esfuerzos por interpretarlas.

Esta formidable creencia nos resulta ahora extraña. Lo máximo que podemos hacer es intentar concebirla siguiendo sus huellas en los textos. Comprobamos entonces que todo lo que se denomina sagrado coincide con el carácter ciego y masivo de esta creencia.

Interroguémonos acerca de este fenómeno y fundamentalmente sobre sus condiciones de viabilidad. Desconocemos por qué esta creencia es tan fuerte pero sospechamos que corresponde a un mecanismo de chivo expiatorio más eficaz que los nuestros, a otro régimen, superior al nuestro, de funcionamiento persecutorio. A juzgar por la preponderancia numérica de los universos mitológicos, este régimen superior es el régimen normal de la humanidad y nuestra sociedad es la excepción.

Una creencia tan fuerte no podría establecerse, y sobre todo perpetuarse, cuando los perseguidores la rememoran, en sus mitos, después del fallecimiento de la víctima, si las relaciones en el seno de la comunidad fueran de tal índole que permitieran dudar de ella; en otras palabras, si estas relaciones no se hubieran recompuesto. Para que todos los perseguidores se sientan animados por idéntica fe en el poder maléfico de su víctima, es preciso que esta polarice efectivamente todas las sospechas, tensiones y represalias que envenenaban dichas relaciones. Es preciso que se sienta liberada, reconciliada consigo misma.

Eso es exactamente lo que sugiere la conclusión de la mayoría de los mitos. Nos muestra un auténtico retorno del orden comprometido en la crisis, y muchas veces también el nacimiento de un orden totalmente nuevo, en la unión religiosa de la comunidad vivificada por la prueba que acaba de sufrir.

La conjunción perpetua en los mitos de una víctima muy culpable y de una conclusión simultáneamente violenta y liberadora solo puede explicarse mediante la fuerza extraordinaria del mecanismo del chivo expiatorio. Esta hipótesis, en efecto, resuelve el enigma fundamental de cualquier mitología: el orden ausente o comprometido por el chivo expiatorio se restablece o se establece por obra de aquel que fue el primero en turbarlo. Sí, exactamente así. Es concebible que una víctima aparezca como responsable de las desdichas públicas, y eso es lo que ocurre en los mitos, al igual que en las persecuciones colectivas, pero la diferencia reside en que exclusivamente en los mitos esta misma víctima devuelve el orden, lo simboliza e incluso lo encarna.

Nuestros especialistas todavía no se han recuperado de su asombro. El transgresor se convierte en restaurador e incluso en fundador del orden que ha transgredido, anticipadamente en cierto modo. El supremo delincuente se transforma en pilar básico del orden social. Existen mitos en los que esta paradoja aparece más o menos atenuada, censurada o disfrazada, por cuenta sin duda de unos fieles a los que ya escandalizaba casi tanto como a nuestros etnólogos contemporáneos, pero –más adelante insistiremos sobre ello– en ningún caso deja de transparentarse debajo del disfraz. Es una característica eminente de la mitología.

Se trata del mismo enigma que ya desconcertaba a Platón cuando deploraba la inmoralidad de los dioses homéricos. Los intérpretes que no eluden este enigma llevan siglos sin conseguir resolverlo. Coincide por completo con el enigma de lo sagrado *primitivo*, es decir, con la inversión benéfica de la omnipotencia maléfica atribuida al chivo expiatorio propiciatorio. Para entender esta inversión y resolver el enigma, es preciso contemplar detenidamente de nuevo nuestra conjunción de temas, nuestros cuatro estereotipos de la persecución, pasablemente deformados, *más* la conclusión que nos permite ver unos perseguidores reconciliados. *Deben estarlo realmente.* No hay ningún motivo para dudar de ello puesto que recuerdan sus peripecias después de la muerte de la víctima y siempre las atribuyen sin el menor titubeo a esta.

Pensándolo bien, no tiene nada de sorprendente. ¿Cómo podrían explicar los perseguidores su propia reconciliación, el final de la crisis? No pueden atribuirse el mérito a sí mismos. El terror que les infunde su propia víctima les lleva a concebirse a sí mismos como totalmente pasivos, puramente reactivos, totalmente dominados por este chivo expiatorio en el mismo momento en que se precipitan sobre él. Piensan que le corresponde toda iniciativa. En su campo de visión solo hay espacio para una única causa, y esta triunfa absolutamente, absorbe cualquier otra causalidad, y es el chivo expiatorio. Nada puede suceder, por consiguiente, a los perseguidores que no le sea inmediatamente referido, y si llegan a reconciliarse quien se aprovecha de ello es el chivo expiatorio, el único responsable de todo, un responsable absoluto, y responsable también de la curación, ya que lo es también de la enfermedad. Esto solo resulta paradójico para una visión dualista algo alejada de la experiencia victimaria como para seguir sintiendo su unidad y que se empeña sobre todo en diferenciar claramente el «bien» del «mal».

Es cierto que los chivos expiatorios no curan las auténticas epidemias, ni las sequías, ni las inundaciones. Pero ya he dicho que la dimensión principal de cualquier crisis es la manera en que afecta las relaciones humanas. Se inicia un proceso de mala reciprocidad que se alimenta de sí mismo y que no necesita de causas exteriores para perpetuarse. Mientras persistan las causas exteriores, una epidemia de peste por ejemplo, los chivos expiatorios carecerán de eficacia. Pero tan pronto como estas causas dejen de intervenir, el primer chivo expiatorio aparecido pondrá punto final a la crisis liquidando sus secuelas interpersonales con la proyección de toda la maleficencia sobre la víctima. El chivo expiatorio se limita a actuar sobre las relaciones humanas trastornadas por la crisis pero dará la impresión de actuar igualmente sobre las causas exteriores, las pestes, las sequías y otras calamidades objetivas.

Más allá de un cierto nivel de creencia, el efecto del chivo expiatorio invierte por completo las relaciones entre los perseguidores y su víctima, y esta inversión es lo que produce lo sagrado, los ancestros fundadores y las divinidades. Convierte a la víctima, realidad pasiva, en la única causa fáctica y omnipotente frente a un grupo que se considera a sí mismo como enteramente manejado. Si los grupos humanos pueden enfermar en tanto que grupos por unas razones que dependen de unas causas objetivas o que solo dependen de ellos mismos, si las relaciones en el seno de los grupos pueden deteriorarse y luego restablecerse gracias a unas víctimas unánimemente execradas, es evidente que los grupos rememorarán estas enfermedades sociales de acuerdo con la creencia ilusoria que facilita su curación, la creencia en la omnipotencia de los chivos expiatorios. A la execración unánime del que ocasiona la enfermedad, debe superponerse, por consiguiente, la veneración unánime por el curandero de esta misma enfermedad.

Hay que reconocer en los mitos unos sistemas de la representación persecutoria análogos a los nuestros pero complicados por la eficacia del proceso persecutorio. Esta eficacia es la que no queremos reconocer porque nos escandaliza por partida doble, en el plano de la moral y en el de la inteligencia. Sabemos reconocer la primera transfiguración, maléfica, de la víctima, y nos parece normal, pero no sabemos reconocer, por el contrario, la segunda transfiguración, benéfica, y consideramos inconcebible que se superponga a la primera sin anularla, por lo menos en un primer tiempo.

Los hombres agrupados están sometidos a unas variaciones repentinas de sus relaciones, tanto para lo peor como para lo mejor. Si atribuyen un ciclo completo de variaciones a la víctima colectiva que facilita el retorno a la normalidad, deducirán necesariamente de esta doble transferencia la creencia en un poder trascendente a la vez doble y único que les aporta alternativamente la pérdida y la salvación, el castigo y la recompensa. Este poder se manifiesta a través de violencias de las que es víctima pero en mayor medida misterioso instigador.

Si esta víctima puede esparcir sus favores sobre los que la han matado más allá de la muerte es porque ha resucitado o porque no estaba realmente muerta. La causalidad del chivo expiatorio se impone con tal fuerza que la misma muerte no puede detenerla. Para no renunciar a la víctima en tanto que causa, la resucita si es preciso, la inmortaliza, por lo menos durante un tiempo, inventa todo aquello que nosotros llamamos trascendente y sobrenatural.[1]

1. *La violencia y lo sagrado*, pp. 125-129; *Cosas ocultas...* pp. 32-50.

CAPÍTULO IV
VIOLENCIA Y MAGIA

Para dar cuenta de lo sagrado, he comparado las representaciones persecutorias que lo incluyen con las que no lo hacen. He reflexionado sobre lo que hay de específico en la mitología en relación con las persecuciones históricas. Pero esta especificidad es relativa y he descuidado esta relatividad. He hablado de las distorsiones históricas como si fueran completamente ajenas a lo sagrado. Ahora bien, no lo son. En los textos medievales y modernos, lo sagrado se debilita cada vez más pero sobrevive. No he mencionado estas supervivencias para no minimizar la distancia entre la mitología y unos textos de los que afirmo exactamente que permiten reducir dicha distancia. Apoyarse en unas semejanzas aproximadas sería tanto más molesto aquí en la medida que existe una perfecta explicación para las desemejanzas, y es el mecanismo del chivo expiatorio, auténtico generador de las distorsiones persecutorias, ininteligibles o inteligibles, mitológicas o no, según funcione a un régimen más o menos elevado.

Una vez postulada esta diferencia de régimen, puedo dirigirme hacia las huellas de lo sagrado que persisten en torno a las distorsiones inteligibles y preguntarme si funcionan de la misma manera que en los mitos, si confirman la definición teórica que acabamos de formular.

Lo que aparece en primer plano en las persecuciones medievales es el odio y es fácil no ver otra cosa. En especial, en el caso de los judíos. Durante todo el período, sin embargo, la medicina judía disfruta de un prestigio excepcional. Es posible que exista una explicación racional de este prestigio, la superioridad real de unos profesionales más abiertos que los demás al progreso científico. Pero especialmente en el caso de la peste, la explicación es poco convincente. La mejor medicina sirve tan poco como la peor. Los medios aristocráticos y populares conceden su preferencia a los médicos judíos porque asocian el poder de curar al poder de ocasionar la enfermedad. Así pues, no debemos entender este prestigio médico como el hecho concreto de unos individuos que se distinguirían de los demás por su ausencia de prejuicios. Creo que el prestigio y el prejuicio constituyen las dos caras de una única e idéntica actitud y hay que ver ahí una supervivencia de lo sagrado primitivo. Incluso en nuestros días, el terror casi sagrado que inspira el médico no es ajeno a su autoridad.

Si demuestra hacia nosotros malevolencia, el judío nos dará la peste, si, por el contrario, demuestra buena voluntad, nos perdonará, o nos curará si ya nos ha contagiado. Aparece, pues, como recurso último gracias y no pese al mal que pueda hacer o que ya ha hecho. Exactamente lo mismo ocurre en el caso de Apolo; si los tebanos suplican a este dios, y no a otro, sanar de la peste es porque le consideran el responsable último de la plaga. Así pues, no hay que ver en Apolo un dios fundamentalmente benévolo, pacífico y sereno, o si se prefiere apolíneo en el sentido en que Nietzsche y los esteras dan al término. Esas personas se engañan respecto a este punto como respecto a tantos otros debido a la empalagosidad tardía de las divinidades olímpicas. Pese a las apariencias y a ciertos endulzamientos teóricos, este Apolo trágico sigue siendo «el más abominable» de todos los dioses, de acuerdo con la fórmula cuya utilización Platón reprocha a Homero, como si se tratara de una elucubración personal del poeta.

Más allá de una cierta intensidad de creencia, el chivo expiatorio ya no aparece únicamente como un receptáculo pasivo de las fuerzas del mal, sino como un manipulador omnipotente cuya mitología propiamente dicha nos obliga a postular el espejismo sancionado por la unanimidad social. Decir que el chivo expiatorio aparece como *causa* única de la plaga equivale a decir que esta plaga se convierte literalmente en *algo suyo*, de lo que dispone a su capricho para castigar o para recompensar, según se le disguste o se le complazca.

El médico judío de Elisabeth de Inglaterra, López, fue ejecutado por intento de envenenamiento y práctica de la magia en el momento en que gozaba de mayor prestigio en la corte de Inglaterra. Al menor fracaso, a la menor denuncia, el recién llegado puede caer por muy alto que haya subido. Al igual que Edipo, redentor de Tebas y reputado curandero, este portador de signos victimarios se desploma en la cumbre de su gloria en un período turbulento, víctima de una de nuestras acusaciones estereotipadas.[1]

1. Joshua Trachtenberg, *The Devil and the Jews*, Yale University, 1943, p. 98 (trad. esp.: *El diablo y los judíos*, trad. de H. V. De D'Alessio, Paidós, Buenos Aires, 1967); H. Michelson, *The Jew in Early English Literature*, Ámsterdam, 1928, pp. 84 y sigs. Sobre la representación del judío en el mundo cristiano véanse los trabajos de Gavin I. Langmuir: «Qu'est-ce que "les juifs" signifiaient pour la société médiévale?» en *Ni juif ni Grec: entretiens sur le racisme*, Léon Poliakov, París-La Haya 1978, pp. 179-190; «From Ambrose of Milan to Emicho of

El aspecto sobrenatural del pecado va acompañado de un crimen en el sentido moderno, en respuesta a una exigencia de racionalidad característica de la época, tardía desde el punto de vista de la magia. Se trata sobre todo de envenenamiento, es decir, de un crimen que desposee al acusado de todas las garantías judiciales casi tan crudamente como las acusaciones directamente mágicas; el veneno es tan fácil de disimular, sobre todo para un médico, que resulta imposible de probar, *por consiguiente no necesita ser probado.*

Este caso nos conduce simultáneamente a todos nuestros ejemplos. Incluye unos datos que recuerdan el mito de Edipo, otros que remiten a Guillaume de Machaut y a todos los judíos perseguidos, y finalmente unos terceros que se parecen al falso mito que yo mismo he condimentado para «historizar» el de Edipo y demostrar la arbitrariedad de una decisión que define un texto como histórico o como mitológico.

Como aquí nos hallamos en un contexto histórico, nos dirigimos automáticamente hacia la interpretación psico-sociológica y demistificadora. Barruntamos la conspiración urdida por unos rivales celosos y, debido a ello, no vemos los aspectos que recuerdan lo sagrado mitológico.

En el caso de López, como en el de Edipo, o en el del propio Apolo, el dueño de la vida coincide con el dueño de la muerte, pues es dueño de esa plaga terrible llamada enfermedad. López es sucesivamente milagroso dispensador de la salud y no menos milagroso dispensador de unas enfermedades que en cualquier momento podría curar si le diera la gana. La etiqueta histórica que lleva el texto nos

---

Leiningen: The Transformation of Hostility Against Jews in Northern Europea, en *Gli Ebrei nell'alto Medioevo*, Spoleto, 1980, pp. 313-367.

obliga a recurrir sin vacilar al tipo de interpretación que sería tachada de blasfema e incluso de inconcebible, si se tratara de mitología, en especial de mitología griega. Yo soy pájaro, ved mis alas, yo soy ratón, vivan las ratas. Presentad la cosa en forma de mito y contáis con un poderoso símbolo de la condición humana, de los altibajos del destino, para nuestros humanistas. Llevad el relato al universo elisabethiano y no veréis más que una sórdida historia palaciega, muy característica de las ambiciones desbordadas, de las violencias hipócritas y de las supersticiones sórdidas que asolan permanentemente el universo occidental y moderno. Sin lugar a dudas, la segunda visión es más verídica que la primera, pero no lo es del todo en la medida en que unos restos de inconsciencia persecutoria podrían seguir desempeñando un papel. El caso López no los toma en consideración. Fundamentalmente ennegrece nuestro universo histórico presentando sus crímenes, reales por otra parte, sobre el fondo falsamente luminoso de una inocencia rousseauniana de la cual sería el único en carecer.

Detrás de los dioses curanderos, aparecen siempre unas víctimas, y las víctimas siempre tienen algo de medicinal. Al igual que en el caso de los judíos, son las mismas personas las que denuncian a las brujas y las que recurren a sus servicios. Todos los perseguidores atribuyen a sus víctimas una nocividad susceptible de convertirse en positiva y viceversa.

En las persecuciones medievales aparecen todos los aspectos de la mitología bajo una forma menos extrema. Es el caso de lo monstruoso, que allí se perpetúa de manera inmediatamente reconocible por poco que nos molestemos en comparar unos fenómenos que una decisión ciega ha decretado incomparables.

La confusión entre el animal y el hombre constituye la

modalidad más importante y más espectacular de lo monstruoso mitológico. Aparece también en las víctimas medievales. Se atribuye a hechiceras y hechiceros una afinidad especial por el macho cabrío, animal extremadamente maléfico. En los procesos, se examinan los pies de los sospechosos para ver si están hendidos; se les palpa la frente para calificar de cuerno naciente la menor protuberancia. La idea de que en los portadores de signos victimarios las fronteras entre el animal y el hombre tienden a abolirse arrasa con todo. Si la presunta hechicera posee un animal doméstico, un gato, un perro o un pájaro, pasa inmediatamente por asemejarse a este animal, y el propio animal aparece como una especie de avatar, una encarnación temporal o un disfraz útil para el éxito de determinadas empresas. Estos animales desempeñan exactamente el mismo papel que el cisne de Júpiter en la seducción de Leda, o el toro en la de Pasífae. Nos alejan de esta semejanza las connotaciones muy negativas de lo monstruoso en el universo medieval, casi exclusivamente positivas, por el contrario, en la mitología tardía y en su concepción moderna. En el curso de los últimos siglos de nuestra historia, los escritores, los artistas, y luego los etnólogos contemporáneos, han completado un proceso de edulcoración y de censura, ya claramente iniciado en las épocas llamadas «clásicas». Más adelante insistiré sobre el tema.

La figura casi mitológica de la vieja hechicera ilustra perfectamente la tendencia a la fusión de las monstruosidades morales y de las monstruosidades físicas, ya observada en el caso de la mitología propiamente dicha. Es coja, es patituerta, tiene la cara constelada de verrugas y de diversas excrecencias que acentúan su fealdad. Todo en ella reclama la persecución. Lo mismo ocurre, claro está, en el caso del judío en el antisemitismo medieval y moderno.

No es más que una colección de signos victimarios reunidos en unos individuos que se convierten en blanco para la mayoría.

El judío también pasa por especialmente unido al macho cabrío y a determinados animales. También en su caso, la idea de una abolición de las diferencias entre el hombre y el animal puede reaparecer en forma inesperada. En 1575, por ejemplo, la *Wunderzeitung* ilustrada de Johann Fischart, de Binzwangen, cerca de Augsburgo, muestra una mujer judía extasiada ante dos gorrinos recién paridos.[1]

Es posible encontrar cosas semejantes en todas las mitologías del mundo, pero el parecido se nos escapa, pues el mecanismo de la víctima propiciatoria no funciona de igual manera en ambos casos y el resultado social es incomparable. El nivel superior de la mitología culmina en una sacralización de la víctima que tiende a ocultarnos y a veces llega a borrar las distorsiones persecutorias.

Voy a referirme a un mito muy importante en todo el noroeste del Canadá, en las proximidades del círculo polar. Es el mito fundador de los indios dogrib. Cito el resumen que de él ha ofrecido Roger Bastide en el volumen de *Ethnologie générale*, de la Encyclopédie de la Pléiade (p. 1065).

Una mujer tiene relaciones con un perro y pare seis cachorros. Su tribu la expulsa y se ve obligada a procurarse los alimentos por sí misma. Un día, al regresar de la selva, descubre que sus cachorros eran unos niños y abandonaban sus pellejos animales cada vez que ella salía de casa. Así pues, simula que se va y cuando sus hijos se han despojado de sus pieles, se las arrebata, obligándoles a mantener a partir de entonces su identidad humana.

1. *The Devil and the Jews*, pp. 52-53.

En esa historia aparecen todos los estereotipos de la persecución, aunque resulte un poco difícil distinguirlos entre sí, pero su misma fusión es reveladora. Lo que yo denomino la crisis, la indiferenciación generalizada, coincide con la vacilación entre el hombre y el perro tanto en la madre como en los hijos que representan la comunidad. El signo victimario es la feminidad y el crimen estereotipado es la bestialidad. La mujer es sin duda responsable de la crisis, ya que pare una comunidad monstruosa. Pero el mito confiesa tácitamente la verdad. No hay diferencia entre la criminal y la comunidad: una y otra son igualmente desdiferenciadas y la comunidad preexiste al crimen, ya que ella es la que lo castiga. Nos encontramos, pues, con un chivo expiatorio acusado de un crimen estereotipado y tratado en consecuencia: *su tribu la expulsa y se ve obligada a procurarse los alimentos por sí misma...*

No vemos la relación con la judía de Binzwangen acusada de parir unos cerdos porque aquí el mecanismo del chivo expiatorio interviene a fondo y pasa a ser fundador; se convierte en positividad. Esta es la razón de que la comunidad sea simultáneamente anterior y posterior al crimen que castiga: nace de este crimen, no de su monstruosidad esencialmente temporal, sino de su humanidad bien diferenciada. Corresponde al chivo expiatorio, inicialmente acusado de hacer vacilar la comunidad entre el hombre y el animal, el mérito de estabilizar para siempre la diferencia entre los dos. La mujer-perro se convierte en una gran diosa que no solo castiga la bestialidad, sino los incestos y todos los demás crímenes estereotipados, todas las infracciones a las reglas fundamentales de la sociedad. La causa aparente del desorden se convierte en causa aparente del orden porque se trata en realidad de una víctima que rehace primero en contra de ella, y después en torno a ella, la aterrorizada unidad de la comunidad agradecida.

Existen dos momentos en los mitos y los intérpretes no consiguen distinguirlos. El primer momento es la acusación de un chivo expiatorio que todavía no es sagrado sobre el cual se aglutina toda la virtud maléfica. Está recubierto por el segundo, el de la sacralidad positiva suscitada por la reconciliación de la comunidad. Yo mismo he desprendido este primer momento valiéndome de su correspondencia en los textos históricos que reflejan la perspectiva de los perseguidores. Estos textos son tanto más adecuados para guiar al intérprete hacia este primer momento en la medida en que no contienen prácticamente otra cosa.

Los textos de persecución sugieren que los mitos incluyen una primera transfiguración análoga a la de nuestros perseguidores; pero eso, en cierta medida, no es más que el basamento de la segunda transfiguración. Más crédulos todavía que los nuestros, los perseguidores mitológicos están poseídos por sus efectos de chivo emisario hasta el punto de estar auténticamente reconciliados por ellos y superponer una reacción de adoración a la reacción de terror y de hostilidad que ya les inspiraba su víctima. Nos cuesta trabajo entender esta segunda transfiguración que carece prácticamente de equivalencia en nuestro universo. Una vez, sin embargo, que se ha distinguido claramente de la primera, es posible analizarla de manera lógica a partir de las divergencias entre los dos tipos de textos comparados, especialmente en su parte final. Yo comprobé la justeza de este análisis descubriendo que las supervivencias de lo sagrado en torno a nuestras víctimas históricas, por débiles que sean, se parecen demasiado a las formas desarrolladas de este mismo sagrado como para depender de un mecanismo independiente.

Así pues, hay que reconocer en la violencia colectiva una máquina de fabricar mitos que no ha cesado de funcionar en nuestro universo, pero que, por unas razones que no tardaremos en descubrir, cada vez funciona peor. Evidentemente, la segunda de las dos transfiguraciones es la más frágil, ya que ha desaparecido casi por completo. La historia occidental y moderna se caracteriza por una decadencia de las formas míticas que apenas consiguen sobrevivir en el estado de fenómenos persecutorios, casi enteramente limitados a la primera transfiguración. Si las distorsiones mitológicas son directamente proporcionales a la creencia de los perseguidores, esta decadencia podría constituir perfectamente la otra cara del poder de desciframiento todavía incompleto, pero en cualquier caso único y en constante aumento, que nos caracteriza. Esta fuerza de desciframiento ha comenzado por descomponer lo sagrado y luego nos ha hecho capaces de leer sus formas semidescompuestas. En nuestros días sigue reforzándose para enseñarnos a ascender hacia las formas todavía intactas y descifrar la mitología propiamente dicha.

Al margen de la inversión sacralizante, las distorsiones persecutorias no son más fuertes en el mito dogrib que en el pasaje citado de Guillaume de Machaut. La comprensión sigue tropezando principalmente con lo sagrado. Por no seguir la doble transfiguración del Chivo expiatorio, seguimos viendo lo sagrado como un fenómeno sin duda ilusorio pero no menos irreductible de lo que lo era para los fieles del culto dogrib. Los mitos y los ritos contienen todos los datos necesarios para el análisis de este fenómeno, pero no los distinguimos.

¿Es confiar excesivamente en el mito suponer a sus espaldas una víctima real, un chivo expiatorio real? No faltará quien lo diga, pero la situación del intérprete delante del texto dobrig sigue siendo en el fondo la misma que en los ejemplos precedentes. Existen demasiados estereotipos persecutorios para que sea verosímil una concepción puramente imaginaria. Los excesos de desconfianza son tan nocivos para la comprensión del mito como los de confianza. Mi lectura parece temeraria gracias a unas reglas inaplicables a los estereotipos de la persecución.

Es posible, sin duda, que yo me equivoque respecto al mito concreto que he elegido, el mito de la mujer-perro. Este mito podría estar fabricado de pies a cabeza por unos motivos análogos a los que hace un momento me han llevado a fabricar un «falso» mito de Edipo. El error, en tal caso, sería completamente local y no comprometería la exactitud global de la interpretación. Aunque no emana de una voluntad colectiva real, el mito dogrib sería obra de un competente imitador, capaz de reproducir los efectos textuales de este tipo de violencia; seguiría siendo capaz, por tanto, de ofrecer un ejemplo válido, al igual que mi falso mito de Edipo. Si yo supongo que existe una víctima real detrás del texto que acabo de inventar, me equivoco excepcionalmente, pero mi error de hecho no es menos fiel a la verdad de la mayoría de los textos compuestos por los mismos estereotipos y estructurados de la misma manera. Es estadísticamente inimaginable que todos estos textos hayan sido redactados por unos falsarios.

Basta con pensar en la mujer judía de Binzwangen acusada de parir unos monstruos para entender que en este caso ocurre lo mismo que en los anteriores. Un cambio mínimo de decorado y el debilitamiento de lo sagrado positivo orientarían a mis críticos hacia la interpretación que consideran inaceptable. El tipo de lectura que exigen para los mitos surgiría entonces de su mente; ellos mismos denunciarían su carácter mistificador si se intentara imponérselo. Pese a los ruidosos vanguardismos, todas las lecturas ajenas al método histórico definido anteriormente, el método de la persecución demistificada, son claramente regresivas.

La etnología de los etnólogos se cree muy alejada de mi tesis, pero está muy próxima a algunos puntos de ella. Hace tiempo que ha reconocido en lo que denomina el «pensamiento mágico» una explicación sobrenatural, *y de tipo causal*. Hubert y Mauss veían en la magia «una gigantesca variación sobre el tema del principio de causalidad». Este tipo de causalidad precede y, en cierto modo, anuncia el de la ciencia. Según el humor ideológico del momento, los etnólogos insisten más sobre los parecidos o sobre las diferencias entre los dos tipos de explicación. Las diferencias predominan en aquellos que celebran las superioridades de la ciencia, y las semejanzas, por el contrario, en aquellos que me consideran demasiado vanidoso y pretenden castigar mi jactancia.

Lévi-Strauss pertenece a la vez a ambas categorías. En *El pensamiento salvaje* recoge la fórmula de Hubert y Mauss y define los ritos y las creencias mágicas como «otras tantas expresiones de un acto de fe en una ciencia que estaba todavía por nacer».[1] Solo le interesa el aspecto intelectual pero, en apoyo de su opinión, cita un texto de Evans-Pritchard que deja perfectamente clara la identidad del pensamiento mágico y de la *caza de brujas*:

Considerada como sistema de filosofía natural (*the witchcraft*), implica una teoría de las causas: la mala suer-

1. Capt. I, p. 28 (trad. esp. de Francisco González Aramburu, FCE, México, 1964).

te procede de la brujería, que opera de acuerdo con las fuerzas naturales. Que un hombre sea corneado por un búfalo, que un granero, cuyos soportes han minado las termitas, se le caiga en la cabeza, o que atrape una meningitis cerebro-espinal, los azande afirmarán que el búfalo, el granero o la enfermedad son causas que se conjugan con la brujería para matar el hombre. La brujería no es responsable del búfalo, del granero o de la enfermedad, pues existen por sí mismos, pero sí lo es de la circunstancia especial que los sitúa en una relación destructora con un determinado individuo. El granero se habría desplomado en cualquier caso, pero a causa de la brujería ha caído en determinado momento, y cuando un individuo determinado reposaba debajo de él. De todas estas causas, solo la brujería admite una intervención correctiva, puesto que es la única que emana de una persona. No se puede intervenir en contra del búfalo y del granero. Aunque también sean reconocidos como causas, no son significativos en el plano de las relaciones sociales.[1]

La expresión «filosofía natural» sugiere la imagen del buen salvaje de Rousseau interrogándose inocentemente respecto a los «misterios de la naturaleza». En realidad, el pensamiento mágico no procede de una curiosidad desinteresada. Con mucha frecuencia solo se recurre a él en caso de desastre. Constituye sobre todo un sistema de acusación. Siempre es el *otro* el que desempeña el papel de hechicero y el que actúa de manera sobrenatural para hacer daño a su vecino.

1. E. E. Evans-Pritchard, «Witchcraft», *África* 8, 4 (1955), pp. 418-419.

Evans-Pritchard muestra lo mismo que yo he mostrado, pero en el lenguaje que prefieren los etnólogos. El pensamiento mágico busca «una causa significativa en el plano de las relaciones sociales», es decir, un ser humano, una víctima, un chivo expiatorio. No es necesario precisar la naturaleza de la *intervención correctiva* que resulta de la explicación mágica.

Todo lo que dice Evans-Pritchard no se aplica únicamente a los fenómenos de magia cotidiana en el universo etnológico, sino a toda la gama de los fenómenos persecutorios, desde las violencias medievales hasta la mitología «propiamente dicha».

Tebas ya sabe que las epidemias asolan de vez en cuando a todas las colectividades humanas. Pero ¿por qué nuestra ciudad, se preguntan los tebanos, en este momento preciso? Las causas naturales interesan muy poco a los que las padecen. Solo la magia acepta «una intervención correctiva» y todo el mundo busca ardorosamente un mago al que corregir. En contra de la peste en tanto que peste o, si se prefiere, en contra del mismo Apolo, no existe remedio. Nada se opone, en cambio, a la corrección catártica del desdichado Edipo.

El propio Lévi-Strauss sugiere estas verdades en sus disertaciones sobre el pensamiento mágico, pero lleva el arte de la lítote más lejos aún que Evans-Pritchard. Confiesa que, pese a algunos resultados de «una buena apariencia científica», la magia hace generalmente un mal papel al lado de la ciencia pero no por la razón que imaginan los partidarios del «pensamiento primitivo». La magia, escribe, «se distingue menos de la ciencia por la ignorancia o el desdén del determinismo, que por una exigencia de determinismo más imperiosa y más intransigente, y que la ciencia puede, a todo lo más, considerar irrazonable y precipitada».[1] No menciona para nada la violencia pero todos los adjetivos del pasaje se aplican perfectamente a la manera de ser de los perseguidores imbuidos de causalidad mágica. Es absolutamente cierto que en todas sus opiniones, y en todos sus actos, los perseguidores son *imperiosos, intransigentes, irracionales* y *precipitados*. Por regla general, el pensamiento mágico se percibe a sí mismo como una acción defensiva en contra de la magia y llega, por esta razón, al mismo tipo de comportamiento que el de los cazadores de brujas o de las multitudes cristianas durante la peste negra. De todas estas personas, por otra parte, decimos justamente que razonan de manera *mágica*. Y me permito recordar que también decimos *mitológica*. Ambos términos son sinónimos y ambos están perfectamente justificados. Eso es lo que demuestra, sin darse cuenta, Evans-Pritchard. No hay diferencia esencial entre las representaciones y los comportamientos mágicos en la historia y en la mitología.

La actitud moral de las dos disciplinas, la histórica y la etnológica, crea toda la diferencia. Los historiadores ponen el acento en la dimensión persecutoria y denuncian con fuerza la intolerancia y la superstición que permiten tales cosas. Los etnólogos solo se interesan por los aspectos epistemológicos, por la teoría de las causas. Basta con invertir los campos de aplicación, sin cambiar en absoluto los lenguajes, para comprobar, una vez más, la naturaleza esquizofrénica de nuestra cultura. Esta verificación nos provoca un malestar inevitable; toca unos valores que nos resultan queridos y que considerábamos inquebrantables. No es motivo suficiente para proyectar este malestar sobre los que lo señalan y para tratarlos también como chivos expiato-

1. *El pensamiento salvaje*, p. 27.

rios. O, mejor dicho, es por el mismo motivo de siempre, el motivo inmemorial y fundamental pero en su versión moderna, intelectualizada. Todo lo que amenaza con perjudicar nuestro *inconsciente* de chivo expiatorio, la representación de todas las cosas basada en el mecanismo del chivo expiatorio, tiende a desencadenar una vez más este mecanismo. Para reparar las fisuras y las lagunas que aparecen en el sistema, recurrimos siempre, de manera *más o menos* inconsciente, al mecanismo generador y regenerador de este mismo sistema. Evidentemente, en nuestra época, hay que poner énfasis sobre el *menos*. Aunque cada vez haya más persecuciones, cada vez existe menos *inconsciente* persecutorio, unas distorsiones realmente desapercibidas en la representación de las víctimas. Esta es la razón de que las resistencias a la verdad se debiliten y el conjunto de la mitología esté a punto de ser inteligible.

Los mitos son unas representaciones persecutorias análogas a las que ya desciframos, pero más difíciles de descifrar debido a las distorsiones más fuertes que los caracterizan.

En la mitología, las transfiguraciones son más poderosas. Las víctimas se convierten en monstruosas, demuestran un poder fantástico. Después de haber sembrado el desorden, restablecen el orden y aparecen como ancestros fundadores o divinidades. Este exceso de transfiguración no hace que los mitos y las persecuciones históricas sean incomparables, al contrario. Para explicarlo, basta con recurrir al mecanismo que postulamos en el caso de las representaciones ya descifradas y suponerle un funcionamiento más eficaz. El regreso al orden y a la paz es referido a la misma causa que los trastornos anteriores, a la propia víctima. Eso es lo que lleva a decir que la víctima es sagrada. Y lo que convierte el episodio persecutorio en un auténtico punto de partida religioso y cultural. En efecto, el conjunto del proceso servirá: a) de modelo para la mitología, que lo recuerda en calidad de epifanía religiosa; b) de modelo para el ritual que se esfuerza en reproducirlo en virtud del principio de que siempre hay que rehacer lo que ha hecho, o sufrido, la víctima, puesto que es benéfica; c) de contramodelo para las prohibiciones, en virtud del principio de que jamás hay que rehacer lo que ha hecho esta víctima, en tanto que es maléfica.

No hay nada en las religiones mítico-rituales que no se desprenda lógicamente del mecanismo del chivo expiatorio, que funciona a un régimen más elevado que en la historia. Llevaba razón la antigua etnología al postular una estrecha relación entre mitos y rituales, pero jamás consiguió resolver el enigma de esta relación al no poder aprehender en los fenómenos persecutorios el modelo y el contramodelo de toda institución religiosa. Veía a veces en los mitos, y otras en los rituales, el dato inicial del cual el otro no sería más que el reflejo. A fuerza de fracasar, los etnólogos han renunciado a interrogarse acerca de la naturaleza y la relación de las instituciones religiosas.

El efecto de chivo expiatorio resuelve un problema cuya existencia ya no admiten los etnólogos actuales. Para entender la fuerza de la solución que propongo, hay que pensar en la relación que mantiene con el acontecimiento realmente descrito la narración que los perseguidores ofrecen de su propia persecución. El observador alejado que asiste a una violencia colectiva sin participar en ella solo ve una víctima impotente maltratada por una multitud histérica. Pero si se dirige a los miembros de esta multitud para preguntarles qué ha ocurrido, ya no reconocerá, o lo hará con gran esfuerzo, lo que ha visto con sus propios ojos. Se le hablará de la fuerza extraordinaria de la víctima, de la influencia oculta que ejercía y que sigue ejerciendo sobre la comunidad, pues no cabe duda de que ha escapado a la muerte, etc.

Entre lo que ha ocurrido realmente y la manera de verlo de los perseguidores, media una distancia que aún debemos aumentar para entender la relación entre los mitos y los rituales. Los ritos más salvajes nos muestran una multitud desordenada que poco a poco se polariza en contra de una víctima y acaba por abalanzarse sobre ella. El mito nos cuenta la historia de un dios terrible que ha salvado a los fieles mediante algún sacrificio, o muriendo él mismo, después de haber sembrado el desorden en la comunidad.

Todos los fieles de estos cultos afirman que rehacen en sus ritos lo que ha ocurrido en los mitos, y nosotros no entendemos el sentido de sus manifestaciones, pues solo vemos en los ritos una multitud desencadenada que maltrata a una víctima, y los mitos mencionan a un dios omnipotente que domina una comunidad. No nos damos cuenta de que en ambos casos se trata del mismo personaje porque no conseguimos concebir unas distorsiones persecutorias suficientemente fuertes para sacralizar la víctima.

La antigua etnología sospechaba con razón que los ritos más brutales son los más primitivos. No son obligatoriamente los más antiguos en el plano de una cronología absoluta, pero sí los más próximos a su origen violento y, por esta razón, los más reveladores. Aunque los mitos tengan como modelo la misma secuencia persecutoria que los ritos, se les parecen menos, incluso en el estadio en que más se les parecen. En este caso, las palabras son más engañosas que las acciones. Esto es lo que siempre confunde a los etnólogos. No ven que un único e idéntico episodio de violencia colectiva se parecerá mucho más a lo que fue realmente en el ritual que en el mito. En efecto, en los rituales los fieles repetirán con actos la violencia colectiva de sus predecesores, mimarán esta violencia y la representación que se hacen de lo que ocurre no influye sobre su comportamiento tanto como sus palabras. Las palabras están enteramente determinadas por la representación persecutoria, o sea, por el poder simbolizador de la víctima propiciatoria, mientras que las acciones rituales siguen estando directamente calcadas de los gestos de la multitud perseguidora.

CAPÍTULO V
TEOTIHUACÁN

Mis críticos me acusan de pasar constantemente de la representación de una cosa a la realidad de la cosa representada. Los lectores que han seguido el discurso precedente con un poco de atención pueden entender, ahora, que no merezco este reproche o que, en caso de merecerlo, lo merecemos todos cuando postulamos la realidad de las víctimas detrás de los textos casi mitológicos de los perseguidores medievales.

Pero me dispongo a pasar ahora a unos mitos más difíciles para mi tesis, por lo menos aparentemente, pues niegan la pertinencia del homicidio colectivo para la mitología. Una de las maneras de negar esta pertinencia consiste en afirmar que las víctimas están perfectamente muertas pero que se han dado muerte a sí mismas voluntariamente. ¿Qué ocurre con los mitos del autosacrificio en las sociedades primitivas?

Voy a enfrentarme con un gran mito americano del autosacrificio, el mito de la creación del sol y de la luna de los aztecas. Al igual que casi todo lo que sabemos acerca de los aztecas, se lo debemos a Bernardino de Sahagún, el autor de la *Historia general de las cosas de la Nueva España.*

Georges Bataille ha ofrecido de él en *La part maudite* una traducción y una adaptación que aquí recojo, abreviándola ligeramente:

> Se cuenta que antes de que existiera el día, los dioses se reunieron en un lugar llamado Teotihuacán [...] y se dijeron entre sí: «¿Quién se encargará de iluminar el mundo?». A lo que un dios llamado Tecuciztécatl contestó: «Yo me encargo de iluminarlo». Los dioses hablaron por segunda vez y dijeron: «¿Y quién más?». A continuación se miraron los unos a los otros buscando quién sería ese, y ninguno de ellos se atrevía a ofrecerse para cumplir la tarea y daban excusas. Uno de ellos, que no era tomado en cuenta y que tenía unas *bubas*, no hablaba y escuchaba la opinión de los demás. Así que estos le dirigieron la palabra diciendo: «Se tú, pequeño *buboso*». Aceptó gustosamente el encargo y contestó: «Recibo vuestra orden como una gracia; así sea». Los dos elegidos iniciaron inmediatamente una penitencia de cuatro días [...].
>
> Al llegar la medianoche, todos los dioses se instalaron en torno a una hoguera llamada Teotexcalli, donde el fuego ardió durante cuatro días. Se dividieron en dos hileras que se colocaron separadamente a los dos lados del fuego. Los dos elegidos se situaron ante la hoguera, con la cara vuelta hacia el fuego, en medio de las dos hileras de dioses que seguían en pie y que, dirigiéndose a Tecuciztécatl, le dijeron: «Vamos, Tecuciztécatl, arrójate al fuego». Este intentó arrojarse a él, pero como la hoguera era grande y ardiente al percibir el gran calor le invadió por completo el miedo y retrocedió. Por segunda vez, hizo acopio de coraje y quiso arrojarse a la hoguera, pero cuando estuvo cerca de ella, se detuvo y no se atrevió. Repitió inútilmente el intento en cuatro ocasiones diferentes. Ahora bien, se había dado la orden de que nadie

pudiera intentarlo más de cuatro veces. Así que, después de realizar los cuatro intentos, los dioses se dirigieron a Nanahuatzin (así se llamaba el *buboso*) y le dijeron: «Vamos, Nanahuatzin, pruébalo tú». Apenas se le hubieron dicho estas palabras, hizo acopio de fuerzas, cerró los ojos, tomó impulso y se arrojó al fuego. Comenzó inmediatamente a crepitar como un objeto que se asa. Al ver que se había arrojado al fuego y que ardía en él, Tecuciztécatl tomó inmediatamente impulso y se arrojó a las brasas. Se dice que al mismo tiempo entró un águila, que se abrasó y que a eso se debe que esta ave tenga ahora las plumas negruzcas; un tigre le imitó sin abrasarse y solo chamuscándose: de modo que quedó manchado de blanco y negro.

Un poco después, los dioses, arrodillados, vieron a Nanahuatzin «convertido en el sol» alzarse en oriente. Apareció muy rojo, balanceándose a uno y otro lado, y nadie podía fijar en él sus miradas, porque les cegaba, tan resplandecientes que eran los rayos que se desprendían de él y que se esparcieron por todas partes. A su vez, la luna se elevó sobre el horizonte. Por haber titubeado, Tecuciztécatl tuvo menos resplandor. A continuación los dioses se vieron obligados a morir, el viento Quetzalcoatl los mató a todos: el viento les arrancó el corazón, y animó a los astros recién nacidos.[1]

El primer dios no es designado por nadie, es realmente voluntario, pero no ocurre lo mismo con el segundo. A continuación sucede lo contrario. El segundo dios se arroja inmediatamente al fuego, sin que sea necesario repetirle la orden, pero el primero no hace lo mismo. Así pues, en el comportamiento de las dos divinidades inter-

1. Pp. 101-103. (Hay trad. esp.: *La parte maldita*, trad. de Julián Manuel Fava, Las cuarenta, Buenos Aires, 2009.)

viene en cada ocasión un factor de presión. Cuando pasamos de un dios a otro, se producen unas inversiones que se traducen a la vez por unas diferencias y por unas simetrías. Hay que tomar en consideración las primeras pero, contrariamente a lo que piensan los estructuralistas, nunca son las diferencias los aspectos más reveladores, sino las simetrías, los aspectos comunes a las dos víctimas.

El mito pone el acento en el aspecto libre y voluntario de la decisión. Los dioses son grandes y por su libre voluntad, esencialmente, se dan muerte para asegurar la existencia del mundo y de la humanidad. En ambos casos, sin embargo, aparece un oscuro factor de coerción bastante inquietante.

Una vez designado por los dioses, el pequeño *buboso* demuestra una gran docilidad. Se exalta ante la idea de morir por una causa tan hermosa como el nacimiento del sol, pero no es voluntario. Aparece allí sin duda una falta común a todos los dioses, asustados, intimidados y que no se atreven a «ofrecerse para desempeñar esta tarea». Se dirá que es una falta menor; sin duda, pero más adelante veremos que existe en los mitos una tendencia a minimizar las faltas de los dioses. En cualquier caso, se trata de una falta y el *buboso* la asume, por breve tiempo, antes de asumir valerosamente la misión que se le confía.

Nanahuatzin posee un rasgo característico que no puede dejar de interesarnos y son las *bubas*, las pústulas que le convierten en un leproso o un apestado, el representante de ciertas enfermedades contagiosas. En la perspectiva que yo asumo, la de la persecución colectiva, hay que reconocer un rasgo preferencial de selección victimaria, hay que preguntarse si no será este rasgo el que determina la elección de la víctima. Así pues, se trataría más bien de una víctima y de un homicidio colectivo que de un autosacrificio. Claro está que no es eso lo que nos dice el mito, pero es evidente que no debemos esperar que un mito nos revele dicho tipo de verdad.

No obstante, el mito confirma el papel probable de chivo expiatorio desempeñado por Nanahuatzin al presentarlo como un dios *al que no se tomaba en consideración*; se mantiene aparte y guarda silencio.

Observemos de pasada que entre los aztecas el dios del sol es también el dios de la peste, al igual que Apolo entre los griegos. Es posible que Apolo se pareciera más al dios de los aztecas de no haber intervenido la censura olímpica para limpiarlo de cualquier estigma victimario.

Esta conjunción aparece en muchos lugares. ¿Qué hay de común entre la peste y el sol? Para entenderlo, debemos renunciar a los insípidos simbolismos y a los inconscientes de pacotilla, tanto colectivos como individuales. –Allí siempre encuentra uno lo que quiere, pues jamás se pone otra cosa que lo que se desea encontrar. Conviene mirar de frente la escena que se desarrolla ante nuestros ojos. Los hombres siempre han quemado a sus *bubosos* en las hogueras, porque desde siempre han visto el fuego como la purificación más radical. El vínculo no aparece explícitamente en nuestro mito, pero se adivina subyacente y otros mitos americanos lo hacen explícito. Cuanto más amenaza el contagio, más se impone la llama para luchar contra él. En el caso de que se sume algún gran efecto de chivo expiatorio, los verdugos se inclinarán, como de costumbre, hacia la víctima que ya consideran responsable de la epidemia, y la considerarán responsable de la curación. Los dioses del sol son fundamentalmente unos enfermos considerados tan peligrosos que se recurre a la inmensa llama de Teotihuacán, auténtico sol artificial, para destruirlos hasta el último átomo. Si, bruscamente, se aleja la enfermedad, la víctima pasa a ser divina en la medida en que se deja quemar, en que se confunde con la hoguera que debía aniquilarla y que misteriosamente la convierte en un poder benéfico. Así pues, la descubrimos metamorfoseada en esa llama inextinguible que brilla sobre la humanidad. ¿Dónde reaparecerá a continuación esta llama? Plantear el problema ya significa resolverlo. Solo puede tratarse del sol o, en último término, de la luna y de las estrellas. Solo los astros iluminan permanentemente a los hombres, pero nadie ha dicho que siempre será así: para estimular su benévola colaboración hay que alimentarlos y entretenerlos con víctimas rehaciendo el proceso de su génesis; siempre hacen falta víctimas.

Necesariamente el dios realiza sus fechorías y esparce sus favores con el mismo procedimiento, asaeteando a la multitud con sus rayos. Estos aportan la luz, el calor y la fecundidad, pero también la peste. Se convierten entonces en las flechas que un Apolo irritado arroja sobre los tebanos. A fines de la Edad Media reaparecen todos estos temas en la devoción a san Sebastián y constituyen un sistema de representación persecutoria. Aparecen organizados, como de costumbre, por un efecto de chivo expiatorio pero muy debilitado.[1]

El santo aparece como protector de la peste *porque está acribillado de flechas* y porque las flechas siguen significando lo que significaban los rayos del sol para los griegos y sin duda para los aztecas la peste. Las epidemias están frecuentemente representadas por unas lluvias de flechas arrojadas sobre los hombres por el Padre Eterno e incluso por Cristo.

Entre san Sebastián y las flechas, o más bien la epidemia, existe una especie de afinidad y los fieles confían en

1. Jean Delumeau, *op. cit.*, p. 107.

que al santo le bastará estar ahí, representado en sus iglesias, para atraer sobre él las flechas errantes y sufrir sus heridas. En suma, se propone a san Sebastián como blanco preferencial de la enfermedad; se le esgrime como una serpiente de bronce.

Así pues, el santo desempeña un papel de chivo expiatorio, protector en tanto que apestado, sacralizado por consiguiente en el doble sentido primitivo de maldito y de bendito. Al igual que todos los dioses primitivos, el santo protege porque monopoliza la plaga, y en su límite la encarna. El aspecto maléfico de esta encarnación prácticamente ha desaparecido. Conviene, pues, dejar de decir: «Ocurre exactamente lo mismo que en el caso de los aztecas». No es cierto, ya que aquí no hay violencia efectiva, pero se trata sin duda del mismo mecanismo, tanto más fácilmente perceptible en la medida en que trabaja a un régimen muy inferior, a un nivel de creencia muy atenuado.

Si se compara sucesivamente a san Sebastián con los judíos perseguidos y con los «medicinales», descubrimos que los aspectos maléficos y benéficos aparecen en proporción inversa. Las persecuciones reales y los aspectos «paganos» y primitivos del culto de los santos se ven desigualmente afectados por la descomposición de lo mitológico.

La única culpa que podemos reprochar a Nanahuatzin es la de esperar pasivamente su designación. A cambio, este dios posee un criterio de selección victimaria indudable. Ocurre lo contrario en el caso de Tecuciztécatl, que no posee criterio de selección victimaria pero que demuestra alternativamente arrojo extremo y cobardía. Durante sus cuatro días de penitencia multiplica los gestos ostentosos y, aunque no comete ningún crimen contra natura, es culpable de *hibris* en un sentido análogo al de los griegos.

Sin víctimas, no existirían ni el sol ni la luna; el mundo

estaría sumido en la oscuridad y el caos. Toda la religión azteca se basa en esta idea. Nuestro mito tiene como punto de partida la temible indiferenciación del día y de la noche. Así pues, encontramos en él, bajo una forma clásica, el estereotipo de la crisis, es decir, la circunstancia social más favorable a los efectos de chivo expiatorio.

De modo que tenernos tres de los cuatro estereotipos: una crisis, unas faltas por no decir crímenes, un criterio de selección victimaria y dos muertes violentas que producen, literalmente, la decisión diferenciadora. Resulta de ahí no solo la aparición de los dos astros luminosos, perfectamente diferenciados entre sí, sino la coloración específica de dos especies animales, el águila y el tigre.

El único estereotipo que falta es el del homicidio colectivo. El mito nos asegura que no hay homicidio, ya que la muerte es voluntaria. Pero, como ya he dicho, mezcla muy útilmente un elemento coercitivo con la voluntad libre de las dos víctimas. Y para acabar de convencernos de que aquí existe un homicidio colectivo negado de manera muy superficial, no tenemos más que contemplar la escena crucial. Los dioses están alineados a uno y otro lado, en dos hileras amenazadoras. Ellos son quienes organizan toda la historia y regulan cada uno de sus detalles. Siempre actúan de acuerdo, hablan al unísono, primero para elegir al segundo «voluntario», y a continuación para ordenar a las dos víctimas que se arrojen «voluntariamente» al fuego. ¿Qué ocurriría si el voluntario desfalleciente, a ejemplo de su compañero, no acabara de decidirse? ¿Acaso los dioses que le rodean le permitirían recuperar su lugar entre ellos, como si nada hubiera ocurrido? ¿O pasarían a unas formas de incitación más brutales? La idea de que las víctimas pueden sustraerse por completo a su tarea demiúrgica carece de verosimilitud. Si una de ellas intentara huir, las dos hileras paralelas de dioses podrían formar rápidamente el círculo que, estrechándose en torno a él, arrojarían al delincuente a las llamas.

Pido al lector que retenga en la memoria esta configuración circular o casi circular que reaparecerá, con o sin fuego, con o sin víctima aparente, en la mayoría de los mitos que comentaré.

En suma: el sacrificio de las dos víctimas nos es presentado esencialmente como un acto libre, un autosacrificio, pero en ambos casos un elemento coercitivo empaña sutilmente esta libertad, en dos puntos diferentes de la secuencia de acontecimientos. Este elemento de coerción es decisivo porque se suma a todo aquello que ya sugiere en el texto un fenómeno de persecución mitologizado por la perspectiva de los perseguidores, tres de cuyos estereotipos están presentes y el cuarto muy fuertemente sugerido tanto por la muerte de las víctimas como por la configuración general de la escena. Si esa misma escena se nos apareciera bajo la forma de un cuadro vivo y mudo, no tendríamos la menor duda de que trata de la ejecución de unas víctimas cuyo consentimiento es lo que menos preocupa a los sacrificadores. Y más aún porque reconoceríamos inmediatamente la actividad religiosa por antonomasia de la civilización azteca: el sacrificio humano. Algunos especialistas insinúan la cifra de veinte mil víctimas por año en el momento de la conquista de Cortés. Aunque fuera muy exagerada, no por ello el sacrificio humano dejaría de desempeñar un papel típicamente monstruoso entre los aztecas. Este pueblo estaba constantemente ocupado en guerrear, no para ampliar su territorio, sino para procurarse las víctimas necesarias para los innumerables sacrificios enumerados por Bernardino de Sahagún.

Hace siglos que los etnólogos poseen todos esos datos;

a partir de la época, para ser exactos, en que se efectuaron los primeros desciframientos de la representación persecutoria en el mundo occidental. Pero no extrajeron las mismas conclusiones en ambos casos. Hoy menos que nunca. Pasan la mayoría de su tiempo minimizando en los aztecas, cuando no justificando por completo, lo que condenan con razón en su propio universo. Una vez más reencontramos las dos pesas y las dos medidas que caracterizan las ciencias humanas en su tratamiento de las sociedades históricas y de las sociedades etnológicas. Nuestra impotencia para descubrir en los mitos una representación persecutoria aún más mistificada que la nuestra no procede únicamente de la mayor dificultad de la empresa, de la más extrema transfiguración de los datos, depende también de la extraordinaria repugnancia que manifiestan nuestros intelectuales para contemplar las sociedades llamadas «etnológicas» con una mirada tan implacable como a la propia.

Es cierto que los etnólogos tienen una tarea difícil. Al menor contacto con la sociedad occidental y moderna, «sus» culturas se rompen como el cristal, hasta el punto de que actualmente apenas queda nada de ellas. Este estado de cosas siempre ha provocado y sigue provocando unas formas de expresión más amargas por el desprecio que las acompaña. Los intelectuales modernos están obsesionados fundamentalmente por el desprecio y se esfuerzan en presentar estos universos desaparecidos bajo sus aspectos más favorables. En ocasiones, nuestra ignorancia se convierte en un recurso. ¿Cómo podríamos criticar la manera como las personas vivían su propia religión? No sabemos lo suficiente acerca de ellas para contradecirlas cuando nos presentan en sus víctimas a unos auténticos voluntarios, unos creyentes que suponían que iban a prolongar la existencia del mundo dejándose matar sin rechistar.

Existe, en suma, una ideología del sacrificio entre los aztecas y nuestro mito permite ver claramente en qué consiste. Sin víctimas, el mundo seguiría sumido en la oscuridad y el caos. Las primeras víctimas no bastan. Al término del pasaje citado, el sol y la luna brillan en el cielo pero permanecen inmóviles; para obligarles a moverse, hay que sacrificar inicialmente a los dioses, a todos los dioses sin excepción, y luego a las multitudes anónimas que los sustituyen. Todo está basado en el sacrificio.

Hay sin duda «algo de verdad» en el mito de la víctima consentidora y el mito muestra qué es. El dios fanfarrón ha presumido en exceso de sus fuerzas; retrocede en el momento crucial: este retroceso sugiere que todas las víctimas no eran tan consentidoras como querrían hacernos creer los etnólogos. Tecuciztécatl acabó por superar su cobardía, y el ejemplo de su compañero es lo que crea la diferencia entre los primeros fracasos y el éxito final. Significa la aparición a plena luz, en ese instante, de la fuerza que domina a los hombres agrupados, la imitación, el mimetismo. Hasta ahora no me he referido a él porque quería demostrar de la manera más sencilla posible la pertinencia del homicidio colectivo para la interpretación de la mitología; solo quería hacer intervenir los datos estrictamente indispensables, y el mimetismo, a decir verdad, no lo es. Observo ahora el notable papel que nuestro mito le hace desempeñar.

La voluntad de superar a los restantes dioses, el espíritu de rivalidad mimética, es, evidentemente, lo que impulsa al futuro dios-luna a ofrecerse como voluntario. Se pretende sin rival, el primero de todos, sirviendo de modelo a los demás pero carente él mismo de modelo. Eso es la *hibris*, esta forma del deseo mimético suficientemente exasperada como para considerarse más allá de cualquier mimetismo, para no querer más modelo que a ella misma. Si el dios-luna no puede obedecer la orden de arrojarse a la hoguera se debe evidentemente a que, de repente, carente de modelo, ya no puede guiarse a partir de nadie, debe guiar a los demás, pero, por la misma razón que le lleva a reivindicar este primer lugar, es incapaz de hacerlo: es demasiado puramente mimético. El segundo dios, por el contrario, el futuro sol, no ha intentado destacar; es menos histéricamente mimético, y esta es la razón de que, cuando le llega el turno, tome decididamente la iniciativa que su colega no ha podido tomar, de modo que puede servir de modelo eficaz para el que no podría actuar sin modelo.

En el mito, los elementos miméticos siempre circulan de manera subterránea. El moralismo de la fábula no basta para explicarlos; el contraste de los dos personajes se inscribe en el círculo más vasto de otra imitación, la de los dioses reunidos, los dioses miméticamente unificados, que gobierna el conjunto de la escena. Todo lo que hacen los dioses es perfecto porque es unánime. Si el juego de la libertad y de la coerción es, a fin de cuentas, inextricable, es porque está subordinado al poder mimético de todos los dioses reunidos. He calificado de actuación libre la de quien, en respuesta a la llamada de los dioses, se ofrece voluntario o se arroja sin titubear al fuego, pero esta libertad coincide con la voluntad divina que siempre dice: «Vamos, arrójate al fuego». Nunca hay otra cosa que una imitación más o menos rápida, más o menos directa de esa voluntad. La voluntad espontánea coincide con el ejemplo irresistible, el poder hipnótico del ejemplo. Para el pequeño *buboso*, la palabra de los dioses: «Vamos, arrójate al fuego» se metamorfosea inmediatamente en acción; ya posee una fuerza ejemplar. Para el otro dios, la palabra no basta; es preciso que a la palabra se una el espectáculo de la propia acción. Tecuciztécatl se arroja al fuego porque ha visto arrojarse a él a su compañero. Parecía más mimético hace un momento, pero ¿no es posible que, en definitiva, debamos decir menos mimético?

La colaboración mimética de las víctimas con sus verdugos se perpetúa en la Edad Meda e incluso en nuestra época pero bajo unas formas atenuadas. En el siglo XVI se nos dice que las mismas brujas eligen la hoguera; se les ha hecho entender el horror de sus fechorías. También los propios herejes reclaman frecuentemente el suplicio merecido por sus abominables creencias; privarles de él sería faltar a la caridad. En nuestra época, de igual manera, las víboras lúbricas de todos los estalinismos confiesan, más allá de lo que se les pide que confiesen, y se congratulan del justo castigo que les espera. No pienso que el miedo baste para describir ese tipo de comportamiento. Ya Edipo se suma al concierto unánime que le convierte en la más abominable de las deshonras; vomita sobre sí mismo y suplica a la ciudad de Tebas que le vomite realmente.

Cuando estas actitudes reaparecen en nuestra sociedad nos negamos con indignación a convertirnos en cómplices de ellas pero las adoptamos sin pestañear cuando se trata de aztecas o de otros pueblos primitivos. Los etnólogos describen con regodeo la envidiable suerte de las víctimas. Durante el período que precede a su sacrificio, gozan de privilegios extraordinarios y avanzan hacia la muerte serenamente, tal vez incluso con alegría y, hagan lo que hagan las sociedades primitivas, hay que evitar el menor juicio negativo.

Por loable que sea la preocupación de «rehabilitar» los mundos desconocidos, hay que hacerlo con discernimiento. Los actuales excesos rivalizan en ridículo con la orgullosa ampulosidad de antes, pero en sentido contrario. En el fondo se trata siempre de la misma condescendencia: no aplicamos a estas sociedades los criterios que nos aplicamos a nosotros mismos, pero a causa, esta vez, de una inversión demagógica muy característica de nuestro fin de siglo. O bien nuestras fuentes no sirven de nada y no nos queda más que callar: jamás sabremos nada seguro acerca de los aztecas, o bien nuestras fuentes sirven de algo, y la honestidad obliga a decidir que la religión de este pueblo no ha usurpado su lugar en el museo planetario del horror humano. El celo antietnocentrista se equivoca cuando justifica las orgías sangrientas con la imagen visiblemente engañosa que dan de sí mismas.

Aunque imbuido de ideología sacrificial, el mito atroz y magnífico de Teotihuacán aporta un sordo testimonio contra esta visión mistificadora. Si hay algo que humanice este texto, no es el falso idilio de las víctimas y de los verdugos que conjuga enfadosamente el neorrousseaunianismo y el neonietzscheanismo de nuestras dos posguerras, sino precisamente lo que se opone a esta visión hipócrita, sin llegar a contradecirla del todo, los titubeos que he observado frente a las falsas evidencias que los rodean; la inquietante belleza de este mito es lo que debemos incrementar para sacudir el edificio y obligarle a desplomarse.[1]

1. *La Vie quotidienne des Aztèques*, París, Hachette, 1955, pp. 126-129. (Hay trad. esp.: *La vida cotidiana de los aztecas*, trad. de Carlos Villegas, FCE, México, 1977.)

CAPÍTULO VI
ASES, KURETES Y TITANES

Acabo de comentar un mito carente de homicidio colectivo, pero esta carencia no lo convierte en más favorable, diría yo, para los adversarios de mi causa. Y eso solo es el principio. Ya que hasta ahora no he ofrecido muchos ejemplos y se me reprocha, no sin razón, que no son suficientes, voy a multiplicarlos y los elegiré en su totalidad entre los mitos, o las variantes míticas, innumerables por otra parte, que evitan de manera evidente, casi caricaturesca, definir como homicidio colectivo una escena absolutamente central que reclama a todas luces esta definición. Esta escena siempre es representada por la misma configuración: un círculo de homicidas en torno a su víctima, pero sustituye su sentido evidente por unas significaciones muy variadas y que solo tienen una cosa en común, a saber, que no significan el propio homicidio colectivo.

Mi segundo ejemplo pertenece a la mitología escandinava. Baldr es el mejor de todos los dioses, desprovisto de cualquier defecto, dotado de toda suerte de virtudes, incapaz de violencia. Unos inquietantes sueños le advierten que una amenaza de muerte pesa sobre él. Comunica su angustia a los Ases, sus compañeros, que deciden «pedir protección para Baldr contra todo peligro». Para obtener este resultado, Frigg, su madre:

> hace jurar a todos los seres animados e inanimados –fuego, agua, metales, minerales, tierra, madera, enfermedades, cuadrúpedos, pájaros, serpientes [...]– que no le harán daño. Así asegurado, en la plaza pública, Baldr juega con los Ases a un juego asombroso. Arrojan sobre él proyectiles, le asestan mandobles, nada le hiere.

El resumen que acabo de citar procede de Georges Dumézil en *Mythe et Epopée*.[1] Es fácil aceptar que el eminente exégeta califique de asombroso el juego a que se entregan los Ases. Para ese mismo juego divino, utiliza más adelante dos nuevos adjetivos, «espectacular» y «trucado», hasta el punto de despertar nuestra curiosidad sin hacer nada por satisfacerla. ¿Qué es lo que consigue provocar nuestro asombro ante semejante espectáculo en un mito? ¿Se trata de una escena excepcional, o por el contrario de una escena muy habitual, completamente banal pero provista de una significación poco corriente? En efecto, el juego parece trucado, pero no nos atreveríamos a afirmarlo si no dejara transparentar algo ajeno a él, otra escena que generalmente no está del todo disimulada y que necesariamente es muy conocida por todos los mitólogos, aunque jamás la mencionen, por lo menos de manera directa. Al sugerir que el juego de los Ases está trucado, sin explicar lo que quiere decir con ello, cabe afirmar que, en este caso, G. Dumézil se refiere a esa escena, pero de manera indirecta. Se trata, claro está, del homicidio colectivo. Si Baldr no fuera invul-

---

1. París, 1968, p. 234. (Hay trad. esp.: *Mito y epopeya*, trad. de Eugenio Trias, Seix Barral, Barcelona, 1977.)

nerable, es evidente que no sobreviviría al tratamiento que le inflingen los Ases; el acontecimiento que teme el dios, y que junto con él temen todos los Ases, se produciría. Baldr perecería, víctima como tantas otras divinidades de un homicidio colectivo. El mito de Baldr no se diferenciaría en nada de los innumerables mitos cuyo drama central consiste en un homicidio colectivo.

Lejos de aportarnos algo realmente original e inesperado, el espectáculo de este mito nos sorprende, su juego parece trucado porque se asemeja como una gota de agua a otra a la representación más corriente, más manoseada de toda mitología, el homicidio colectivo. La convención de un Baldr invulnerable se ha limitado a transformar la representación del homicidio en un juego inofensivo.

¿Se trata de una simple coincidencia, de una semejanza fortuita? La continuación nos muestra que no es así. Para entender que el mito mantiene obligatoriamente unas estrechas relaciones con los mitos *dotados de homicidio colectivo* hay que llegar hasta el final y verificar que el juego, en principio inofensivo, de los Ases acaba por tener las mismas consecuencias que si se desarrollara «de veras». Baldr se desploma, herido de muerte por uno de esos dioses que, según las apariencias, se comportan como si tuvieran la intención de matarle pero que según el mito no es así por unas razones que tal vez no resulte imposible descubrir.

¿Qué ha ocurrido? Para saberlo, prosigamos nuestra lectura de *Mythe et Epopée*. Existe un dios o mejor dicho un demonio, Loki, el *trickster* o «decepcionador» de la mitología escandinava, que no participa en el juego trucado y que se esfuerza en turbarlo. Fiel a sus fuentes, G. Dumézil escribe: «Este espectáculo disgustó a Loki». En todos los espectadores, el linchamiento simulado de Baldr suscita unas fuertes reacciones, el disgusto en Loki, el asombro en G.

Dumézil. Y es culpa de Loki, claro está, siempre es culpa de Loki si el linchamiento simulado de Baldr, el juego infantil de esos buenos Ases, provoca, a fin de cuentas, las mismas consecuencias que si se tratara de un auténtico linchamiento.

El *trickster* escandinavo [...] se disfraza de mujer y va a preguntar a Frigg si el juramento universal de no hacer daño a Baldr no admite ninguna excepción. Y se entera por boca de Frigg de que un tierno brote de árbol llamado *mistilteinn* (brote de muérdago) le había parecido tan tierno que no le había pedido que prestara el juramento. Loki se apoderó de él y después de regresar al *thing* (el lugar sagrado donde se desarrolla el linchamiento), lo entrega al hermano ciego de Baldr, Höhr, que hasta entonces se había abstenido de golpear a su hermano porque no podía verle, pero Loki guía su mano hasta la víctima, que muere asesinada por un simple retoño de muérdago.

En suma, la perfidia de Loki anula el efecto de las medidas tomadas por los dioses para «proteger» a Baldr de cualquier violencia. ¿Por qué adopta este mito un camino tan extraño y sinuoso para llegar, más o menos, al mismo resultado de mil mitos más, la muerte violenta de un dios herido por otros dioses, con todos sus compañeros coaligados contra él? Ya que se trata de un resultado muy común, ¿por qué no tomar para alcanzarlo el camino más común?

Me parece que la única respuesta verosímil e incluso concebible es que la versión del mito que hemos analizado *no es primaria*. Procede, probablemente, de unas versiones más antiguas que convertían a Baldr en la víctima del homicidio colectivo más banal, más «clásico». Debe ser obra de personas que no toleran la representación tradicional de este homicidio porque convierte a todos los dioses, a excepción de la víctima, en auténticos criminales. El Olimpo original no se diferencia de una vulgar banda de asesinos, y los fieles, en cierto modo, ya no lo quieren pero no disponen de otro, y, al mismo tiempo, dependen de él, aunque estén incluso apasionadamente vinculados a sus representaciones religiosas. Quieren a la vez conservar estas representaciones y deshacerse de ellas, o mejor, creo yo, alterarlas de pies a cabeza, ya que pretenden eliminar el estereotipo esencial de la persecución, el homicidio colectivo. El esfuerzo por reconciliar esos dos imperativos es lo que conduce probablemente a unos mitos tan curiosamente constituidos como el mito de Baldr.

La solución consiste en afirmar que los antepasados han visto perfectamente lo que había que ver en la epifanía primordial, *pero que la han interpretado mal.* Como eran ingenuos y bárbaros, no entendieron la sutileza de lo que ocurría. Creyeron que se iba a producir un homicidio colectivo. Cayeron en la trampa que les tendía el demoníaco Loki, el único auténtico asesino y para colmo mentiroso. Loki se convierte en el único receptáculo de la violencia antes repartida por igual entre todos los linchadores y que pasa a ser netamente perversa al concentrarse en un único individuo. Solo la reputación de Loki es sacrificada, en suma, a la rehabilitación de todos los restantes dioses. La elección de Loki tiene algo de paradójico si es cierto, como me parece, que en la escena original Loki es el único de todos los dioses que no ha participado en el linchamiento.

Diría que hay que suponer una manipulación del mito en detrimento moral de un solo dios y en beneficio, por tanto, de todos los demás. La voluntad de exculpar a todos los asesinos originales sigue delatándose por varios indicios suplementarios en la manera extraña en que se desarrolla la ejecución efectiva de Baldr. Todos los detalles del caso están visiblemente destinados a anular en la medida de lo posible la responsabilidad de quien corre el riesgo mayor de aparecer como criminal, ya que es mediante su mano –ha sido designado, además, como el homicida de la mano, *handbani*– como muere Baldr.

En un homicidio en principio colectivo, no todos los participantes son igualmente culpables; si es posible identificar, como ocurre en este caso, a quien ha asestado el golpe fatal, su responsabilidad es incomparablemente mayor. Así pues, el mito redoblará sus esfuerzos a fin de exculpar a Höhr, por la mera razón de que siendo el que asesta el golpe es el más culpable de todos. Cuesta más trabajo disculparle a él que a todos los restantes dioses reunidos.

Basta con admitir este proyecto para ver cómo se aclaran absolutamente todos los detalles del homicidio. Para comenzar, Höhr es ciego: «Hasta entonces se había abstenido de golpear a su hermano porque no podía verle». Para herir a su hermano, tienen que guiar su mano hasta el objetivo y es Loki, claro está, quien le prestará tal servicio. Höhr no tiene ningún motivo para pensar que su golpe puede matar a Baldr. Al igual que los demás dioses, cree a su hermano invulnerable a todas las armas, a todos los proyectiles concebibles. Y por si fuera preciso tranquilizarle aún más, el objeto que Loki le pone en las manos es el más ligero de todos, demasiado insignificante para que su metamorfosis en arma fatal parezca verosímil. Ni el hermano más preocupado por el bienestar y la seguridad de su hermano podría prever las terribles consecuencias de su comportamiento si actuara como lo hace Höhr. Para disculparle, en suma, el mito acumula excusa tras excusa. En lugar de la denegación pura y simple que aparece como suficiente en el caso de los restantes dioses, la responsabilidad de Höhr es objeto por lo menos de tres denegaciones sucesivas. Y, en cada ocasión, Loki es la víctima de la operación. Triplemente culpable, en suma, de un homicidio del que es técnicamente inocente, Loki manipula cínicamente al desdichado Höhr, triplemente inocente, a su vez, de un asesinato del que es técnicamente culpable.

Quien pretende demostrar en exceso acaba por no demostrar nada. Con el mito de Baldr ocurre lo mismo que con las excusas imprudentemente multiplicadas por personas que tienen que hacerse perdonar algo. No se dan cuenta de que una sola excusa, mediocre, es preferible a muchas, todas ellas excelentes. Cuando se intenta engañar al público, hay que evitar que entienda precisamente que se intenta engañarle. El deseo de disimular en exceso acaba siempre por revelar la simulación. Este deseo pasa a ser tan evidente que anula a su alrededor todo lo que podría distraernos y nos encamina inmediatamente hacia la cosa disimulada. Nada tan adecuado para despertar sospechas como unos factores de irresponsabilidad extrañamente acumulados sobre la cabeza del auténtico culpable.

Como vemos, es posible efectuar una lectura del mito de Baldr capaz de explicar absolutamente todos sus detalles a partir de un principio único, el más económico y el más simple posible, pero esto solo será así si nos disponemos a buscarlo, si no todavía en el homicidio colectivo real, sí por lo menos en la repugnancia reveladora que inspira su representación. El mito está visiblemente obsesionado y totalmente determinado por esta representación que, sin embargo, no aparece en ninguno de los temas que propone. De creer a los mitólogos actuales, este mito se engaña. No existe ninguna razón válida para rehuir la representación del homicidio colectivo, pues no desempeña ningún papel en la mitología. No por ello es menos impresionante comprobar que el mito de Baldr contradice por completo el dogma contemporáneo. Le importa un bledo el estructuralismo. Pienso que a veces es bueno dejar hablar a los mitos, sobre todo si las cosas que pretenden decir contradicen los tópicos aprendidos.

Ahora hay que mostrar que el mito de Baldr no constituye algo aberrante, una excepción única en la mitología. No en todas partes aparecen cosas análogas pero sí que hay un número suficiente de tradiciones importantes, a la vez harto próximas en lo que acabamos de ver por su intención probable y harto diferentes por la solución adoptada, el contenido temático de la versión que ha llegado a nosotros, como para no reforzar la idea de que en la evolución de estos sistemas debe existir un estadio de elaboración y de adaptación caracterizado por la desaparición de la significación «homicidio colectivo». Esta voluntad de esfumamiento resulta muy espectacular porque se yuxtapone, por regla general, a un conservadurismo religioso preocupado por preservar la práctica totalidad de representaciones anteriores cuyo objeto solo puede ser el propio homicidio colectivo.

Ofrezco a continuación un segundo ejemplo sacado, esta vez, de la mitología griega. Se trata del nacimiento de Zeus. El dios Cronos devora a todos sus hijos y corre en busca del último, Zeus, que ha sido ocultado por su madre Rea. Unos feroces guerreros, los kuretes, esconden al bebé rodeándolo con sus cuerpos. Aterrorizado, el pequeño Zeus lanza unos gritos que podrían revelar a su padre el lugar donde se encuentra. Para sofocar su voz y confundir al voraz ogro, los kuretes entrechocan sus armas; se comportan de la manera más ruidosa y amenazadora posible.[1]

Cuanto más miedo siente el bebé, más agudos se hacen

1. Estrabón, X, 468; Jane Harrison, *Themis*, Cambridge, 1912.

sus gritos, y, para protegerle, más tienen los kuretes que comportarse de manera que contribuye a aumentar ese miedo. En suma, parecen tanto más terroríficos cuanto más tranquilizadores y más eficazmente protectores. Se diría que rodean al niño para matarle: en realidad solo se comportan de esa manera para salvarle la vida.

Una vez más la violencia colectiva está ausente de este mito; pero no al igual que otras mil cosas también ausentes que ese mito no sugiere; está ausente de una manera análoga pero no idéntica a la que acabo de analizar en el mito de Baldr. En torno a Zeus infante, la cosa está clara, lo que nos sugieren los kuretes es la configuración y el comportamiento característico del homicidio colectivo. ¿Qué otra cosa podemos pensar ante esos gritos salvajes y esas armas empuñadas en torno a un ser indefenso? Si se tratara de un espectáculo sin palabras, de un cuadro vivo, no titubearíamos en darle el sentido que el mito se niega a darle. De la misma manera que el juego trucado de los Ases, o el suicidio de los aztecas, la mímica de los kuretes y la asustada reacción del niño se parecen extremadamente al drama que, estadísticamente, domina la mitología mundial, pero este mito, al igual que el de Baldr, nos asegura que este parecido es ilusorio. Es como si ya estuviéramos en la antropología contemporánea.

Para abolir la significación colectiva de la escena, ambos mitos confieren al grupo de los homicidas un papel de «protectores». Pero la semejanza se detiene ahí. En el mito escandinavo, el homicidio colectivo presentado como irreal tiene las mismas consecuencias que si fuera real. El mito griego carece de final. La dignidad de Zeus es incompatible con su muerte a manos de los kuretes. Supongo que también en este caso debe existir una versión más primitiva del mito que suponía un homicidio colectivo. Una metamorfosis lo ha desprovisto de este homicidio sin modificar, o modificando lo menos posible, las representaciones que lo significaban. El problema sigue siendo el mismo, pero la solución griega es a un tiempo más elegante y más radical que la solución escandinava. Consiguió dar una significación protectora a la misma escena del linchamiento, al círculo que forman los linchadores en torno a la víctima. Como hemos visto, el mito escandinavo se veía obligado a presentar como puramente lúdico un comportamiento del que hasta los observadores refractarios a la problemática del homicidio colectivo admiten que debe estar «trucado»; en otras palabras, que debe poseer *otro sentido*.

Ambas soluciones son excesivamente originales para que uno de los dos mitos haya influenciado al otro. Se trata de dos pensamientos religiosos que no persiguen exactamente el mismo objetivo pero sí dos objetivos muy análogos, en un estadio análogo de su evolución. Ante este tipo de cosas, no debemos vacilar, claro está, en rehabilitar la idea de una evolución de la mitología o mejor dicho, como veremos, la de sucesivas evoluciones, reservadas además, lo repito, a un pequeño número de tradiciones religiosas.

Al igual que el mito de Baldr, el de los kuretes debe proceder de intérpretes sinceramente persuadidos de que han recibido de forma alterada su tradición mitológica. El homicidio colectivo les parece demasiado escandaloso para ser auténtico y no creen falsificar sus textos cuando reinterpretan a su manera la escena que lo suponía. También en este caso la culpa parece recaer sobre la transmisión. En lugar de referir fielmente la tradición que habían recibido, los antepasados la han corrompido porque eran incapaces de entenderla. También, así, la violencia anteriormente distribuida entre todos los asesinos ha sido acumulada sobre un solo dios, Cronos, el cual, debido a esta transferencia, se convierte en típicamente monstruoso. Este tipo de caricatura no se encuentra, por regla general, en los mitos en que aparece la representación del homicidio colectivo. Se opera una cierta división entre el bien y el mal: el dualismo moral surge en conjunción con la difuminación de la violencia *colectiva*. El hecho de que en la mitología olímpica el mal sea rechazado sobre un dios de la generación anterior refleja sin duda la concepción negativa que una nueva sensibilidad religiosa se formula de la representación que está transformando.

Acabo de realizar una lectura del mito de Zeus y de los kuretes totalmente basada en una ausencia, la del homicidio colectivo. He tratado la ausencia del homicidio como si fuera un dato cierto, mientras que no pasa de ser necesariamente especulativo, más aún que en el caso de Baldr, porque, a diferencia de Baldr, Zeus sale indemne y las consecuencias del homicidio colectivo no aparecen. Aunque reforzada por la semejanza de los dos mitos, mi interpretación del mito griego es menos sólida, sin duda, que la del mito escandinavo. Para mejorarla, habría que descubrir, cerca de nuestro mito, un segundo mito que se le pareciera muchísimo para que difiriera del primero en que no llegara a borrar el homicidio colectivo del informe divino, es decir, dejara subsistir en la plenitud del sentido original la escena hábilmente transfigurada en el mito de los kuretes. Las posibilidades de que esta transfiguración sea real y mi interpretación exacta aumentarían. ¿Es pedir demasiado? Seguro que no. Existe en la mitología griega un mito perfectamente homólogo al de los kuretes, con una única salvedad: la violencia colectiva aparece en él y se ejerce sobre un infante divino; sigue poseyendo el sentido *que falta visiblemente* en los kuretes. Veámoslo.

Para atraer al pequeño Dionysos a su círculo, los Titanes mueven una especie de sonajeros. Seducido por esos objetos brillantes, el niño camina hacia ellos y el círculo monstruoso se cierra sobre él. Todos juntos, los Titanes asesinan a Dionysos; después de lo cual, lo cuecen y lo devoran. Zeus, padre de Dionysos, fulmina a los Titanes y resucita a su hijo.[1]

Al pasar de los kuretes a los Titanes, la mayoría de las significaciones se invierten. Protector en el caso de los Titanes, el padre es destructor y caníbal en el de los kuretes. Destructora y caníbal en el caso de los Titanes, la colectividad es protectora en el de los kuretes. En ambos casos, se mueven objetos delante del niño. Inofensivos en apariencia pero mortales en realidad en el caso de los Titanes, mortales aparentemente pero realmente inofensivos en el de los kuretes.

La mitología es un juego de transformaciones. Lévi-Strauss ha sido el primero en mostrarlo y su contribución es preciosa. Pero el etnólogo supone, erróneamente me atrevo a decir yo, que el paso siempre es posible en cualquiera de los sentidos. Todo se sitúa en el mismo plano. Nunca se gana o se pierde nada esencial. La flecha del tiempo no existe.

Aquí vemos claramente la insuficiencia de esta concepción. Acabo de demostrar que nuestros dos mitos son exactamente la transformación del uno en el otro. Después de haber barajado sus cartas, el prestidigitador las extiende por segunda vez en un orden diferente. Al comienzo tenemos la impresión de que no falta ninguna, pero ¿es ello cierto? Si nos fijamos mejor, veremos que en realidad siempre falta una carta y siempre la misma, la representación del homicidio colectivo. Por otra parte, todo lo que ocurre

1. Mircea Eliade I, *op. cit.*, pp. 382-387.

está subordinado a esta desaparición y ver únicamente la combinatoria equivale a ver únicamente lo menos esencial. Además, es imposible verlo hasta el fondo si no se entiende a qué intención secreta obedece.

El análisis estructuralista se basa en el principio único de la oposición binaria diferenciada. Este principio no permite descubrir en la mitología la extrema importancia del todos contra uno de la violencia colectiva. El estructuralismo solo ve en él una oposición más y la refiere a la ley común. No concede ninguna significación especial a la representación de la violencia cuando existe y, con mayor razón, cuando no existe. Su instrumento analítico es demasiado rudimentario para entender lo que se pierde en el transcurso de una transformación como la que acabo de descubrir. Si el prestidigitador baraja prolongadamente los naipes y vuelve a mostrarlos en un orden diferente, es para impedirnos pensar en el que ha hecho desaparecer, y para hacernos olvidar esta desaparición si por casualidad la habíamos advertido. Al igual que nuestros estructuralistas, el prestidigitador mitológico y religioso dispone de un público excelente. ¿Cómo conseguirían nuestros mitólogos descubrir el disfraz de una escena que se esfuerzan en ignorar cuando es evidente?

Descubrir la desaparición del homicidio colectivo en el paso del mito de los Titanes al de los kuretes es entender que este tipo de transformación solo puede efectuarse en un sentido, el que acabo de indicar. Es cierto que el homicidio colectivo puede desaparecer de la mitología. Mejor dicho, jamás ha hecho otra cosa; pero una vez desaparecido, es más que evidente que no puede reaparecer, que no resurgirá, completamente pertrechado, de combinatoria alguna, pura como Minerva surgiendo de la cabeza de Zeus. Una vez que el mito ha pasado de la forma Titanes a la forma Baldr o a la forma kuretes, el retorno a la forma anterior no se produce jamás; es inconcebible. En otras palabras, existe una *historia* de la mitología. Puedo admitir este hecho sin recaer por ello en las viejas ilusiones del historicismo; la necesidad de etapas históricas o, si se prefiere, diacrónicas, surge de un análisis puramente textual y «estructural». La mitología borra el homicidio colectivo pero no lo reinventa porque, evidentemente, jamás lo ha inventado.

Todo lo dicho no pretende en absoluto sugerir que el mito de los kuretes procede del mito de los Titanes, que es la transformación de ese mito y no de otro. En toda la mitología existe suficiente abundancia de homicidios colectivos como para no necesitar ninguno de ellos en concreto. Si, además, examinamos más atentamente el mito de los Titanes, descubrimos que corresponde a una visión religiosa no muy diferente, tal vez, de la del mito de Zeus y, aunque en él se haya mantenido la representación del homicidio colectivo, también ese mito ha debido ser objeto de una cierta manipulación. En efecto, reaparece en él, siempre a favor de Zeus, la misma división del *bien* y del *mal* que en el mito de los kuretes. La violencia colectiva subsiste pero es declarada mala, al igual que el canibalismo. Como en el mito de los kuretes, la violencia es rechazada hacia una generación mitológica más antigua, es decir, hacia un sistema religioso ya entendido como «salvaje» o «primitivo».

Ante el mito de los Titanes, los niños y los seres ingenuos experimentan una sensación de horror, una especie de distancia. Nuestros etnólogos actuales dirían que se dejan dominar por la afectividad. También yo incurro, afirman. en una etnología *afectiva*, entregada por completo a la incoherencia sentimental. Al igual que los novelistas realistas de 1850, nuestras ciencias humanas postulan la frialdad inhumana y la impasibilidad como el estado de espíritu más idóneo para la adquisición del saber más científico. La exactitud matemática de las ciencias llamadas «duras» suscita una admiración que con frecuencia induce a tomar demasiado al pie de la letra la metáfora de la dureza. La investigación desprecia entonces unos sentimientos que no puede descartar impunemente, pues desempeñan un papel esencial en el mismo objeto que estudia, en este caso el texto mitológico. Aunque fuera posible mantener una separación completa entre el análisis de las «estructuras» y la afectividad, no habría ningún interés en hacerlo. Para entender el secreto de las transformaciones mitológicas en nuestros dos ejemplos, hay que tomar en consideración unos sentimientos que la etnología desprecia. Jugar a los falsos duros para no parecer desarmado equivale a prescindir, en realidad, de las mejores armas.

Nuestros auténticos triunfos sobre la mitología no tienen nada que ver con esta falsa impasibilidad. Se remontan a una época en que no existía la ciencia sin conciencia, y son la obra anónima de los primeros en protestar contra la caza de brujas y en criticar las representaciones persecutorias de las multitudes intolerantes.

Incluso bajo la perspectiva de una lectura puramente formal y de todo lo que se supone que constituye el punto esencial de la escuela actual, jamás se podrá llegar a unos resultados satisfactorios sin tomar en consideración bien el homicidio colectivo cuando aparece, bien, en su ausencia, el malestar que provoca su desaparición: en torno a su ausencia siguen organizándose aún todas las representaciones. Si no queremos ver este malestar, jamás llegaremos a descubrir *los aspectos estrictamente combinatorios y transformacionales de las relaciones entre determinados mitos.*

CAPÍTULO VII
LOS CRÍMENES DE LOS DIOSES

La voluntad de borrar las representaciones de la violencia gobierna la evolución de la mitología. Para darse perfecta cuenta de ello, conviene seguir el proceso más allá de la etapa que acabo de definir. En esta primera etapa solo está en juego la violencia colectiva; cada vez que desaparece, como hemos visto, es sustituida por una violencia *individual*. Puede existir una segunda etapa, especialmente en el universo griego y romano, y consiste en suprimir también esta violencia individual; entonces todas las formas de violencia son insoportables en la mitología. Quienes superan esta etapa, sean o no conscientes de ello –y en la mayoría de los casos, parece que no lo son–, persiguen un único e idéntico objetivo: la eliminación, por decirlo de algún modo, de las huellas de las huellas.

La actitud de Platón constituye una ilustración fundamental de esta nueva etapa. En *La República*, la voluntad de borrar la violencia mitológica es muy explícita; se ejerce, en especial, sobre el personaje de Cronos en un texto que se relaciona directamente con mi último análisis:

–[...]En cuanto a los actos [...] de Cronos y lo que so-
portó de su hijo, aunque fueran ciertos, no convendría, en
mi opinión, precipitarse con tanta ligereza a contárselos a
unos seres desprovistos de criterio e ingenuos, sino más
bien silenciárselos por completo; y si existiera alguna obligación de decírselos, convendría que fuera a través de unas
fórmulas secretas de Misterios, para un auditorio lo más
reducido posible, y después del sacrificio, no de un cerdo,
sino de alguna víctima que fuera importante y de difícil
obtención, ¡a fin de que, por consiguiente, hubiera el menor número posible de personas para escucharlos!

–Estoy de acuerdo, dijo [Adimante], tales relatos, por
lo menos estos, son chocantes.[1]

Como vemos, ya no es el homicidio colectivo lo que
escandaliza a Platón, ya que este ha desaparecido, sino la
violencia individual que constituye el signo desplazado de
esta desaparición.

Por el mismo hecho de ser explícita, la voluntad de
eliminación adquiere la forma de una auténtica censura,
de una amputación deliberada del texto mitológico. Ya no
tiene la fuerza de reorganización estructural y la coherencia
extraordinaria que poseía en la etapa precedente. Esta es la
razón de que no consiga modificar el texto mitológico. Y como también él prevé este fracaso, Platón propone una especie de compromiso acompañado de precauciones religiosas
de extremo interés. La recomendación de sacrificar una
víctima muy voluminosa y preciosa no está motivada únicamente por la preocupación de reducir al máximo el número de los iniciados ante los desmanes de Cronos y de Zeus.

1. 378 a-b, a partir de la traducción de Léon Robin, Gallimard,
1950.

129

En el contexto de una religión todavía sacrificial, corresponde a lo que cabe esperar de un espíritu sinceramente religioso enfrentado a una violencia cuya fuerza contaminadora teme; para establecer un contrapeso a esta violencia, se precisa una violencia comparable pero legítima y santa, es decir, la inmolación de una víctima extremadamente importante. En suma, en el texto de Platón se cierra, ante nuestros propios ojos, de manera casi explícita, el círculo de la violencia y de lo sagrado.

La censura reclamada por Platón jamás se impuso bajo la forma concebida por él; pero lo hizo, sin embargo, y sigue haciéndolo en nuestros días bajo otras formas, más eficaces aún, la que encarna la disciplina etnológica, por ejemplo. Contrariamente a la etapa anterior, la etapa platónica no consiguió una auténtica refundición del mito, pero no por ello carece de carácter fundador. Se ha fundado otra cultura, que, estrictamente hablando, ya no es mitológica, sino «racional» y «filosófica», es el texto mismo de la filosofía.

La condena de la mitología aparece en gran número de autores antiguos, generalmente bajo unas formas banales, tomadas del propio Platón, pero que iluminan admirablemente la auténtica naturaleza del escándalo. Varrón, por ejemplo, diferencia una «teología de los poetas» que le parece especialmente molesta porque propone a la admiración de los fieles «unos dioses rapaces, unos dioses adúlteros, unos dioses esclavos sometidos a un hombre; por decirlo todo, atribuye a los dioses todos los desórdenes en que cae el hombre, e incluso el hombre más despreciable».[1]

Lo que Varrón, a partir de Platón, denomina la teología de los poetas, es lo sagrado auténticamente primitivo, es

---

1. Citado por Georges Dumézil, *La Religion romaine archaïque*, París, Payot, 1966, p. 108.

decir, lo doblemente sagrado que une lo maldito y lo bendito. Todos los pasajes de Homero criticados por Platón hablan tanto de los aspectos maléficos de la divinidad como de los benéficos. La voluntad diferenciadora de Platón no tolera esta ambigüedad moral de lo divino. Hoy ocurre exactamente lo mismo con Lévi-Strauss y con el estructuralismo, con la salvedad de que la grandeza de Platón ha sido sustituida por una mera preocupación lógica y lingüística, una filosofía de la mezcla imposible porque no es conforme con las «leyes del lenguaje y del pensamiento»... La posibilidad de que los hombres no siempre piensen exactamente de la misma manera queda excluida.

También Dionisio de Halicarnaso se queja de los mitos que representan a los dioses como «malvados, malhechores, indecentes, en una condición no solo indigna de unos seres divinos, sino simplemente de las personas honestas...». A decir verdad, todos estos autores antiguos presienten que sus dioses podrían ser únicamente víctimas despreciadas y escarnecidas por todos los hombres. Es lo que no quieren. Rechazan con horror esta posibilidad, pues a diferencia de los profetas judíos y más tarde de los Evangelios, no consiguen concebir que una víctima así tratada pueda ser inocente.

Platón intenta censurar explícitamente la mitología, desviarla de sus temas tradicionales. Vemos aflorar en su texto el tipo de motivos que había que postular hace un momento para explicar la desaparición del homicidio colectivo en el mito de los kuretes. Las primeras transformaciones se remontan a un estadio anterior al de la filosofía y se producen sobre unos mitos todavía intactos. No tenemos otro testimonio a este respecto que los propios mitos, los mitos ya transformados, ya que pasan a ser espectacularmente inteligibles tan pronto como se ve en ellos el resultado de la transformación. Así pues, los decretos del filósofo no obedecen al capricho individual; iluminan retrospectivamente la evolución de todas las mitologías que evolucionan. Platón posee visiblemente unos predecesores, próximos y lejanos, en la limpieza de la mitología, pero ellos seguían trabajando de manera mitológica; operaban en el seno del marco mitológico y religioso tradicional; transformaban la narración mitológica.

El estereotipo de la violencia sufrida por los dioses y los héroes comienza a atenuarse perdiendo su carácter brutal y espectacularmente colectivo, y se convierte en violencia individual, hasta desaparecer por completo. Los restantes estereotipos de la persecución conocen unas evoluciones comparables y por idénticos motivos. Unos hombres que ya no toleran el homicidio colectivo del dios deben escandalizarse igualmente de los crímenes que justifican este homicidio. Los textos que acabo de citar demuestran que ambas cosas marchan paralelamente. Varrón se queja de los poetas que *atribuyen a los dioses todos los desórdenes en que cae el hombre, e incluso el hombre más despreciable.* Está claro que los poetas no son responsables de esta atribución. La mitología mundial es la prueba de ello. Ya en aquella época, como en nuestros días, los «poetas», es decir, los intérpretes del período anterior, aparecen como chivos expiatorios de recambio y las traiciones que se les reprochan permiten nuevas censuras.

Se desean en aquel momento unas divinidades que no sean criminales ni víctimas y, a falta de entender que son chivos expiatorios, se borran poco a poco las violencias y los crímenes cometidos por los dioses, los signos victimarios, e incluso la propia crisis. A veces se invierte el sentido de la crisis y se confiere a la indiferenciación entre los dioses y los hombres el sentido utópico al que he aludido anteriormente.

A medida que una comunidad se aleja de los orígenes violentos de su culto, el sentido del ritual se debilita y se refuerza el dualismo moral. Los dioses y todas sus acciones, incluso las más maléficas, sirvieron inicialmente de modelos para los ritos. Eso quiere decir que las religiones, en las grandes ocasiones rituales, dejan un cierto espacio al desorden, aunque siempre lo subordinen al orden. Llega el momento, sin embargo, en que los hombres solo buscan unos modelos de moralidad y exigen unos dioses limpios de cualquier culpa. No hay que tomar a la ligera las quejas de un Platón o las de un Eurípides, que también quiere reformar a los dioses. Reflejan la descomposición de lo sagrado primitivo, es decir, la tendencia dualista que solo quiere retener de los dioses su aspecto benéfico; aparece toda una ideología que consiste en rechazar lo sagrado sobre los demonios, en diferenciar cada vez más los demonios de los dioses, como hace la religión brahmánica, o en considerar lo maléfico como nulo y no sucedido, en pretenderlo sobreañadido a una religión más original y la única realmente conforme con el ideal proyectado por el reformador. En realidad, el reformador se confecciona un origen propio, remitiendo este ideal a un pasado puramente imaginario. Por otra parte, este rechazo es lo que transfigura la crisis original en idilio y en utopía. Lo indiferenciado conflictivo se invierte en fusión afortunada.

En suma, la tendencia idealizante transforma, o borra, todos los estereotipos, la crisis, los signos victimarios, la violencia colectiva, y también, claro está, el crimen de la víctima. Lo vemos claramente en el caso del mito de Baldr. El dios que no *se hace matar colectivamente* no puede ser un dios culpable. Es un dios cuyo crimen ha sido completamente borrado, un dios perfectamente sublime, exento de cualquier culpa. No es el azar lo que suprime simultáneamente los dos estereotipos, es la propia *inspiración* de los fieles. El castigo y su causa van unidos y deben desaparecer conjuntamente, pues lo hacen por una única e idéntica razón.

¿Tengo realmente derecho a sostener que existe disipación o desaparición en lugar de ausencia pura y simple? He mostrado que es así en el caso del homicidio colectivo, pero esta demostración solo afecta de manera indirecta el crimen que supongo originariamente atribuido a cualquier divinidad. Afirmo implícitamente que en una versión más primitiva del mito ha debido existir un primer Baldr «criminal». Como hemos visto, el mito de Baldr contiene en sí mismo todo lo necesario para afirmar la formidable pertinencia del homicidio colectivo ausente, y gracias a ello su escamoteo en la versión que ha llegado a nosotros. No ocurre exactamente lo mismo en el caso del crimen igualmente *ausente*. Para demostrar que todos los estereotipos de la persecución son realmente universales, habría que demostrar que todos ellos son de una pertinencia extrema, incluso y fundamentalmente en los mitos *que no los contienen*.

Intentémoslo, pues, en el caso del estereotipo del crimen. El examen de los mitos sugiere que una fortísima tendencia a minimizar y luego a suprimir los crímenes de los dioses «trabaja» las mitologías, especialmente la griega, mucho antes de que Platón y los filósofos le dieran una expresión conceptual.

Una mera comparación superficial muestra inmediatamente que no es posible clasificar los mitos en dos categorías estrictas bajo la perspectiva de la falta divina, los dioses culpables a un lado, los dioses no culpables al otro. Existe una multitud de grados intermedios, un espectro continuo que va de los crímenes más atroces a la absoluta inocencia pasando por las faltas insignificantes, los errores o las meras torpezas; no por ello, en la mayoría de los casos, dejan de tener estos las mismas consecuencias desastrosas que los crímenes realmente serios.

Pienso que esta gama no puede interpretarse de manera estática; debe poseer un carácter evolutivo. Para persuadirse de ello basta con observar el impresionante conjunto de temas que tienen posiblemente por común denominador una sola e idéntica voluntad de minimizar y excusar una falta cuya definición literal sigue siendo la misma en todas partes, pero que produce en nosotros una impresión tan diferente, incluso hoy, que no aparece la identidad fundamental de todos estos crímenes. Como hemos visto, los dioses olímpicos de Grecia ya no son víctimas, pero siguen cometiendo la mayoría de los crímenes estereotipados que justifican la ejecución del delincuente en las restantes mitologías. Estas acciones, sin embargo, son objeto de un tratamiento tan halagador, tan imbuido de indulgencia y de refinamiento, que el efecto, producido incluso en nuestros días, no se parece en nada a lo que su contacto provoca en los mitos calificados de «etnológicos».

Cuando Zeus se convierte en cisne para llegar a ser el amante de Leda, no pensamos en el crimen de bestialidad, de la misma manera que tampoco lo hacemos cuando el Minotauro se casa con Pasífae, o acusamos de *mal gusto* al escritor que nos induce a pensarlo, y sin embargo nada difiere aquí del mito dogrib de la mujer-perro o incluso de la horrible ficción medieval de la mujer judía de Binzwangen que pare una piara de cerdos.

No reaccionamos a las mismas fábulas de la misma manera según percibamos o presintamos en ellas, o, por el contrario, ni siquiera presintamos las consecuencias persecutorias. El tratamiento estético y poético se reduce a las mil y una maneras de acomodar los estereotipos de la persecución, o sea, de adornar y de disimular todo lo que pudiera revelar el mecanismo original de la producción textual, el mecanismo del chivo expiatorio.

Al igual que todos los puritanismos, el de Platón no acierta en su objetivo, que debiera ser la revelación del mecanismo victimario, la demistificación de las representaciones persecutorias, pero tiene en cualquier caso mayor grandeza y profundidad que el laxismo moral de los poetas o el esteticismo de los glosadores contemporáneos, que disuelve lo más esencial de la problemática. Platón no solo protesta contra la atribución a los dioses de todos los crímenes estereotipados, sino también contra el tratamiento poético de esos crímenes que ocasiona que solo sean vistos como faltas menores, simples diabluras, travesuras sin importancia.

La noción aristotélica de «hamartia» conceptualiza la minimización poética de la falta. Sugiere la simple negligencia, la falta por omisión más que la plenitud maléfica de los antiguos mitos. La traducción por fallo trágico, en inglés *tragic flaw*, evoca un minúsculo defecto, una resquebrajadura única en una masa homogénea de irreprochable virtud. La nefasta dimensión de lo sagrado sigue estando ahí, pero reducida al mínimo estricto, lógicamente indispensable para la justificación de unas consecuencias invariablemente desastrosas. Hay una gran distancia entre eso y los mitos en los que lo maléfico y lo benéfico se equilibran. La mayoría de los mitos llamados «primitivos» nos han llegado en este estado primario de equilibrio, y con razón, pienso, los calificaba la antigua etnología de primitivos; los adivinaba más próximos al efecto de chivo expiatorio que los funda, es decir, a los efectos producidos por el triunfo de una proyección maléfica extremadamente violenta.

Para que la voluntad de excusar al dios no culmine inmediatamente en la eliminación completa de su falta –cosa que exige como mínimo un Platón al otro lado de la cadena–, es preciso que se ejerza prolongadamente una fuerza en el sentido de un extremo respeto por el texto tradicional y eso solo puede ser el efecto prolongado del chivo expiatorio, la lógica propia de la religiosidad primitiva en su fase ritual y sacrificial. Como ya he dicho anteriormente, el dios encarna el azote; no está más allá del bien y del mal, sino que todavía no ha llegado a ellos. La diferencia que encarna aún no se ha especificado en distinciones morales; la trascendencia de la víctima todavía no se ha fragmentado en un poder bueno y divino de una parte, y un poder malo y demoníaco de la otra.

Solo a partir del estadio en que se produce esta división, y sin duda gracias a unas presiones que se ejercen en todos los sentidos sobre el conjunto mítico original, el equilibrio de los mitos se rompe unas veces en favor de lo maléfico, otras en favor de lo benéfico, o finalmente en ambas direcciones a la vez, y la equívoca divinidad primitiva puede escindirse entonces en un héroe absolutamente bueno y un monstruo absolutamente malo que asola la comunidad: Edipo y la esfinge, san Jorge y el dragón, la serpiente acuática del mito arawac y su asesino liberador. El monstruo hereda cuanto hay de detestable en la historia, la *crisis*, los *crímenes*, los *criterios* de selección victimaria, los tres primeros estereotipos persecutorios. El héroe encarna únicamente el cuarto estereotipo, el homicidio, la decisión sacrificial, tanto más abiertamente liberadora en la medida en que la perversidad del monstruo justifica plenamente la violencia.

No cabe duda de que este tipo de división es tardío ya que llega a los cuentos y las leyendas, es decir, a unas formas míticas tan degeneradas que ya no constituyen el objeto de una creencia propiamente religiosa. Retrocedamos, por consiguiente.

No se trata de suprimir inicialmente el crimen del dios. Efectuada sin precauciones, esta censura no haría más que resolver un problema para crear otro. Siempre más perspicaces que nuestros etnólogos, los consumidores serios de la mitología entienden perfectamente que la violencia infligida a su dios se justifica por la falta previamente cometida por él. Eliminar esta justificación sin otra forma de proceso significa exonerar al personaje más sagrado pero criminalizar a la comunidad que le castiga, según cree, con razón. Ahora bien, esta comunidad de linchadores es casi tan sagrada como la víctima fundadora, ya que engendra la comunidad de los fieles. El deseo de moralizar la mitología desemboca en un dilema. Deducimos fácilmente este dilema de los temas míticos primordiales pero también podemos leer sus consecuencias, muy directamente, en los textos visiblemente más evolucionados, con matices a veces muy sutiles de la culpabilidad divina, incomprensibles hasta el momento pero que repentinamente se esclarecen en virtud de las soluciones más o menos ingeniosas inventadas por los fieles a lo largo de las edades y de los mitos para «desculpabilizar» simultáneamente a todos los actores del drama sacro.

La solución mas sencilla consiste en mantener inalterables los crímenes de la víctima al tiempo que se sostiene que no son voluntarios. La víctima ha hecho aquello de que se la acusa pero *no lo ha hecho adrede*. Edipo ha matado a su padre y se ha acostado con su madre pero creía estar haciendo otra cosa. Nadie es culpable, en suma, y todas las exigencias morales quedan satisfechas dentro del respeto *casi* total del texto tradicional. Llegados a un estadio un poco *crítico* de su evolución, es decir, de su interpretación, los mitos muestran frecuentemente unos culpables inocentes a la manera de Edipo, yuxtapuestos a unas comunidades inocentemente culpables.

Aparece algo de lo dicho en el caso del dios escandinavo analizado anteriormente, Höhr. Aunque físicamente responsable del homicidio, el asesino del buen Baldr todavía es más inocente si cabe que Edipo, pues tiene varias excelentes razones, como hemos visto, para no ver en su acto homicida más que una mímica inofensiva, una divertida parodia sin consecuencias molestas sobre el blanco fraterno al que, sin embargo, apunta. Höhr no tiene la más mínima probabilidad de adivinar lo que se producirá.

Así pues, a los dioses primitivos con una culpabilidad plena suceden unos dioses con una culpabilidad limitada o incluso inexistente. Pero esta absolución jamás es realmente universal. La eliminación de la falta en un lugar determinado se salda por regla general con su reparación en otro, generalmente en la periferia, bajo una forma exacerbada. Surge entonces un dios o más bien una especie de demonio con culpabilidad reforzada, un Loki o un Cronos que desempeña el papel, en suma, de un chivo expiatorio de segundo grado, puramente textual en apariencia pero que sigue remitiendo de todos modos a una víctima real, si remontamos la geología hasta su principio.

Existen también otros métodos para reducir la culpabilidad divina sin rebatirla sobre la comunidad y sobre todo sin revelar lo irrevelable por excelencia, el mecanismo del chivo expiatorio. Aparecen unas víctimas culpables de acciones que no son intrínsecamente malas, pero que, debido a circunstancias especiales de las que estas víctimas no están informadas, provocan tales consecuencias que se justifica la violencia colectiva. A decir verdad, se trata en tal caso de una variante del crimen sin intención criminal.

La forma suprema de esta doble justificación consiste en leer las relaciones entre la víctima y la comunidad de los linchadores como simple malentendido, mensaje mal interpretado.

Puede ocurrir asimismo que los crímenes de los dioses sean considerados reales, pero que los mitos les atribuyan una causa suplementaria, una fuerza natural, tal vez, pero irresistible, que obliga al dios a comportarse mal sin que su voluntad intervenga, como, por ejemplo, una poción embriagante que se le obliga a tomar o la picadura de un insecto venenoso.

Resumo lo que dice Eliade acerca de un dios hitita picado por una abeja, en su monografía sobre las creencias y las ideas religiosas:

> Habiéndose extraviado el inicio de la narración, se ignora por qué Telipinu decide «desaparecer». [...] Pero las consecuencias de su desaparición se hacen sentir inmediatamente. Se apagan los fuegos en los hogares, los dioses y los hombres se sienten «abrumados»; la oveja abandonó su cordero y la vaca su ternero; «la cebada y el trigo no maduraron», los animales y los hombres dejaron de engendrarse; los pastos se secaron y se agostaron las fuentes [...]. Finalmente la diosa-madre envía a la abeja; encuentra al dios durmiendo en un bosquecillo y, al picarle, le despierta. Furioso, Telipinu provoca tales calamidades en el país que los dioses se asustan y recurren, para calmarlo, a la magia. Mediante unas ceremonias y unas fórmulas mágicas, Telipinu es purgado de la rabia y del «mal». Apaciguado, regresa finalmente entre los dioses y la vida recupera su ritmo.[1]

Aparecen claramente dos estereotipos persecutorios, la crisis y la falta del dios que suscita esta crisis. La responsabilidad divina es a un tiempo agravada y atenuada por la picadura de abeja. No es directamente la violencia colectiva

1. *Op. cit.*, I, pp. 156-157.

lo que convierte lo maléfico en benéfico, sino su equivalente ritual. La acción mágica significa sin embargo esta violencia; tiende siempre a reproducir el efecto original de chivo expiatorio, y tiene además un carácter colectivo. Son *todos los demás dioses* quienes se asustan e intervienen en *contra* de Telipinu para acabar con su actividad destructora. Pero la violencia de esta intervención aparece velada; los dioses no son los enemigos de Telipinu de la misma manera que Telipinu no es enemigo de los hombres. Hay desorden en la comunidad y su causa es divina, pero en ninguna parte existe una intención realmente malvada, ni en Telipinu en su relación con los hombres ni en los demás dioses en su relación con Telipinu.

Entre las variantes de la falta minimizada, hay que incluir las actividades del *trickster* norteamericano y, un poco por todas partes, de todos los dioses «decepcionadores». Estos dioses son tan chivos expiatorios como los demás. Sus favores se remiten por completo a un pacto social reafirmado a expensas de la víctima. Van invariablemente precedidos de perjuicios percibidos como indudables y justamente castigados. Así pues, surge como siempre la paradoja del dios aprovechable en tanto que perjudicial, factor de orden en tanto que factor de desorden. En el seno de una representación mítico-persecutoria todavía intacta, tiene que plantearse a la larga el problema de las intenciones divinas. ¿Por qué el dios sitúa en una posición incómoda a los que en última instancia quiere ayudar y proteger, por qué, debido a este hecho, se sitúa él mismo en una situación incómoda? Junto a los dioses que lo hacen porque se sienten irresistiblemente empujados a hacerlo, habrá que inventar obligatoriamente una tercera solución, la del dios que hace el mal para divertirse, el dios que gasta bromas pesadas. Siempre acaba por ayudar pero adora las bromas de mal

141

gusto, y no cesa de gastarlas. Así es como inicialmente se da a conocer. Lleva la broma tan lejos que ya no domina sus consecuencias. Es el aprendiz de brujo que incendia el mundo prendiendo una llamita y que, con su orina, inunda toda la tierra. Así justifica todas las *intervenciones correctivas*, y en virtud de estas, como siempre, se convierte en bienhechor.

El *trickster* aparece unas veces como tan perverso, y otras, al contrario, como tan estúpido y torpe en el cumplimiento de su misión, que se producen unos accidentes, involuntarios o buscados, que comprometen el resultado deseado y al mismo tiempo lo aseguran recomponiendo en contra del torpe la unanimidad necesaria para la buena marcha de toda comunidad.

Hay que reconocer en el *trickster* la sistematización de una de las dos grandes tecnologías que surgen del chivo expiatorio sacralizado, la teología del *capricho divino*. La otra teología, la de la *cólera* divina, constituye otra solución al problema que plantea a los prisioneros de la representación persecutoria la eficacia reconciliadora de aquel que aparece ante sus ojos como un culpable real. Si no apareciera como tal, si los beneficiarios del mecanismo pudieran poner en duda la causalidad del chivo expiatorio, no existirían reconciliación ni divinidad.

En esta perspectiva, el dios Sigog es básicamente bueno siempre pero se convierte temporalmente en dios malo. El dios abruma a sus fieles para conseguir devolverles al buen camino, para corregir en ellos unas insuficiencias que le impiden mostrarse benéfico sin mayor demora. Quien bien te quiere te hará llorar. Menos divertida que la anterior, esta solución es más profunda en la medida en que introduce en los hombres la idea excepcional de que su chivo expiatorio no es la única encarnación de la violencia. La comunidad comparte la responsabilidad de este mal con el dios; comienza a convertirse en culpable de sus propios desórdenes. La teología de la cólera se acerca a la verdad, pero sigue situándose en el seno de la representación persecutoria. No se puede escapar a esta sin analizar el mecanismo del chivo expiatorio, sin deshacer el nudo que la representación mitológica encierra en sí misma.

Para terminar de una vez con la falta del dios y mostrar que no debemos tratar como categorías rígidas las soluciones que he descrito brevemente, quiero hablar de un mito que aparece en unos puntos del globo muy alejados entre sí y que consigue, muy ingeniosamente, combinar unas ventajas entre las cuales se veían obligadas a elegir las soluciones precedentes.

Después de haber matado al dragón, Cadmos, el ancestro de toda la mitología tebana, siembra los dientes del monstruo en el suelo y unos guerreros armados de pies a cabeza surgen inmediatamente. Hija de la anterior, esta nueva amenaza ilustra claramente la relación entre la crisis persecutoria, en el seno de las comunidades humanas, de una parte, y de otra, todos los dragones, todos los animales fabulosos. Para desembarazarse de los guerreros, Cadmos recurre a una estratagema extremadamente sencilla. Coge una piedra subrepticiamente y la arroja en medio de la tropa. Ninguno de los guerreros es alcanzado, pero el ruido de la caída hace que cada cual se imagine provocado por el otro; y un instante después, todos están enfrentados y se matan entre sí.

Cadmos aparece aquí como una especie de *trickster*. En cierto modo, es quien ocasiona la crisis social, el gran desorden que asola un grupo humano hasta llevarlo a la destrucción completa. En sí mismo, el caso no es digno de castigo, la piedra no hace daño a nadie; la broma solo llega a ser realmente pesada gracias a la estúpida brutalidad de los guerreros, a su ciega propensión a la escalada conflictiva. Una mala reciprocidad alimenta y exaspera con tanta mayor rapidez el conflicto en la medida en que los participantes no la descubren.

Lo asombroso de este mito es que al revelar de manera espectacular una reciprocidad cada vez menos diferida, y por consiguiente siempre acelerada, que se apodera de las sociedades en crisis –ya he hablado de ello antes–, desvela implícitamente tanto la razón de ser del chivo expiatorio como la de su eficacia. Una vez que está realmente en marcha, la mala reciprocidad solo puede ir empeorando debido a que todos los agravios, todavía no reales en un momento dado, acaban por serlo un instante después. Siempre hay aproximadamente una mitad de los combatientes que considera la justicia restablecida porque ya se considera vengada, mientras que la otra mitad se esfuerza en restablecer esa misma justicia asestando sobre la mitad provisionalmente satisfecha el golpe que la vengará definitivamente.

El engranaje es de tal índole que para detenerlo haría falta que todos se pusieran de acuerdo en reconocer la mala reciprocidad. Pero pedirles que entiendan que las relaciones en el seno del grupo no solo alimentan sino que engendran su desgracia es pedir demasiado. Una comunidad puede pasar de la buena a la mala reciprocidad por unas razones tan insignificantes o, por el contrario, tan coercitivas o masivas que los resultados son equivalentes. Todo el mundo es siempre más o menos igualmente responsable, pero nadie quiere saberlo. Aunque los hombres acaben por tomar conciencia de su mala reciprocidad, pretenden sin embargo que tenga un autor, un origen real y punible; es posible que accedan a disminuir su papel, pero siempre querrán una causa primera *susceptible de una intervención coercitiva*; como diría Evans-Pritchard, *una causa pertinente en el plano de las relaciones sociales.*

No cuesta trabajo entender por qué y cómo el mecanismo del chivo expiatorio acaba a veces por interrumpir este proceso. El ciego instinto de las represalias, la imbécil reciprocidad que precipita a cada cual sobre el adversario más cercano o más visible, no se sustenta sobre nada realmente determinado; de modo que todo puede converger en cualquier momento, pero preferentemente en el instante más histérico, sobre cualquier persona. Solo se precisa un comienzo de convergencia puramente accidental o motivado por algún signo victimario. Basta con que un blanco potencial parezca algo más atractivo que los demás para que el conjunto se incline de repente hacia la certidumbre sin contradictor concebible, la deseada unanimidad reconciliadora...

Como en este caso nunca existe otra causa para la violencia que la creencia universal en una causa diferente, basta con que esta universalidad se encarne en otra realidad, el chivo expiatorio, que se convierte en el otro de todos los demás, para que la *intervención correctiva* deje de *parecer* eficaz y pase a serlo realmente, con la extinción pura y simple de toda voluntad de represalias en todos los supervivientes. Solo el chivo expiatorio podría querer vengarse y evidentemente no está en posición de hacerlo.

Dicho en otras palabras, para que en el mito de Cadmos la destrucción recíproca se interrumpa bastaría con que los guerreros descubrieran el papel de agente provocador desempeñado por el propio Cadmos y se reconciliaran a espaldas suyas. Poco importa que el agente sea o no sea real, basta que todo el mundo esté convencido de su realidad y de su identidad. ¿Cómo estar seguro de que se posee al auténtico culpable cuando no ha pasado otra cosa que la caída de una piedrecita, el ruido de una simple piedra rodando sobre otras piedras? Un incidente semejante puede producirse en cualquier momento sin intención perversa por parte de su autor, casi sin que exista un auténtico autor. Aquí solo cuenta la *fe* más o menos intensa y más o menos universal que inspira el eventual chivo expiatorio en su voluntad y su capacidad de sembrar el desorden, y por tanto de restablecer el orden. A falta de descubrir lo que ha ocurrido realmente o, si se prefiere, un chivo expiatorio suficientemente convincente, los guerreros no cesan de combatir entre sí y la crisis prosigue hasta la aniquilación total.

Los supervivientes representan la comunidad surgida del mito de Cadmos; los muertos representan únicamente el desorden, la excepción del propio Cadmos. Para el mito, Cadmos es simultáneamente poder de desorden –él es quien siembra los dientes del dragón– y poder de orden –él es quien libera a la humanidad destruyendo primero al dragón y después a la multitud de guerreros, *draco redivivus*, el nuevo monstruo de mil cabezas surgido de los restos del monstruo anterior–. Así que Cadmos es uno de esos dioses que siempre provocan el desorden, pero «solo» para terminar con él. Por consiguiente, Cadmos no es un chivo expiatorio explícito en su mito y para ese mito; es chivo expiatorio implícito, un chivo expiatorio sacralizado por el propio mito, el dios de los tebanos, y en último término ese mito no es más que ingenioso; no revela y no puede revelar hasta el final el secreto de su propia producción, sigue basándose en un mecanismo de chivo expiatorio.

Los mitos del tipo «a pequeñas causas, grandes efectos», o si se prefiere «a pequeño chivo expiatorio, gran crisis», aparecen en las cinco partes del mundo y bajo unas formas a veces demasiado singulares en sus detalles como para que podamos librarnos de ellas mediante influencias y difusiones. Cabe incluso atribuir a unas «influencias» indoeuropeas la versión india del mito de Cadmos, pero ya es más delicado en el caso de la versión sudamericana que aparece en algún lugar de las *Mitológicas* de Lévi-Strauss. Invisible en un árbol, una cotorra antropomorfa siembra la discordia bajo ella arrojando unos proyectiles con su pico. Es difícil sostener que todos estos mitos solo tienen una significación exclusivamente lógica y diferenciadora, y no tienen nada que ver, pero absolutamente nada, con la violencia entre los hombres.

No todos los textos que recogen los mitos más antiguos borran el homicidio colectivo. Existen algunas excepciones importantes tanto entre los comentaristas religiosos, los grandes escritores, especialmente los trágicos, como entre los historiadores. Al leer este comentario, hay que recordar los análisis que acabo de hacer. Creo que arrojan una nueva luz, tanto sobre los rumores con respecto a Rómulo como con respecto a todos los «rumores» análogos concernientes a un cierto número de fundadores de ciudades y fundadores de religiones. Freud es el único autor moderno importante que alguna vez se ha tomado esos rumores en serio. En su *Moisés y la religión monoteísta* ha utilizado, desgraciadamente para fines demasiado polémicos, unos «rumores» esparcidos en los márgenes de la tradición judía y según los cuales también Moisés habría sido la víctima de un homicidio colectivo. Pero, por una deficiencia sorprendente en el autor de *Tótem y tabú* y que tal vez se explica por su crítica demasiado parcial de la religión judía, jamás saca todo el partido posible de la notable convergencia entre los «rumores» respecto a Moisés y los que hacen referencia a otros muchos legisladores y fundadores de religiones. Algunas fuentes sugieren, por ejemplo, que Zaratustra murió asesinado por los miembros, disfrazados de lobos, de una de las asociaciones rituales cuya violencia sacrificial había combatido, una violencia que sigue teniendo el carácter colectivo y unánime del homicidio fundador que repite. En los márgenes de las biografías oficiales aparece con frecuencia una tradición más o menos «esotérica» del homicidio colectivo.

Los historiadores modernos no se toman en serio tales historias. Apenas podemos reprochárselo; no disponen de los medios que les permitirían incorporarlas a sus análisis. Tienen la opción de considerarlas bien en el marco de un solo autor, el «suyo» como dicen, y entonces apenas consiguen otra cosa que lo que irónica o prudentemente ven sus fuentes, unas historias inverificables, «cuentos de la vieja», o bien, al contrario, en el marco de la mitología, o, si se prefiere, de la historia universal. Esta vez se ven claramente obligados a admitir que el tema, sin ser ni mucho menos universal en sí mismo, reaparece con una frecuencia excesiva como para prescindir de explicación. No podemos llamarle mitológico sin más, ya que siempre contradice categóricamente unos mitos. ¿Se verán finalmente obligados nuestros amigos a enfrentarse a su problema, a admitir la existencia de un problema? No contéis con ello; cuando se trata de escapar a la verdad, los recursos son inagotables. El rechazo del sentido recurre aquí a su arma suprema, su auténtico rayo de la muerte. Califica de puramente retórico el tema que estorba. Decide que cualquier insistencia acerca del homicidio colectivo ausente, cualquier sospechoso retorno sobre su deficiencia, procede de una preocupación puramente decorativa. Sería ingenuo dejarse atrapar por él. De todas las tablas de salvación, no hay otra más insumergible; después de una larga ausencia, retorna a la superficie en nuestra época y las tormentas de nuestro apocalipsis se esgrimen inútilmente sobre ella; más atestada de pasajeros que la balsa de la *Medusa*, sin embargo, no zozobra; ¿qué hará falta para hacerla zozobrar?

Nadie, en suma, concede nunca al homicidio colectivo la menor importancia. Volvamos pues a Tito Livio, más interesante que la universidad que le ha convertido en su rehén. Este historiador nos cuenta que, en el curso de una gran tempestad, Rómulo «fue devuelto por una nube tan espesa que desapareció de las miradas de la asamblea. A partir de entonces, no volvió a aparecer en la tierra». Después de un momento de mudo estupor, «los jóvenes romanos aclaman en Rómulo a un nuevo dios». Pero:

> Creo que hubo a partir de aquel momento unos cuantos escépticos que rumoreaban que el rey había sido despedazado por los Padres con sus propias manos: en efecto, eso se dijo igualmente, con gran misterio; la otra versión fue popularizada por el prestigio del héroe y los peligros del momento.[1]

Plutarco se refiere a las numerosas versiones de la muerte de Rómulo. Tres de ellas son variantes del homicidio colectivo. Según la opinión de algunos, Rómulo murió asfixiado en su propia cama por sus enemigos, según la de otros fue despedazado por los senadores en el templo de Vulcano. En opinión de unos terceros, la cosa sucedió en el pantano de la Cabra, en el transcurso de la gran tormenta a que se refiere Tito Livio. La tempestad hizo «escapar a la gente humilde» mientras que los *senadores se amontonaron*.

1. Tito Livio, *Historia romana*, I.

Al igual que en Tito Livio, son los senadores, o sea, los asesinos, quienes establecen el culto del nuevo dios *porque se han amontonado contra él*:

> La mayoría de la gente humilde lo entendió a modo de compensación, y se alegró mucho de oír estas noticias, y se dispensó adorando a Rómulo en su corazón con muchas ganas; pero hubo unos cuantos que, buscando áspera y agriamente la verdad de los hechos, turbaron considerablemente a los patricios, reprochándoles que engañaran a la ruda multitud con inútiles e insensatas persuasiones, cuando eran ellos mismos quienes con sus propias manos habían dado muerte al rey.[1]

En el caso de que exista una leyenda, se trata más bien de una contraleyenda. Procede de una voluntad explícita de demistificación análoga, en último término, a la de Freud. Lo que aparece como legendario es la versión oficial; el poder tiene interés en propalarla para consolidar su autoridad. La muerte de Rómulo recuerda la de Pentes en *Las Bacantes*:

> Y, sin embargo, hubo quienes estimaron que todos los senadores se abalanzaron contra él [...] y que después de haberle despedazado, cada uno de ellos se llevó un trozo en los pliegues de su túnica.

Este final recuerda el *diasparagmos* dionisíaco; la víctima muere desgarrada por la multitud. Así pues, los ecos mitológicos y religiosos son indudables, pero el *diasparag-*

1. Plutarco, *Vida de Romulus*, XLIII-XLV, citado a partir de la traducción de Amyot, París, 1950.

mos se reproduce espontáneamente en las multitudes arrebatadas por el frenesí homicida. El relato de los grandes tumultos populares en Francia durante las guerras de religión abunda en ejemplos análogos al texto de Plutarco. Los amotinados llegan a disputarse los restos más ínfimos de sus víctimas: ven en ellos preciosas reliquias que a continuación pueden ser el objeto de un auténtico comercio y alcanzar precios exorbitantes. Innumerables ejemplos sugieren una estrecha relación entre la violencia colectiva y un cierto proceso de sacralización que no exige, para esbozarse, una víctima ya poderosa y renombrada. La metamorfosis de los restos en reliquias queda igualmente comprobada por ciertas formas de linchamiento racista en el mundo contemporáneo.

Son los mismos homicidas, en suma, quienes sacralizan a su víctima. Y esto es lo que nos dicen todos los «rumores» respecto a Rómulo. Nos lo dicen de un modo especialmente moderno, ya que ven en esta historia una especie de complot político, una historia fabricada de cabo a rabo por unas personas que nunca han perdido la cabeza y que durante todo el tiempo sabían lo que querían. El texto refleja la perspectiva plebeya. La lucha contra la aristocracia reduce la divinización de Rómulo a una especie de complot contra el pueblo, un instrumento de la propaganda de los senadores. La idea de que la sacralización transfigura un acontecimiento en realidad sórdido es muy importante, pero la tesis de un camuflaje deliberado, por seductora que resulte para el espíritu contemporáneo, algunas de cuyas tendencias anuncia, no puede satisfacer por completo a unos observadores que sospechan el papel esencial de los fenómenos de multitudes y de hipermimetismo colectivo en la génesis de lo sagrado.

Si convirtiéramos el proceso mitológico en una construcción que no pierde conciencia de sí misma en ninguna de sus etapas, los *rumores* a que se refieren Tito Livio y Plutarco nos harían recaer, de tomarlos al pie de la letra, en los errores del racionalismo moderno en materia de religión. Su mayor interés es la relación que sugieren entre la génesis mitológica y la multitud desencadenada. El erudito siglo XIX jamás llega a sugerir tanto, y solo retiene de tales rumores lo que no es verdadero: lo religioso para él se reduce a un complot de los poderosos contra los débiles.

Hay que enfrentarse a todas las huellas de la violencia colectiva sin excepción y criticarlas a las unas con las otras. En la perspectiva abierta por los análisis precedentes, los *rumores* adquieren una dimensión que escapa al positivismo tradicional, es decir, a la grosera alternativa de lo «verdadero» y de lo «falso», de lo histórico y de lo mitológico. En el marco de esta alternativa, nuestros *rumores* no pueden insertarse en ningún lugar; nadie es competente para tratarlos. Los historiadores no pueden tomarlos en consideración: son más sospechosos aún que cuanto ellos mismos pueden contar acerca de los orígenes de Roma. El propio Tito Livio lo reconoce. Tampoco los mitólogos pueden interesarse respecto a lo que pretende ser más antimitológico que mitológico. Los rumores se instalan en los intersticios del saber organizado. Siempre les sucede lo mismo a las huellas de la violencia colectiva. A medida que la cultura evoluciona, las huellas van siendo expulsadas y borradas; la filología y la crítica moderna completan desde esta perspectiva la obra de las mitologías tardías. Y eso es lo que denominamos el saber.

La ocultación del homicidio colectivo sigue practicándose entre nosotros con la misma fuerza insidiosa e irresistible que en el pasado. Para demostrarlo, recurriré por segunda vez al conjunto mitológico de Rómulo y Remo.

Permite sorprender, por decirlo de algún modo, a ese proceso en pleno trabajo, todavía hoy y entre nosotros. Nos ayuda a entender que la ocultación de las huellas persiste a través de nosotros, y necesariamente sin que lo sepamos, en lo que nosotros mismos hacemos del texto de Tito Livio.

Supongo que la mayoría de nuestros lectores están convencidos de que las versiones heréticas de la muerte de Rómulo constituyen la única representación del homicidio colectivo en el conjunto mitológico en cuestión. Es cierto que nadie ignora que el mito contiene otra muerte violenta presentada siempre como homicidio, pero como homicidio individual, según se cree. Se trata, evidentemente, de la muerte de Remo.

Rómulo es el único homicida. Preguntad a todas las personas cultas que conozcáis y os dirán, sin excepción, que así es. Rómulo mata a su hermano en un acceso de ira porque su hermano ha cruzado de un salto, para reírse de él, el límite simbólico de la ciudad de Roma que él, Rómulo, acaba de trazar.

Esta versión del homicidio aparece en Tito Livio, pero no es la única ni la principal. La primera versión es una versión colectiva. A diferencia de la segunda, es un ejemplo clásico de mito que todavía no ha eliminado su representación del homicidio colectivo. La primera versión se inserta en una discusión de augurios. El vuelo de los pájaros no consigue reconciliar a los gemelos enemigos, Rómulo y Remo. Es una historia muy conocida; nadie la oculta, pues se combina sin dificultad con la segunda versión del mito, la que siempre ofrece al mito un final, y todos la elegimos sin darnos cuenta *porque es la versión que elimina el homicidio colectivo.* Después de haber contado cómo los dos hermanos concibieron el proyecto de construir una ciudad

153

nueva, en los mismos lugares donde «habían sido abandonados y educados», Tito Livio añade:

> A estos proyectos no tarda en mezclarse la pasión por la herencia, la sed de reinar y esta pasión hizo brotar un conflicto criminal de una empresa inicialmente bastante apacible. Como la elección entre los dos hermanos no era posible, ni siquiera teniendo en cuenta la edad, correspondía a los dioses protectores del lugar designar mediante augurios cuál de los dos daría su nombre a la nueva ciudad, la fundaría y obtendría su gobierno...
>
> Fue inicialmente Remo quien obtuvo, según se dice, un augurio: seis buitres. Acababa de decirlo cuando se le presentó el doble a Rómulo. Cada uno de ellos fue proclamado rey por su grupo. Unos hacían valer para obtener el reino la prioridad, otros el número de aves. Discuten, llegan a las manos; las cóleras degeneran y se convierten en lucha homicida. Entonces es cuando, *en medio de la pelea*, Rómulo cayó mortalmente herido.[1]

Siempre ocurre eso entre dos gemelos; hay conflicto porque hay concurso, competencia, rivalidad. El conflicto no es la diferencia, sino su ausencia. Esta es la razón de que el estructuralismo de las oposiciones binarias diferenciadas no sea capaz de entender lo que ocurre con los gemelos enemigos, así como tampoco el psicoanálisis «estructurado como un lenguaje». Tito Livio entiende exactamente lo mismo que los trágicos griegos cuando nos hablan de sus propios gemelos, Eteocles y Polínices; entiende que el tema de los gemelos coincide con el tema del conflicto irresolu-

1. I, VI-VII, citado a partir de la traducción de Gaston Bayet, «Les Belles Lettres», 1940; la cursiva es mía.

ble en tanto que indiferenciado y significa la ausencia de separación en tanto que separación absoluta: *como entre esos dos gemelos no era posible la elección, ni siquiera teniendo en cuenta la edad*, se ponen en manos de los dioses, pero los propios dioses solo ofrecen una apariencia de *decisión*, una decisión a su vez irresoluble que no hace más que alimentar la pelea e inflamarla en mayor grado. Cada uno de los dos hermanos desea lo que desea el otro, aunque se trate de un objeto que todavía no existe, la ciudad de Roma. La rivalidad es puramente mimética y coincide con la crisis sacrificial que uniformiza a todos los participantes en el mismo deseo conflictivo, los transforma a todos, y no únicamente a los dos hermanos, en gemelos de su propia violencia.

La traducción que acabo de citar, la de la colección Budé, no es totalmente incorrecta pero tiene algo de huidizo y de insuficiente. *Hace invisible lo esencial.* El carácter colectivo del homicidio de Remo, extremadamente claro en el latín de Tito Livio, pasa a ser casi imperceptible en el texto francés. Son las palabras latinas *in turba*, es decir, *en la multitud*, traducidas en francés «*Dans la Bagarre*», «en medio de la pelea».

Michel Serres es quien me ha hecho notar tanto el original latino, *ibi in turba ictud Remus cecidit*, como el notable proceso de atenuación y de minimización que constituye la citada traducción. Se me dirá sin duda que la palabra pelea, en el presente contexto, sugiere una multiplicidad de *peleadores*. Es cierto. Pero la palabra *turba* tiene un valor casi técnico, es la multitud en lo que tiene de *turbado*, de *perturbado* y de *perturbador*; es la palabra que aparece con mayor frecuencia en los numerosos relatos de homicidios colectivos que contiene el primer libro de Tito Livio. Su importancia es tal que su equivalente literal es indispensable en cualquier traducción del texto de Tito Livio, y su ausencia constituye necesariamente algo análogo, con menos espectacularidad pero no menor eficacia, a la desaparición del homicidio colectivo en unos textos como el mito de Baldr o el mito de los kuretes. Eso significa que en todas las etapas de la cultura recaemos siempre en el mismo tipo de fenómeno: la ocultación del homicidio fundador. El proceso prosigue en nuestros días, a través de las ideologías más diversas –el humanismo clásico, por ejemplo, o la lucha contra el «etnocentrismo occidental».

Se dirá sin duda que «fantaseo». La prueba de que no es así es la concepción a la que aludía hace un momento, la ilusión casi universal de que no hay representación del homicidio colectivo en un mito como el de Rómulo y Remo. En realidad existe uno, completamente central, y desaparece poco a poco por una especie de proceso de ahogo y de estrangulación, auténtico equivalente intelectual del que los patricios hacen sufrir al propio Rómulo en uno de los homicidios de Plutarco. Existen también varios homicidios más, como muestra Michel Serres, que flotan en la periferia, rechazados cada vez más lejos hasta el momento, a decir verdad casi actual, en que su expulsión será completa. Ante la primera alusión, los «auténticos sabios» fruncen las cejas, a la segunda quedas automáticamente excluido de la comunidad de los investigadores llamados «serios», aquellos que dicen, actualmente, que es posible que el fenómeno religioso no exista. Eres tratado como una especie de aventurero intelectual, ávido de sensaciones turbias y de publicidad. En el mejor de los casos no eres más que un desvergonzado explotador del homicidio colectivo, esa serpiente de mar de los estudios mitológicos.

Preciso una vez más que, para mí, el interés de Tito Livio no reside en que las variantes colectivas y subversivas de la muerte de Rómulo y sobre todo la versión ocultada del homicidio de Remo, la versión siempre olvidada o más o menos falsificada, permiten llevar un mito más a la lista de los mitos dotados de una representación del homicidio colectivo. Aunque se pudiera mostrar que en su origen todos los mitos están dotados de esta representación, la demostración solo tendría un interés muy secundario. El proceso de esfumamiento es mucho más interesante porque es demasiado constante para ser fortuito. Es la propia mitología, en suma, la que, de manera indirecta pero masiva, habla en contra de la obstinación que demostramos en el desconocimiento de su punto neurálgico.

Tito Livio muestra de manera rigurosa lo que podríamos denominar el drama mitológico elemental: la (no-) significación de los gemelos, su rivalidad mimética, la crisis sacrificial resultante, el homicidio –colectivo– que la resuelve. Por otra parte, todo eso aparece en los grandes autores antiguos, y en todos sus grandes imitadores clásicos. Aceptar esta unidad, la de Tito Livio y Corneille, por ejemplo, o la de Eurípides y Racine, es reconocer una evidencia que dos o tres siglos de miopía propia de estudiantes de archiveros paleógrafos han censurado, no es pasar los grandes textos por un nuevo «molinillo crítico» al estilo contemporáneo.

Lo que debemos admirar en Tito Livio, y lo que es imitable, y más que imitable, es todo eso y también la presentación de las dos versiones del homicidio de Remo, la colectiva y la individual, en el orden necesario de su evolución diacrónica. A diferencia de nuestras escuelas actuales, todavía empecinadas exclusivamente en la sincronía, el historiador romano ve que existe un *tiempo* de la elaboración y que este se mueve siempre en la misma dirección, tiende siempre al mismo fin, que por otra parte no alcanzará jamás, pese a los innumerables apoyos, a la adhesión casi unánime que encuentra; el esfumamiento del homicidio colectivo. La versión desprovista de homicidio colectivo es vista como secundaria en relación con la versión que sigue dotada de él. Es lo mismo que yo he intentado mostrar respecto a Baldr y a los kuretes, la transformación mitológica tiene un sentido único y se efectúa en el sentido del borrado de las huellas.

Es interesante observar que siempre ha existido en Roma una tradición claramente apocalíptica. Profetiza la destrucción violenta de la ciudad a partir de su origen violento. En su *Historia de las creencias y las ideas religiosas*, Mircea Eliade habla de las repercusiones del mito de Rómulo y Remo en la conciencia de los romanos:

De este sangriento sacrificio, el primero que se ofreció a la divinidad de Roma, el pueblo conservará siempre un recuerdo horrorizado. Más de setecientos años después de la Fundación, Horacio seguirá considerándolo como una especie de pecado original cuyas consecuencias debían provocar ineluctablemente la pérdida de la ciudad llevando a sus hijos a matarse entre sí. En cada momento crítico de su historia, Roma se interroga angustiadamente, creyendo sentir que pesaba sobre ella una maldición. De igual manera que en su nacimiento no estaba en paz con los hombres, tampoco lo estaba con los dioses. Esta ansiedad religiosa pesará sobre su destino.[1]

Esta tradición es interesante en la medida en que hace responsable a la totalidad de la colectividad del homicidio fundador. Se basa necesariamente en una versión colectiva de ese homicidio y, aunque haya algo de mágico en la con-

1. Capt. II.

cepción que formula de sus repercusiones lejanas, traduce a su modo una verdad independiente de su modo de expresión: la obligación para toda comunidad de fundarse y de ordenarse a partir de una violencia radicalmente destructora en su principio y que debería seguir así hasta el final, pero cuyo desencadenamiento, no sabemos por qué milagro, la colectividad ha conseguido *diferir*, y gracias a un aplazamiento divinamente conseguido esta violencia se ha hecho provisionalmente edificadora y reconciliadora.

CAPÍTULO VIII
LA CIENCIA DE LOS MITOS

Ahora ya sabemos que debemos buscar en las formas, las ideas y las instituciones religiosas en general el reflejo deformado de violencias excepcionalmente «conseguidas» desde la perspectiva de sus repercusiones colectivas, y en la mitología, en especial, una rememoración de esas mismas violencias tal como su mismo éxito obliga a sus perpetradores a representárselas. Transmitiéndose de generación en generación, esta rememoración evoluciona necesariamente, pero jamás recupera, sino que, por el contrario, pierde siempre, cada vez más profundamente oculta, el secreto de su distorsión original. Las religiones y las culturas disimulan esta violencia para fundarse y perpetuarse. Descubrir su secreto es aportar una solución que hay que llamar *científica* al mayor enigma de todas las ciencias humanas, la naturaleza y el origen de lo religioso.

Al afirmar este carácter científico, contradigo el dogma actual que pretende que la ciencia, entendida estrictamente, es imposible en el ámbito del hombre. Mi afirmación se enfrenta con un extremo escepticismo, sobre todo en los ambientes competentes, en principio, para decidir acerca de ello, los especialistas de las ciencias o mejor dicho de las no-ciencias del hombre. Hasta los menos severos a mi respecto precisan frecuentemente que yo merezco alguna indulgencia pese y no gracias a mis pretensiones exorbitantes. Su benevolencia me reconforta pero me asombra. Si la tesis que defiendo no vale nada, ¿qué pueden valer unos libros enteramente dedicados a su defensa?

Veo perfectamente de qué circunstancias atenuantes disfruto. En un universo que ya no cree en nada, las reivindicaciones excesivas no preocupan. El número de libros publicados sigue creciendo y, para reclamar la atención sobre el suyo, el desdichado autor se ve obligado a exagerar la importancia de sus opiniones. Tiene que hacer su propia publicidad. No debemos, pues, reprocharle a él sus excesos verbales. No es él quien delira, sino las condiciones objetivas de la creación cultural.

Lamento tener que desmentir esta generosa interpretación de mi comportamiento. Cuanto más pienso en ello, menos veo la posibilidad de hablar de manera diferente de como lo hago. Así pues, tengo que volver a la carga con el riesgo de perder unas simpatías que se basan, según temo, en un malentendido.

En el torbellino constantemente acelerado de los «métodos» y de las «teorías», en el vals de las interpretaciones que retienen por un instante el favor del público antes de caer en un olvido del que probablemente nunca saldrán, parece que no existe ninguna estabilidad, ninguna verdad capaz de *resistir*. El último grito en la materia consiste incluso en afirmar que existe un número infinito de interpretaciones y que todas ellas son equivalentes, que ninguna es más verdadera o más falsa que las demás. Parece que existen tantas interpretaciones como lectores tiene un texto. Así que están destinadas a sucederse indefinidamente en la alegría general de la libertad finalmente conquistada sin que ninguna pueda jamás imponerse de manera decisiva sobre sus rivales.

No hay que confundir el exterminio recíproco y ritualizado de las «metodologías» con el conjunto de la inteligencia actual. Este drama nos distrae pero hay que verlo como las tempestades sobre los océanos; se desarrollan en la superficie y no turban en absoluto la inmovilidad de las profundidades. Cuanto más nos agitamos, más parece nuestra agitación lo único real y más se nos escapa lo invisible.

Los pseudodemistificadores pueden devorarse entre sí sin debilitar realmente el principio crítico del que todos dependen, pero de manera cada vez más infiel. Todas las recientes doctrinas descienden de un único e idéntico procedimiento de desciframiento, el más antiguo que haya inventado el mundo occidental, el único realmente duradero. Gracias a que está más acá de cualquier contestación, pasa desapercibido, como el propio Dios. Ejerce tal poder sobre nosotros que parece confundirse con la percepción inmediata. Si reclamáis sobre él la atención de sus usuarios, en el mismo momento de su utilización, suscitaréis su asombro.

El lector ya ha reconocido a nuestro viejo amigo, el desciframiento de las representaciones persecutorias. En el contexto de nuestra historia, parece banal, pero sacadlo de ese contexto y acto seguido todo parecerá desconocido. Nuestra ignorancia, sin embargo, no es en absoluto la de M. Jourdain, que hacía prosa sin saberlo. La banalidad local del procedimiento no debe ocultarnos lo que tiene de excepcional e incluso de único en un marco antropológico. Al margen de nuestra cultura, nunca ha sido descubierto por nadie, no aparece en ninguna parte e incluso entre nosotros posee algo misterioso con la manera que tenemos de utilizarlo sin llegar jamás a contemplarlo.

En el mundo actual echamos a perder este procedimiento; nos sirve constantemente para acusarnos los unos a los otros de tendencias persecutorias. Está contaminado de espíritu partidista y de ideología. Para recuperarlo e ilustrarlo en toda su pureza he elegido unos textos antiguos cuya interpretación no se ve afectada por las controversias parasitarias de nuestro mundo. La demistificación de un Guillaume de Machaut establece en torno a ella la unanimidad. De ahí he partido y ahí vuelvo siempre para atajar las pejigueras interminables de nuestros gemelos miméticos textualizados. Las controversias acerca de minucias nada pueden en contra de la solidez granítica del desciframiento que hemos analizado.

Claro que siempre habrá unos cuantos mentecatos, sobre todo en una época tan confusa como la nuestra, que rechazarán las evidencias más extremas, pero su afán de polémica carece de la menor importancia intelectual. Diría incluso que no hay que pararse ahí. Es posible que un día u otro la rebelión contra el tipo de evidencia a que yo me refiero conozca un incremento de fuerza y que lleguemos a encontrarnos ante las legiones de Núremberg o su equivalente. Las consecuencias históricas serían catastróficas pero las consecuencias intelectuales nulas. Esta verdad no admite compromisos y nada ni nadie puede alterarla lo más mínimo. Aunque mañana no haya nadie en la tierra para defenderla, esta verdad seguirá siendo la verdad. Existe ahí algo que escapa a nuestro relativismo cultural y a cualquier crítica de nuestro «etnocentrismo». Queramos o no, tenemos que reconocer este hecho y la mayoría de nosotros lo reconoce cuando se le obliga a hacerlo pero no nos gusta esta obligación. Tememos vagamente que nos lleve más lejos de lo que deseamos.

¿Es posible calificar esta *verdad* de científica? Muchas

personas habrían respondido afirmativamente en la época en que el término de ciencia se aplicaba sin discusión a las certidumbres más sólidas. Incluso hoy, preguntad a las personas que os rodean y muchas de ellas responderán sin vacilar que solo el espíritu científico ha conseguido terminar con la caza de brujas. La causalidad mágica, persecutoria, es lo que sostiene dicha caza, y para renunciar a ella hay que dejar de creer simultáneamente en la primera. Es cierto que la primera revolución científica coincide más o menos, en Occidente, con la renuncia definitiva a la caza de brujas. Para hablar el lenguaje de los etnólogos, diremos que una decidida orientación hacia las causas naturales domina cada vez más sobre la preferencia inmemorial de los hombres por *las causas significativas en el plano de las relaciones sociales* que también son *las causas susceptibles de intervención correctiva*, en otras palabras *las víctimas*.

Entre la ciencia y el final de la caza de brujas existe una estrecha relación. ¿Basta eso para calificar de «científica» la interpretación que trastornó la representación persecutoria al revelarla? En los últimos tiempos nos hemos vuelto melindrosos en materia de ciencia. Afectados tal vez por las modas que imperan, los filósofos de la ciencia cada vez aprecian menos las certidumbres estables. No tenemos la menor duda de que se llevarán las manos a la cabeza ante una operación tan desprovista de riesgos y de dificultad como la desmitificación de un Guillaume de Machaut. Admitamos que es incongruente invocar la ciencia a este respecto.

Así pues, renunciemos al glorioso término para un caso tan banal. La renuncia sobre este punto preciso me complace especialmente teniendo en cuenta que a su luz el estatuto necesariamente científico de la empresa que acometo se hace manifiesto.

En efecto ¿de qué se trata? De aplicar a unos textos a los que nadie se les había ocurrido aplicárselo un procedimiento de desciframiento muy antiguo y de una eficacia a toda prueba, de una validez mil veces confirmada en el ámbito actual de su aplicación.

El auténtico debate sobre mi hipótesis no ha comenzado. Hasta ahora yo mismo era incapaz de situarlo con exactitud. Para plantear la pregunta adecuada, hay que comenzar por reconocer los estrechos límites de mi iniciativa. Mi tratamiento no es tan original como se supone. Me limito a ampliar el ángulo de visión de un modo de interpretación cuya validez nadie discute. La auténtica pregunta se refiere a la validez o no de esta ampliación. O bien yo llevo razón y realmente he descubierto algo, o no la llevo y he perdido el tiempo. La hipótesis, que yo no invento, sino que me limito a desplazar, solo exige, como hemos visto, unas pequeñas adaptaciones para aplicarlas al mito como ya se aplican a Guillaume de Machaut. Es posible que yo lleve razón y es posible que no, pero no necesito llevarla respecto al fondo para que el único epíteto que convenga a mi hipótesis sea el de científica. Si me equivoco, mi hipótesis no tardará en ser olvidada; en caso contrario, servirá para la mitología como ya sirve para los textos históricos. Es la misma hipótesis y el mismo tipo de textos. Si se impone, se impondrá por razones análogas a las que la han impuesto en otras partes y de la misma manera. Se inscribirá en las mentes con tanta fuerza como ya lo hace en el caso de las representaciones históricas.

Ya he dicho que el único motivo de descartar el epíteto de científico para la lectura que todos hacemos de Guillaume de Machaut no es la incertidumbre, sino la excesiva certidumbre, la ausencia de riesgo, la falta de alternativa.

Tan pronto como desplazarnos hacia el ámbito mitológico nuestra vieja demistificación desprovista de problema, sus características cambian. La evidencia rutinaria es sustituida por la aventura, reaparece lo ignoto. Las teorías rivales son numerosas y, por lo menos hasta ahora, aparecen como «más serias» que las mías.

En el supuesto de que no siga llevando razón, el escepticismo que en el momento actual me rodea no es más significativo de lo que lo hubiera sido en la Francia del siglo XVII un referéndum nacional sobre la cuestión de la brujería. No cabe duda de que habría triunfado la concepción tradicional; la reducción de la brujería a la representación persecutoria solo habría reunido un escaso número de votos. Menos de un siglo después, sin embargo, el mismo referéndum habría dado unos resultados contrarios. Si aplicamos la hipótesis a la mitología, ocurrirá lo mismo. Poco a poco nos acostumbraremos a considerar los mitos bajo la perspectiva de la representación persecutoria, de la misma manera que nos hemos acostumbrado a hacerlo en el caso de la caza de brujas. Los resultados son demasiado perfectos para que el recurso a esa hipótesis no llegue a ser tan maquinal y «natural» para los mitos como ya lo es para las persecuciones históricas. Llegará el día en que no entender el mito de Edipo de la misma manera que se entiende a Guillaume de Machaut parecerá tan extravagante como pueda parecerlo hoy la comparación de los dos textos. Ese día habrá desaparecido la asombrosa distancia que hemos encontrado entre la interpretación de un mito situado en su contexto mitológico y ese mismo mito trasplantado a un contexto histórico.

Ya no se utilizará entonces a la ciencia para la desmitificación de la mitología, de la misma manera que hoy no se intenta hacerlo en el caso de Guillaume de Machaut. Pero si, incluso hoy, se niega a mi hipótesis el título de científica es por la razón inversa de que se le niegue más adelante. Se habrá convertido en demasiado evidente y se instalará en una lejana retaguardia de las efervescentes fronteras del saber. Durante todo el período intermedio entre el rechazo casi universal de ahora y la aceptación universal de mañana, pasará por *científica*. Fue también durante el período equivalente cuando se entendió como científica la demistificación de la brujería europea.

Descubríamos hace un instante una cierta repugnancia a calificar de científica una hipótesis demasiado exenta de riesgo y de incertidumbres. Pero una hipótesis que no entrañase más que riesgo e incertidumbres tampoco sería científica. Para merecer este título glorioso hay que combinar el máximo de incertidumbre actual y el máximo de certidumbre potencial.

Eso es precisamente lo que combina mi hipótesis. Creyendo exclusivamente en los fracasos pretéritos, los investigadores han decidido con excesiva rapidez que esta combinación solo era posible en los terrenos matematizables y susceptibles de verificación experimental. La prueba de que no es así es que ya se ha realizado. Mi hipótesis cuenta con siglos de existencia y, gracias a ella, el paso de la incertidumbre a la certidumbre en materia de desmitificación ya se ha producido una primera vez; de modo que podría producirse una segunda.

Nos cuesta trabajo entender que es así porque ahora nos repugnan las certidumbres; tenemos tendencia a exiliarlas en los rincones tenebrosos de nuestra mente; de la misma manera que, hace cien años, tendíamos a exiliar las incertidumbres. Olvidamos gustosamente que nuestra desmitificación de la brujería y otras supersticiones persecutorias constituye una inquebrantable certidumbre.

Si esta certidumbre se extendiera mañana a la mitología, no lo sabríamos todo, ni mucho menos, pero dispondríamos de unas cuantas respuestas rigurosas y verosímilmente definitivas a un cierto número de preguntas que necesariamente se plantea la investigación, o que se plantearía si no hubiera perdido precisamente toda esperanza de darles unas respuestas rigurosas y definitivas.

Para un resultado semejante, matematizable o no, no veo por qué debería renunciar al término de ciencia. ¿Qué otro término puedo utilizar? Se me reprocha que lo utilice sin ver realmente a qué responde el uso que hago de él. Se irritan ante mi supuesta arrogancia. Creen posible darme lecciones de modestia sin el menor riesgo; de modo que apenas disponen de tiempo para lo que yo intento hacer oír.

Se me opone asimismo la «falsificación» de Popper y otras lindezas que nos llegan de Oxford, de Viena y de Harvard. Para estar en lo cierto, se me dice, hay que cumplir unas condiciones tan draconianas que ni las ciencias más duras pueden tal vez satisfacer.

Resulta indudable que nuestra demistificación de Guillaume de Machaut no es «falsificable» en el sentido de Popper. ¿Es preciso, pues, renunciar a ella? Si ni siquiera en este caso se admite la certidumbre, si se está absolutamente en favor de la gran democracia de la interpretación jamás verdadera-jamás falsa que triunfa en nuestros días al margen de lo matematizable, es imposible evitar este resultado. Debemos condenar retrospectivamente a los que terminaron con los procesos de brujería. Eran aún más dogmáticos que los cazadores de brujas y, al igual que estos, creían poseer la verdad. ¿Hay que desestimar sus pretensiones? ¿Con qué derecho se permitían esas personas manifestar como la única buena una interpretación concreta, la suya sin lugar a dudas, cuando otras mil interpretaciones, de eminentes cazadores de brujas, de distinguidos universitarios, a veces hasta muy progresistas como Jean Bodin, se formulaban una idea completamente diferente del problema? ¡Qué insoportable arrogancia, qué espantosa intolerancia, qué horrible puritanismo! ¿Acaso no hay que dejar crecer las cien flores de la interpretación, brujeril o no, las causas naturales y las causas mágicas, las que son susceptibles de una interpretación correctiva y las que jamás reciben el justo castigo que merecen?

Desplazando un poco, como yo lo hago, los contextos, sin cambiar en nada lo esencial de los objetos, no cuesta trabajo demostrar la ridiculez de algunas actitudes contemporáneas, o por lo menos de su aplicación a esos objetos. No cabe duda de que el pensamiento crítico se halla en un estado de extrema decadencia, esperemos que temporal, pero no por ello la enfermedad es menos aguda, pues se cree el supremo refinamiento del espíritu crítico. Si nuestros antepasados hubieran pensado de la misma manera que creen los que ahora mandan, jamás habrían terminado con los procesos de brujería. Así que no hay por qué asombrarse de ver, en ese mismo momento, los horrores menos contestables de la historia reciente puestos en duda por unas personas que solo encuentran delante de ellas una *inteligencia* reducida a la impotencia por la estéril obstinación de que es víctima y por las tesis que de ella resultan; tesis cuyo carácter autodestructor no nos afecta, o nos afecta como un desarrollo «positivo».

CAPÍTULO IX
LAS PALABRAS CLAVE
DE LA PASIÓN EVANGÉLICA

Los análisis anteriores nos obligan a decidir que la cultura humana está condenada al perpetuo disimulo de sus propios orígenes en la violencia colectiva. Definir de ese modo la cultura permite entender tanto los sucesivos estados de un conjunto cultural como el paso de un estado al estado siguiente, a través de una crisis siempre análoga a aquellas cuyas huellas descubrimos en la historia, en las épocas en que se multiplican las persecuciones. Siempre es durante los períodos de crisis y de violencia difusa cuando amenaza con extenderse un saber subversivo, pero siempre acaba por ser víctima de las recomposiciones victimarias o casi-victimarias que se producen en el paroxismo del desorden.

Este modelo sigue siendo pertinente para nuestra sociedad, incluso más pertinente que nunca, y sin embargo está claro que no basta para explicar lo que denominamos la historia, nuestra historia. Aunque no se ampliara el día de mañana a toda mitología, nuestro desciframiento de las representaciones persecutorias en el seno de esta historia ya representa una considerable derrota para la ocultación cultural, una derrota que muy pronto podría convertirse en total. O bien la cultura no es lo que yo he dicho, o bien la fuerza de ocultación que la alimenta va acompañada, en nuestro universo, de una segunda fuerza que contrarresta la primera y que tiende a la revelación de una mentira inmemorial.

Esta fuerza de revelación existe y todos nosotros sabemos que así es, pero en lugar de ver en ella lo que yo digo, la mayoría de nosotros la ve como la fuerza de ocultación por excelencia. Ahí está el mayor malentendido de nuestra cultura, y se disipará indefectiblemente si acabamos por reconocer en las mitologías la plenitud de esta misma ilusión persecutoria cuyos efectos atenuados ya desciframos en el seno de nuestra historia.

Esta fuerza reveladora es la Biblia tal como la definimos los cristianos, la unión del Antiguo y del Nuevo Testamento. La Biblia nos ha permitido descifrar lo que hemos aprendido a descifrar en materia de representaciones persecutorias, y en ese mismo momento nos enseña a descifrar todo el resto, es decir, todo el conjunto de lo religioso. La victoria será esta vez demasiado decisiva como para no provocar la revelación de la fuerza que la suscita. Los propios Evangelios se revelarán como poder universal de revelación. Los pensadores más influyentes llevan siglos repitiéndonos que los Evangelios no son más que un mito, y han acabado por convencer de ello a la mayoría de los hombres.

Es un hecho que los Evangelios gravitan en torno a la Pasión de Cristo, es decir, en torno al mismo drama que todas las mitologías del mundo. Como he intentado demostrar, es lo que ocurre con *todos* los mitos. Siempre hace falta este drama para engendrar nuevos mitos, es decir, para representarlo en la perspectiva de los perseguidores. Pero también hace falta para representarlo en la perspectiva de una víctima firmemente decidida a rechazar las ilusiones persecutorias; o sea, para engendrar el único texto capaz de acabar con toda mitología.

En efecto, para realizar esta obra prodigiosa –y está en trance de realizarse, bajo nuestros propios ojos–, para destruir para siempre la credibilidad de la representación mitológica, hay que oponer a su fuerza, tanto más real en la medida en que desde siempre ha tenido a toda la humanidad bajo su férula, la fuerza todavía mayor de una representación verídica. Es preciso también que el acontecimiento representado sea aquel sin el cual los Evangelios no podrían refutar y desacreditar punto por punto todas las ilusiones características de las mitologías, que son igualmente las ilusiones de los actores de la Pasión.[1]

Nos damos perfecta cuenta de que los Evangelios rechazan la persecución. Pero no sospechamos que, al hacerlo, desmontan sus resortes, y deshacen tanto el conjunto de la religión humana como las culturas que proceden de ella: no hemos identificado, en todos los poderes simbólicos que se tambalean en torno a nosotros, el fruto de la representación persecutoria. Pero si el poder de estas formas se relaja, si su capacidad de ilusión se debilita, es justamente porque cada vez descubrimos mejor los mecanismos de chivo expiatorio que los sostienen. Una vez descubiertos, estos mecanismos dejan de intervenir; cada vez creemos menos en la culpabilidad de las víctimas exigida por ellos, y, privadas del alimento que las sustenta, las instituciones derivadas de esos mecanismos se hunden una tras otra en torno a nosotros. Lo sepamos o no, los Evangelios son los responsables de este hundimiento. Vamos, pues, a demostrarlo.

Al estudiar la Pasión, uno se siente sorprendido del papel que desempeñan en ella las citas del Antiguo Testamen-

1. *Cosas ocultas...*, pp. 161-304.

to, en especial de los Salmos. Los primeros cristianos tomaban estas referencias en serio y, a lo largo de toda la Edad Media, la interpretación denominada alegórica o figurada constituye la prolongación y la amplificación, más o menos afortunada, de esta práctica neotestamentaria. Por regla general, los modernos no ven ahí nada de interesante y se equivocan gravemente. Se orientan entonces hacia una interpretación retórica y estratégica de las citas. Los evangelistas innovan considerablemente desde el punto de vista teológico. Cabe, pues, atribuirles el deseo de hacer respetables sus novedades amparándolas lo más posible bajo el prestigio de la Biblia. Para aceptar con mayor facilidad cuanto tiene de inaudito su exaltación desmedida de Jesús, situarían su opinión bajo la sombra protectora de unos textos que constituyen autoridad.

Debemos confesar que los Evangelios conceden un relieve que puede parecer excesivo a unos fragmentos de salmos, a veces a unos retales de frases de un interés intrínseco tan escaso, diríase, y de tal banalidad que su presencia no se justifica, ante nuestros ojos, por su propia significación.

¿Qué debemos pensar, por ejemplo, cuando vemos a Juan (15, 25) referir solemnemente a la condena de Jesús la siguiente frase: *Me aborrecen sin causa* (Salmo 35, 19)? Y el evangelista insiste constantemente: la unión hostil de la Pasión se ha producido, nos dice, *para que se realice esta palabra de la Escritura*. La torpeza de la estereotipada fórmula aumenta nuestras sospechas. Existe probablemente una relación indudable entre el salmo y la manera en que los Evangelios nos refieren la muerte de Jesús, pero la frase es tan banal y su aplicación tan evidente que no vemos la necesidad de subrayarla.

Experimentamos una sensación análoga cuando Lucas hace decir a Jesús: «Es necesario que se cumpla todavía en mí aquello que está escrito: Y con los malos fue contado (o con los inicuos)» (Lucas 22, 37; Marcos 15, 28). Esta vez la cita no procede de un salmo, sino del capítulo LIII de Isaías. ¿A qué pensamiento profundo pueden corresponder unas referencias de ese tipo? No se acaba de entender y se atribuye a las mediocres intenciones ocultas que tanto abundan en nuestro propio universo.

En realidad, nuestras dos frasecitas son muy interesantes en sí mismas y en relación con el relato de la Pasión, pero, para entenderlo, hay que entender lo que se baraja y se pierde en la Pasión, el imperio de la representación persecutoria sobre toda la humanidad. Lo que se enuncia en estas frases, aparentemente demasiado banales para dar qué pensar, es ni más ni menos el rechazo de la causalidad mágica, y el rechazo de las acusaciones estereotipadas. El rechazo de todo lo que las multitudes persecutorias aceptan sin rechistar. Así es como todos los tebanos aceptaron la hipótesis de un Edipo responsable de la peste, por ser incestuoso; así es como los egipcios encarcelaron al desventurado José, prestando crédito a los bulos de una Venus provinciana, enteramente dedicada a su presa. Los egipcios no se formularon otros. Y nosotros seguimos siendo muy egipcios desde el punto de vista mitológico, especialmente en el caso de Freud que pregunta a Egipto la verdad del judaísmo. Las teorías de moda siguen siendo totalmente paganas con su adhesión al parricidio, al incesto, etc., en su ceguera ante el carácter falaz de las acusaciones estereotipadas. Estamos muy rezagados con respecto a los Evangelios o incluso con respecto al Génesis.

También la muchedumbre de la Pasión comparte a ciegas las vagas acusaciones proferidas contra Jesús. Ante ellos, Jesús se convierte en la causa susceptible de intervención correctiva –la crucifixión– que todos los aficionados al pensamiento mágico comienzan a buscar a la más mínima señal de desorden en su pequeño universo.

Nuestras dos citas subrayan la continuidad entre la multitud de la Pasión y las multitudes persecutorias ya estigmatizadas en los Salmos. Ni los Evangelios ni los Salmos comparten las crueles ilusiones de estas multitudes. Ambas citas eliminan cualquier explicación mitológica. Arrancan realmente este árbol, pues la culpabilidad de la víctima es el resorte principal del mecanismo victimario y su ausencia aparente en los mitos más evolucionados, los que manipulan o escamotean la escena de ese homicidio, no tiene nada que ver con lo que ocurre aquí. El desarraigo evangélico respecto a los juegos de magia mitológicos al estilo de Baldr o de los kuretes es lo mismo que la completa extirpación de un tumor respecto a los pases «magnéticos» de un curandero de pueblo.

Los perseguidores siguen creyendo en la excelencia de su causa pero en realidad *aborrecen sin causa*. La ausencia de causa en la acusación (*ad causam*) es lo que los perseguidores no ven jamás. Así pues, conviene comenzar por hacer frente a esta ilusión para extraer a todos esos malaventurados de su prisión invisible, del oscuro subterráneo en que yacen y que confunden con el más soberbio de los palacios.

Para esta tarea extraordinaria de los Evangelios, la representación persecutoria derogada, rota, revocada, el Antiguo Testamento constituye una fuente inagotable de referencias legítimas. No sin motivo el Nuevo Testamento se considera tributario del Antiguo y se apoya en él. Uno y otro participan en la misma empresa. La iniciativa corresponde al Antiguo, pero el Nuevo es el que la lleva a término y la concluye de manera decisiva y definitiva.

Especialmente en los salmos penitenciales, vemos cómo la palabra se desplaza de los perseguidores a las víctimas, de los que hacen la historia a los que la padecen. Las víctimas no solo alzan la voz, sino que vociferan en el mismo momento de su persecución; sus enemigos las rodean y se disponen a golpearlas. En ocasiones estos siguen conservando la apariencia animal, monstruosa, que tenían en las mitologías, son las jaurías de perros, las manadas de toros, «fuertes bestias de Bashaan». Y, sin embargo, estos textos escapan de la mitología, como bien ha demostrado Raymundo Schwager: rechazan cada vez con mayor vigor la ambivalencia sagrada para devolver a la víctima su humanidad y revelar la arbitrariedad de la violencia que la hiere.[1]

Es cierto que la víctima que habla en los Salmos parece muy poco «moral», no suficientemente «evangélica» para los buenos apóstoles de la modernidad. La sensibilidad de nuestros humanistas se ofusca. Las más de las veces el desaventurado paga con el aborrecimiento a los que le aborrecen. Se deplora la exhibición de violencia y de resentimiento «tan característica del Antiguo Testamento». Se ve en ello un indicio especialmente claro de la célebre malignidad del dios de Israel. A partir de Nietzsche, sobre todo, se descubre en estos salmos la invención de todos los malos sentimientos de que estamos infectados, la humillación y el resentimiento. Se opone gustosamente a esos salmos envenenados la hermosa serenidad de las mitologías, griega y germánica en especial. Provistos de su razón, en efecto, persuadidos de que su víctima es realmente culpable, los perseguidores no tienen ningún motivo para sentirse turbados.

---

1. *Brauchen wir einen Sündenbock?*, Múnich, 1978. Véase en especial el segundo capítulo sobre el Antiguo Testamento. Véase también Paul Beauchamp, *Psaumes nuit et jour*, 1980. (Hay trad. esp.: *Los salmos noche y día*, trad. de Jesús Valiente, Cristiandad, Madrid, 1981.)

Hay que reconocer que la víctima de los Salmos es molesta, llega a ser casi escandalosa comparada con un Edipo que tiene el buen gusto de ajustarse a la maravillosa armonía clásica. Contemplad, si no, con qué delicadeza, en el momento debido, realiza su autocrítica. Pone en ello el entusiasmo del psicoanalizado en su diván o del viejo bolchevique en la época de Stalin. No os quepa la menor duda de que sirve de modelo al supremo conformismo de nuestra época, que coincide con el atronador vanguardismo. Nuestros intelectuales se encaminaban con tanta prisa hacia la servidumbre que ya estalinizaban en sus cenáculos antes incluso de que fuera inventado el estalinismo. ¿Cómo asombrarse de verles esperar cincuenta y tantos años para interrogarse discretamente acerca de las mayores persecuciones de la historia humana? Para arrastrarnos al silencio contamos con la mejor escuela, la de la mitología. Entre la Biblia y la mitología, no titubeamos jamás. Somos clásicos al comienzo, románticos después, primitivos cuando es preciso, furiosamente modernistas, neoprimitivos cuando nos hartamos del modernismo, gnósticos siempre, bíblicos jamás.

La causalidad mágica coincide con la mitología. Así que no corremos el riesgo de exagerar la importancia de su negación. Y los Evangelios saben muy bien lo que se llevan entre manos, pues no desperdician ninguna ocasión para repetir esta negación. Llegan a ponerla en boca de Pilatos que afirma: *Yo no veo causa*, después de haber interrogado a Jesús. Pilatos todavía no está influenciado por la muchedumbre y es el juez en sí, es la encarnación del derecho romano, de la racionalidad legal, que se inclina de manera fugitiva pero significativa ante los hechos.

Pero ¿qué tiene de extraordinario, se dice, esta rehabilitación bíblica de las víctimas? ¿Acaso no es habitual, no se remonta a la más extrema antigüedad? Sin duda, pero estas rehabilitaciones siempre corren a cargo de un grupo que se alza contra otro grupo. En torno a la víctima rehabilitada siempre permanecen unos fieles y la llama de la resistencia no se apaga jamás. La verdad no se deja sumergir. Eso es precisamente lo que tiene de falso, lo que ocasiona que la representación persecutoria, mitológica, jamás llegue a estar realmente comprometida o ni siquiera amenazada.

Pensad, por ejemplo, en la muerte de Sócrates. La «auténtica» filosofía no interviene en el caso. Escapa al contagio del chivo expiatorio. Siempre queda verdad en el mundo. Pero no es así en el momento de la muerte de Cristo. Ni los discípulos más queridos pronuncian una palabra o hacen un gesto para oponerse a la multitud. Están literalmente absorbidos por ella. El mismo Evangelio de Pedro nos hace saber que Pedro, el caudillo de los apóstoles, ha renegado públicamente de su maestro. Esta traición no tiene nada de anecdótica, no tiene nada que ver con la psicología de Pedro. El hecho de que los propios discípulos no puedan resistirse al efecto del chivo expiatorio revela la omnipotencia sobre el hombre de la representación persecutoria. Para entender bien lo que ocurre, casi habría que sumar el grupo de los discípulos al número de las fuerzas que se ponen de acuerdo, pese a su habitual desacuerdo, en condenar a Cristo. Son todas las fuerzas susceptibles de dar un significado a la muerte de un condenado. Es fácil enumerarlas. Siempre son las mismas. Aparecen reunidas en la caza de brujas, o en las grandes regresiones totalitarias del mundo actual. Figuran en primer lugar los caudillos religiosos, a continuación los caudillos políticos y sobre todo la multitud. Todas esas personas participan en la acción, en un orden disperso al principio, y cada vez más conjuntado después. Fijaros en que todas esas fuerzas intervienen en el orden de su importancia real, comenzando por la más débil y acabando por la más fuerte. El complot de los caudillos eclesiásticos tiene una importancia simbólica, pero escasa importancia real. Herodes desempeña un papel todavía menor. Solo el temor de omitir a uno de los poderes susceptibles de reforzar la sentencia pronunciada contra Jesús ha debido llevar a Lucas a ser el único en incluirle en el relato de la Pasión.

Pilatos es el auténtico poseedor del poder, pero por encima de él está la multitud. Una vez movilizada, domina por completo, arrastra las instituciones detrás de ella, las fuerza a disolverse en ella. Y no cabe duda de que aquí encontramos la unanimidad del homicidio colectivo generador de mitología. Esta multitud es el grupo en fusión, la comunidad que literalmente se disuelve y solo puede recomponerse a expensas de su víctima, su chivo expiatorio. Toda la situación es extremadamente propicia al engendramiento de inquebrantables representaciones persecutorias. Y, sin embargo, no es eso lo que nos aporta el Evangelio.

Los Evangelios atribuyen a Pilatos una voluntad de resistencia al veredicto de la multitud. ¿Es para hacerle a él más simpático y, por contraste, más antipáticas a las autoridades judías? Claro está que lo pretenden, y son multitud, aquellos que quisieran explicar la totalidad del Nuevo Testamento a través de las preocupaciones más innobles. Son realmente la multitud de nuestros días, tal vez incluso la multitud de siempre. Y como siempre se equivoca.

Pilatos se suma, a fin de cuentas, a la jauría de los perseguidores. No se trata tampoco de explicar la «psicología» de Pilatos, se trata de subrayar la omnipotencia de la multitud, de mostrar la autoridad soberana obligada a doblegarse, pese a sus veleidades de resistencia.

Sin embargo, Pilatos no tiene, auténticos intereses en juego. Ante sus ojos, Jesús no cuenta para nada. Es un personaje demasiado insignificante para que la mente menos política del mundo pueda correr el riesgo de una revuelta con el único fin de salvarle. En suma, la decisión de Pilatos es demasiado fácil para ilustrar claramente la subordinación del soberano a la multitud, el papel dominante de la multitud en ese punto de extrema efervescencia en que se desencadena la mecánica del chivo expiatorio.

Supongo que para hacer la decisión de Pilatos menos fácil, y más reveladora, Juan introduce el personaje de la esposa. Avisada por un sueño, más o menos partidaria de la causa de Jesús, esta mujer interviene ante su esposo en el sentido de la resistencia a la multitud. Juan quiere mostrar a Pilatos atrapado entre dos influencias, entre dos polos de atracción mimética, a un lado la esposa que querría salvar al inocente y al otro la multitud, ni siquiera romana, completamente anónima e impersonal. Nadie podría estar más cerca de Pilatos que su esposa, más estrechamente mezclada a su propia existencia. Nadie podría ejercer más influencia sobre él, y más teniendo en cuenta que esta mujer pone sabiamente en juego la fibra del temor religioso. Y, sin embargo, acaba por vencer la multitud; nada tan importante como esta victoria, nada más significativo para la revelación del mecanismo victimario. Más adelante veremos que los Evangelios ponen en escena una victoria análoga de la multitud en otro acto de homicidio colectivo, la decapitación de Juan Bautista.

Nos equivocaríamos gravemente si pensáramos que esta multitud solo está compuesta de representantes de las clases inferiores; no representa únicamente a las «masas populares», también las élites forman parte de ella, y no debemos acusar a los Evangelios de condescendencia social.

Para entender correctamente en qué consiste esta multitud basta, una vez más, con dirigirse a las citas del Antiguo Testamento; ahí es donde hay que buscar el comentario más revelador de la intención evangélica.

En el capítulo VII de los Hechos de los Apóstoles, libro de carácter casi evangélico, Pedro reúne a sus compañeros para meditar con ellos sobre la crucifixión. Les cita bastante extensamente el salmo que describe la acogida uniformemente hostil que los poderes de este mundo reservan al Mesías:

> ¿Por qué han bramado las gentes, y los pueblos han pensado cosas vanas? Asistieron los reyes de la tierra y los príncipes *se juntaron en uno contra el Señor, y contra su Cristo.*
>
> Porque verdaderamente se juntaron en esta ciudad contra tu santo Hijo Jesús, al cual ungiste, Herodes y Poncio Pilatos, con los gentiles y los pueblos de Israel, para hacer lo que tu mano y tu consejo habían antes determinado que había de ser hecho. (Hechos 4, 25-28.)

También en este caso, el lector moderno se pregunta acerca del interés de la cita. No lo entiende y sospecha una segunda intención mediocre. ¿No se trataría simplemente de ennoblecer la muerte innoble de Jesús, de ofrecer una orquestación grandiosa al suplicio más bien insignificante de un pequeño predicador de Galilea? Hace un instante acusábamos a los Evangelios de despreciar a la multitud persecutoria, y he aquí que ahora sospechamos que exaltan excesivamente a esa misma multitud, para ensalzar el prestigio de su héroe.

¿Qué debemos creer? Hay que renunciar a ese tipo de especulación. Frente a los Evangelios, la suspicacia sistemática jamás ofrece resultados interesantes. Es mucho mejor volver a la pregunta que conduce nuestra investigación. ¿Qué se dice en ese texto de la representación persecutoria y de la violencia unánime que la sustenta? Todo está categóricamente subvertido en el mismo punto de su mayor fuerza: la unanimidad de los poderes capaces de crear esta representación. No solo existe una subversión efectiva, sino la voluntad consciente de subvertir cualquier mitología persecutoria y de informar de ello al lector; basta reconocerlo para que la pertinencia del salmo salte a la vista.

Lo que nos aporta el salmo es la lista de todos esos poderes. Lo esencial es la conjunción de la efervescencia popular de una parte, los *bramidos de las gentes*, y de otra los reyes y los caudillos, las autoridades constituidas. Esta conjunción es la que resulta irresistible en cualquier parte salvo en la Pasión de Cristo. El hecho de que esta formidable coalición se produzca a una escala relativamente reducida, y en una provincia recóndita del Imperio romano, no disminuye en absoluto la importancia de la Pasión, la cual coincide con el fracaso de la representación persecutoria, con la fuerza ejemplar de ese fracaso.

La coalición sigue siendo invencible en el plano de la fuerza brutal pero no por ello es, como dice el salmo, menos «inútil», porque no consigue imponer su manera de ver las cosas. No le cuesta ningún esfuerzo dar muerte a Jesús pero no prevé nada en el plano de la significación. El desfallecimiento de los discípulos durante el Viernes Santo es sustituido por la firmeza de Pentecostés, y el recuerdo de la muerte de Jesús se perpetuará con una significación muy diferente de la querida por los poderes, una significación que es cierto que no consigue imponerse inmediatamente en toda su prodigiosa novedad pero que no por ello deja de penetrar poco a poco en los pueblos evangelizados, enseñándoles a descubrir cada vez mejor en torno a ellos las representaciones persecutorias y a rechazarlas.

Al dar muerte a Jesús, los poderes caen incluso en una especie de trampa, puesto que su secreto de siempre, ya aventado por el Antiguo Testamento, en las citas que acabo de comentar y en muchos otros pasajes, se inscribe con todas sus letras en el relato de la Pasión. El mecanismo del chivo expiatorio es iluminado por la luz más deslumbrante posible; es objeto de la publicidad más intensa, se convierte en la cosa más sabida del mundo, el saber más extendido, y ese saber es lo que los hombres aprenderán lentamente, muy lentamente, pues no son muy inteligentes, a deslizar debajo de la representación persecutoria.

Para liberar finalmente a los hombres, ese saber es lo que sirve de clave universal para la demistificación, primero de las casi-mitologías de nuestra propia historia y después, en breve, para demoler todos los mitos del planeta cuya falsedad protegemos denodadamente, no para creer positivamente en ellos, sino para protegernos de la revelación bíblica, dispuesta a resurgir flamante de los escombros de la mitología con la que la hemos confundido durante tanto tiempo. Las vanas empresas de los pueblos están más a la orden del día que nunca, pero para el Mesías es un juego de niños reírse de ellas. Cuanta más ilusión nos produzcan hoy, más ridículas nos parecerán mañana.

Así que lo esencial, y lo nunca visto, ni por la teología ni por las ciencias humanas, es el descalabro de la representación persecutoria. Para que alcance el máximo de su valor, es preciso que se produzca en las circunstancias más difíciles, más desfavorables para la verdad, más favorables para la producción de una nueva mitología. Esta es la razón de que el texto evangélico insista incansablemente sobre la *sin causa* de la sentencia pronunciada contra el justo y simultáneamente sobre la unidad sin quiebra de los perseguidores, es decir, de todos aquellos que creen o fingen creer en la existencia y en la excelencia de la causa, la *ad causam*, la acusación, y que intentan imponer universalmente esta creencia.

Perder el tiempo, como hacen algunos comentaristas modernos, en interrogarse acerca de la manera siempre desigual en que repartirían los Evangelios, la censura en su opinión entre los diferentes actores de la Pasión, significa desconocer de entrada la auténtica intención del relato. Al igual en este caso que el Padre eterno, los Evangelios no mencionan las personas porque el único dato que realmente les interesa es la unanimidad de los perseguidores. Todas las maniobras que tienden a demostrar el antisemitismo, el elitismo, el antiprogresismo o cualquier otro crimen del que se harían responsables los Evangelios ante la inocente humanidad, su víctima, solo son interesantes por su transparencia simbólica. Los autores de estas maniobras no ven que ellos mismos están siendo interpretados por el texto al que siempre pretenden ajustar las cuentas de manera definitiva. Entre las vanas empresas de los pueblos, no hay otra más ridícula.

Hay mil maneras de dejar de ver aquello de lo que hablan los Evangelios. Cuando los psicoanalistas y los psiquiatras se interesan por la Pasión, descubren fácilmente en el círculo unánime de los perseguidores un reflejo de la «paranoia característica de los primeros cristianos», la huella de un «complejo de persecución». Están seguros de lo que dicen, pues tienen detrás de sí a las autoridades más creídas, todos los Marx, todos los Nietzsche y todos los Freud puestos por

184

una vez de acuerdo, de acuerdo únicamente respecto a que conviene destruir los Evangelios.

A los propios psicoanalistas jamás se les ocurre este mismo tipo de explicación ante un proceso de brujería. Esta vez ya no se dan la mano y afilan sus armas sobre las víctimas, sino sobre los perseguidores. Felicitémosles por este cambio de dirección. Basta con vislumbrar la persecución como real para entender cuán odiosas y ridículas resultan las tesis psicoanalíticas aplicadas a unas víctimas reales, a unas violencias colectivas reales. Es cierto que los complejos de persecución existen, y existen también con gran fuerza en las salas de espera de nuestros médicos, pero las persecuciones no existen menos. La unanimidad de los perseguidores puede no ser más que una fantasía paranoica, sobre todo entre los privilegiados del Occidente contemporáneo, pero también es un fenómeno que de cuando en cuando se produce realmente. Fijaos en que nuestros superdotados de la fantasmagoría nunca titubean lo más mínimo en la aplicación de sus principios. Siempre saben a priori que al margen de nuestra historia solo existe una fantasía: ninguna víctima es real.

En todas partes aparecen los mismos estereotipos persecutorios, pero nadie los percibe. Una vez más es la envoltura exterior, histórica aquí, religiosa allá, la que determina la elección de la interpretación, nunca la naturaleza del texto considerado. Reencontramos la línea invisible que recorre nuestra cultura; a un lado de ella admitimos la posibilidad de violencias reales, al otro ya no la admitimos y llenamos el vacío así creado con todas las abstracciones del pseudonietzscheanismo condimentado con la salsa lingüística desrealizante. Cada vez lo vemos mejor: a partir del idealismo alemán, todos los avatares de la teoría contemporánea no son más que una especie de obstáculos destinados a impedir la demistificación de las mitologías, unas nuevas máquinas para retrasar el progreso de la revelación bíblica.

Si, como yo sostengo, los Evangelios revelan el mecanismo del chivo expiatorio, sin llegar, es verdad, a designarlo con el mismo término que nosotros, pero no omitiendo nada de cuanto hay que saber acerca de él para protegerse de sus efectos insidiosos y para descubrirlo en todos los lugares donde se esconde y muy en especial en nosotros mismos, deberíamos encontrar en ellos todo lo que hemos descubierto de este mecanismo en las páginas anteriores, y en especial su naturaleza *inconsciente*.

Sin esta inconsciencia, que coincide con su sincera creencia en la culpabilidad de su víctima, los perseguidores no se dejarían encerrar en la representación persecutoria. Existe ahí una cárcel con unos muros invisibles, una servidumbre tanto más total en la medida en que se confunde con la libertad, una ceguera que se cree perspicacia.

¿El concepto de inconsciente pertenece a los Evangelios? La palabra no aparece en ellos pero la inteligencia moderna lo reconocería inmediatamente si no estuviera paralizada y maniatada ante este texto por los bramantes liliputienses de la piedad y de la antipiedad tradicionales. La frase que define el inconsciente persecutorio aparece justo en el centro del relato de la Pasión, en el Evangelio de Lucas, y es el famoso: *Padre, perdónalos, porque no saben lo que hacen* (Lucas 23, 34).

Los cristianos insisten en este punto acerca de la bondad de Jesús. Y estaría muy bien si su insistencia no eclipsara el contenido propio de la frase. Y, casi siempre, este no se descubre. Evidentemente, se la considera carente de importancia. En suma, se comenta esta frase como si el deseo de perdonar a unos verdugos imperdonables llevara a Jesús a inventarles una excusa más bien inútil, en absoluto adecuada a la realidad de la Pasión.

Los comentaristas que no creen realmente en lo que la frase dice solo pueden sentir por ella una admiración un poco falsa y su débil devoción comunica al texto el sabor de su propia hipocresía. ¡Eso es lo más terrible que les sucede a los Evangelios, ese no sé qué de acarameladamente hipócrita con lo que los rodea nuestra enorme gazmoñería! En realidad, los Evangelios jamás buscan excusas paticojas; nunca hablan porque sí; la verborrea sentimental no es su modo de ser.

Para devolver a esta frase su auténtico sabor, hay que admitir su papel casi técnico en la revelación del mecanismo victimario. Dice algo preciso acerca de los hombres reunidos por su chivo expiatorio. *No saben lo que hacen.* Y por ello hay que perdonarles. No es el complejo de persecución lo que dicta esas frases. Y tampoco es el deseo de escamotear el horror de unas violencias reales. En este pasaje descubrimos la primera definición del inconsciente en la historia humana, aquella de la cual se desprenden todas las demás debilitándola constantemente: o bien, en efecto, rechazan a un segundo plano la dimensión persecutoria con un Freud o bien la eliminan por completo con un Jung.

Los Hechos de los Apóstoles ponen la misma idea en boca de Pedro, que se dirige a la multitud de Jerusalén, la misma multitud de la Pasión: «Mas ahora, hermanos, sé que por ignorancia lo habéis hecho, como también vuestros príncipes». El considerable interés de esta frase procede de que reclama una vez más nuestra atención sobre las dos categorías de poderes, la multitud y los príncipes, ambos igualmente inconscientes. Rechaza implícitamente la idea

falsamente cristiana que convierte la Pasión en un acontecimiento único *en su dimensión maléfica* cuando solo lo es
en su dimensión reveladora. Adoptar la primera idea significa seguir fetichizando la violencia, recaer en una variante
de paganismo mitológico.

CAPÍTULO X
QUE MUERA UN HOMBRE...

Solo nos falta una última cosa, la formulación directa del proceso victimario, en sus características esenciales, el hecho de pagar en cierto modo por los demás. Bajo esta perspectiva, la frase más explícita de los Evangelios es la que Juan pone en boca del sumo pontífice Caifás en el curso del debate que termina con la decisión de dar muerte a Jesús. Enuncia sin ambigüedad cuanto acabo de mencionar:

> Entonces los pontífices y los fariseos se unieron en consejo y decían: ¿Qué hacemos? porque este hombre hace muchas señales. Si le dejamos así, todos creerán en él: y vendrán los Romanos, y quitarán nuestro lugar y la nación. Y Caifás, uno de ellos, sumo pontífice de aquel año, les dijo: Vosotros no sabéis nada; ni pensáis que nos conviene que un hombre muera por el pueblo, y no que toda la nación se pierda. Mas esto no lo dijo de sí mismo; sino que, como era el sumo pontífice de aquel año, profetizó que Jesús había de morir por la nación: y no solamente por aquella nación, mas también para que juntase en uno los hijos de Dios que estaban derramados. Así que, desde aquel día, consultaban juntos de matarle (Juan 11, 47-53).

El objeto del consejo es la crisis abierta por la excesiva popularidad de Jesús. Pero eso no es más que una forma temporal adoptada por una crisis más vasta, la de la totalidad de la sociedad judaica que culminó con la destrucción completa del Estado judío, menos de medio siglo después. El hecho de que se produzca un debate ya sugiere la imposibilidad de decidir. El irresoluble debate sugiere la crisis en que se esfuerza por decidir. Dado que no conduce a nada, Caifás lo interrumpe con una cierta impaciencia, una cierta brusquedad: «No sabéis nada», dice. Al oír a Caifás, todos los jefes se dicen: «Sí, es cierto, es mejor que perezca un hombre y que no perezca la nación. ¿Cómo no lo había pensado antes?». Lo habían pensado un poco, sin duda, pero solo el más audaz de los jefes, el más decidido, el más decisivo, podía hacer explícito este pensamiento.

Lo que dice Caifás es la razón misma, es la razón política, la razón del chivo expiatorio. Limitar la violencia al máximo pero si es preciso recurrir a ella en último extremo, para evitar una violencia mayor... Caifás encarna la política bajo su forma superior y no la inferior. Es el mejor de los políticos.

En la violencia existen, no obstante, riesgos de todo tipo; al asumirlos, Caifás aparece como un caudillo. Los otros se apoyan en él. Lo toman por modelo; imitan su serena certidumbre. Al oír a Caifás, esos hombres dejan de dudar. Si toda la nación está convencida de perecer, es mejor sin duda que muera un hombre por todos los demás, lo que agrava por otra parte la inminencia del peligro, negándose a estar tranquilos.

Hasta cierto punto, la frase de Caifás suscita el efecto de chivo expiatorio que define. No se limita a tranquilizar a sus oyentes, los galvaniza, los «moviliza» en el sentido en que se dice, en nuestros días, de los militares o de los «militantes» que deben *movilizarse*. ¿De qué se trata? De convertirse en el famoso grupo en fusión que siempre imaginaba Jean-Paul Sartre, sin decir jamás, claro está, que solo produce víctimas.

Para que la frase ejerciera semejante efecto, hay que entenderla de manera superficial y siempre mitológica. La razón política definida anteriormente sigue siendo mitológica porque se basa en lo que queda de disimulado en el mecanismo victimario al nivel de la interpretación política, la que domina el concilio de Caifás de la misma manera que domina nuestro mundo. Es evidente que el efecto de chivo expiatorio está muy debilitado en el sentido del debilitamiento histórico y moderno definido anteriormente. A esto se debe que la razón política sea siempre contestada por sus víctimas, denunciada como persecutoria incluso por aquellos que, llegado el caso, recurrirían a ella sin darse cuenta, si se encontraran en unas condiciones análogas a las de Caifás. El agotamiento extremo del mecanismo es lo que «produce» esta razón política haciéndole perder todo carácter trascendente, justificándola por la utilidad social. El mito político deja transparentar suficientes aspectos verídicos del proceso como para dar a muchas personas, en nuestros días, la ilusión de que ahí poseen, en una generalización de la lectura política, la misma que se me atribuye a veces, la revelación completa de los mecanismos victimarios y su justificación.

Para que la frase sea verdaderamente reveladora hay que oírla no en el sentido político, sino en el sentido evangélico, en el contexto de todo lo que acabo de explicitar, de todo lo que se podría explicitar. Entonces se puede reconocer en ella una definición fulgurante del mecanismo revelado en el relato de la Pasión, en todos los Evangelios y en el conjunto de la Biblia. El efecto de chivo expiatorio que se constituye bajo nuestros ojos coincide con el efecto de chivo expiatorio en el origen de los sacrificios judaicos. Caifás es el sacrificador por excelencia, el que hace morir unas víctimas para salvar a los vivos. Al recordárnoslo, Juan subraya que cualquier *decisión* verdadera en la cultura tiene un efecto sacrificial (*decidere*, lo repito, es degollar a la víctima) y por consiguiente se remonta a un efecto de chivo expiatorio no desvelado, a una representación persecutoria de tipo sagrado.

Lo que se enuncia en la decisión del sumo pontífice es la revelación definitiva del sacrificio y de su origen. Se enuncia sin que lo sepan el que habla y los que le escuchan. No solo Caifás y sus oyentes no saben lo que hacen, sino que no saben lo que dicen. Así que hay que perdonarles. Y más aún si tenemos en cuenta que, por regla general, nuestras realidades políticas son más sórdidas que las suyas; solo que nuestro lenguaje es más hipócrita. Procuramos no hablar como habla Caifás porque entendemos mejor el sentido de sus palabras sin llegar a entenderlo perfectamente: ahí está la prueba de que la revelación se abre paso entre nosotros. De poco serviría, sin embargo, consultar el estado actual de los estudios del Nuevo Testamento, de la historia de las religiones, de la etnología, de la ciencia política. Los «especialistas» no ven nada de todo lo que nosotros vemos. Al margen de ellos, el saber en cuestión es la cosa mejor repartida del mundo: las disciplinas que he mencionado no quieren saber nada de él. Todas parecen hechas para contener y neutralizar las auténticas intuiciones más que para desarrollarlas. Siempre ocurre lo mismo en la aurora de los grandes cambios. La mala acogida tributada al saber del chivo expiatorio no impedirá que el cambio se realice; solo es un signo más de su proximidad.

Para entender realmente la frase de Juan, para disfrutar

de la revelación que aporta, en su contexto evangélico, no hay que aislarse de ese contexto. Esta comprensión ya no consiste en una justificación cualquiera del mecanismo; está hecha para incrementar nuestra resistencia a la tentación victimaria, a las presentaciones persecutorias que la rodean, a las seducciones miméticas que la favorecen. Es el efecto inverso del que se ejerce sobre los primeros oyentes. Uno y otro efecto se observan actualmente en nuestro mundo y esa es una de las señales de que nuestra historia, para lo mejor y para lo peor, está totalmente trabajada por la revelación evangélica.

Lo esencial de la revelación bajo el punto de vista antropológico es la crisis de cualquier representación persecutoria provocada por ella. En la propia Pasión no hay nada de excepcional desde la perspectiva de la persecución. No hay nada de excepcional en la coalición de todos los poderes de este mundo. Esta misma coalición se halla en el origen de todos los mitos. Lo asombroso es que los Evangelios subrayen su unanimidad no para inclinarse delante de ella, para someterse a su veredicto, como harían los textos mitológicos, todos los textos políticos, e incluso los textos filosóficos, sino para denunciarla como un error absoluto, la no-verdad por excelencia.

Ahí reside el radicalismo insuperable de la revelación. Para entenderlo hay que evocar brevemente, por contraste, la reflexión política en el mundo occidental y moderno.

Los poderes de este mundo se dividen visiblemente en dos poderes asimétricos, a un lado las autoridades constituidas y al otro la multitud. Por regla general, las primeras predominan sobre la segunda; en período de crisis, ocurre al revés. No solo domina la multitud, sino que es una especie de crisol donde acaban por fundirse hasta las autoridades aparentemente menos quebrantables. Este proceso de fusión asegura la refundición de las autoridades a través del chivo expiatorio, es decir, a través de lo sagrado. La teoría mimética ilumina este proceso que la ciencia política y las demás ciencias humanas no consiguen entender.

La multitud es tan poderosa que no necesita congregar a toda la comunidad para conseguir los resultados más sorprendentes. Las autoridades constituidas se inclinan ante ella y le ceden las víctimas que reclama su capricho, de la misma manera que Pilatos cede a Jesús o Herodes a Juan Bautista. Las autoridades acaban entonces por engrosar la multitud, se dejan absorber por ella. Entender la Pasión es entender que abole temporalmente cualquier diferencia no solo entre Caifás y Pilatos, entre Judas y Pedro, sino entre todos los que gritan o dejan gritar: «¡Crucificadle!».

Según sean «conservadores» o «revolucionarios», los pensamientos políticos modernos solo critican una única categoría de poderes, bien la multitud, bien los poderes establecidos. Necesitan sistemáticamente apoyarse en el otro. Y esta elección es lo que los determina como «conservadores» o como «revolucionarios».

La duradera fascinación que ejerce el *Contrato social* no procede de las verdades que pudiera contener, sino de la especie de oscilación vertiginosa que en él se produce entre las dos categorías de poderes. En lugar de elegir decididamente uno de ellos y de mantenerse en la elección, al igual que los «racionales» de todos los partidos, Rousseau quisiera reconciliar lo irreconciliable y su obra se parece un poco al torbellino de una revolución real, incompatible con los grandes principios que enuncia.

Los conservadores se esfuerzan en consolidar todas las autoridades constituidas, todas las instituciones en las que se encarna la continuidad de una tradición religiosa, cultural, política, judicial. Puede reprochárseles una indulgencia excesiva respecto a los poderes establecidos. Son muy sensibles, por el contrario, a las amenazas de violencia que proceden de la multitud. Ocurre lo contrario con los revolucionarios. Sistemáticamente críticos respecto a las instituciones, sacralizan sin pudor las violencias de la multitud. Los historiadores revolucionarios de las revoluciones francesa y rusa mitologizan todos sus crímenes. Tratan de «reaccionaria» cualquier investigación seria sobre la multitud. No les atrae la luz en esos terrenos. Los mecanismos victimarios necesitan la sombra, es un hecho, para «cambiar el mundo». No por ello los grandes escritores revolucionarios dejan de aportar unas confirmaciones explícitas acerca del papel simbólico de la violencia real, como Saint-Just sobre la muerte del rey, por ejemplo.

Debido a que los revolucionarios recurren abiertamente a la violencia, los efectos deseados ya no se producen. El misterio es aventado. Como la fundación violenta ya no era eficaz, solo puede mantenerse mediante el terror. Eso ya es un poco cierto en el caso de la Revolución francesa comparada con la democracia angloamericana, y todavía lo es más en el de las revoluciones marxistas.

El pensamiento político moderno no puede prescindir de la moral, pero tampoco puede convertirse en moral pura sin dejar de ser política. Es preciso, pues, otro ingrediente que se mezcle con el coro. ¿Cuál es? Si realmente se intentara saberlo, llegaríamos necesariamente a fórmulas del tipo de las de Caifás: «Es mejor que este o aquellos perezcan y que la comunidad no perezca...».

No únicamente las oposiciones políticas, sino todas las críticas rivales se basan en unas apropiaciones sectarias y parciales de la revelación evangélica. En nuestro mundo solo hay unas herejías cristianas, es decir, unas divisiones y unos repartos. Ese es exactamente el sentido de la palabra herejía. Para utilizar la revelación como un arma en la rivalidad mimética, para convertirla en una fuerza de división, hay que comenzar por dividirla. En tanto que permanezca intacta, sigue siendo fuerza de paz y solo fragmentada se pone al servicio de la guerra. Una vez desmembrada, ofrece, a los dobles enfrentados, unas armas muy superiores a aquellas de que dispondrían sin ella. Esta es la razón de que discutamos interminablemente en torno a los restos de ese cadáver y actualmente, claro está, se considere a esa misma revelación como responsable de las consecuencias nefastas del mal uso que de ella se hace. Con una sola frase estremecedora, el capítulo apocalíptico de Mateo abarca el conjunto del proceso: *Porque donde quiera que estuviere el cuerpo muerto, allí se juntarán las águilas* (Mateo 24, 28).

Los Evangelios no cesan de mostrarnos lo que los perseguidores históricos, y con mayor razón los mitológicos, nos disimulan, que es saber que su víctima es un chivo expiatorio, en el sentido en que lo decimos de los judíos de que nos habla Guillaume de Machaut: «Son chivos expiatorios».

Cierto que la expresión chivo expiatorio no aparece ahí, pero los Evangelios tienen otra que la sustituye ventajosamente, y es la de cordero de Dios. Al igual que chivo expiatorio, explica la sustitución de una víctima por todas las demás pero reemplazando las connotaciones repugnantes y malolientes del macho cabrío por las del cordero, enteramente positivas, que expresan mejor la inocencia de esta víctima, la injusticia de su condena, la falta de causa del aborrecimiento de que es objeto.

Así que todo queda perfectamente explícito. Jesús es constantemente comparado, y se compara él mismo, con todos los chivos expiatorios del Antiguo Testamento, con todos los profetas asesinados o perseguidos por sus comunidades, Abel, José, Moisés, el Servidor de Jehová, etc. Sea designado por los demás o se designe él mismo, su papel de víctima no reconocida como inocente inspira la designación. Es la piedra arrojada por los constructores que se convertirá en clave de bóveda. Es también la piedra de escándalo, la que hace caer hasta a los más sabios, pues siempre es ambigua y es fácil confundirla con los dioses al antiguo estilo. Pienso que hasta el título de rey contiene una referencia al carácter victimario de la majestad sagrada. Los que reclaman una señal inequívoca tendrán que contentarse con el *signo de Jonás.*

¿Qué ocurre con el signo de Jonás? La referencia a la ballena en el texto de Mateo no es muy esclarecedora; y hay que preferir junto con todos los exégetas el silencio de Lucas. Pero, respecto a este punto, nada nos impide intentar contestar mejor que Mateo a la pregunta dejada probablemente sin respuesta por el propio Jesús. Y a partir de las primeras líneas nos sentimos informados. En el curso de una tempestad, la suerte designa a Jonás como la víctima que los marinos arrojan por la borda para salvar a su nave en peligro. Una vez más, el signo de Jonás designa la víctima colectiva.

Así que tenemos dos tipos de texto que mantienen una relación con el «chivo expiatorio». Todos ellos hablan de víctimas pero unos no dicen que la víctima es un chivo expiatorio y nos obligan a decirlo en su lugar: Guillaume de Machaut, por ejemplo, y los textos mitológicos. Otros nos dicen por sí mismos que la víctima es un chivo expiatorio: los Evangelios. No tengo el menor mérito y no doy pruebas de ninguna perspicacia especial cuando afirmo que Jesús es un chivo expiatorio puesto que ya lo dice el texto, de la manera más explícita posible, designando a la víctima como el cordero de Dios, la piedra rechazada por los constructores, el que sufre por todos los demás y sobre todo presentándonos la distorsión persecutoria como distorsión, *lo que no hay que creer*, en otras palabras.

Yo, por el contrario, interpreto a Guillaume de Machaut y debo dar muestras de perspicacia para exclamar, al dejar su texto: «Los judíos son chivos expiatorios», porque afirma algo que no aparece en el texto y que contradice el sentido deseado por el autor. Este último no nos presenta en la visión persecutoria una distorsión, sino *lo que hay que creer*, la pura verdad.

El chivo expiatorio que se desprende del texto para nosotros es chivo expiatorio *en* el texto y *para* el texto. El chivo expiatorio que nosotros mismos tenemos que descubrir es el chivo expiatorio *del* texto. No puede aparecer en el texto cuyos temas gobierna; jamás es mencionado como tal. No puede convertirse en tema en el texto que *estructura*. No es un tema, sino un *mecanismo estructurante*.

He prometido ser lo más sencillo posible y la oposición entre tema y estructura puede parecer abstracta y propia de una jerga a algunos. Sin embargo, es indispensable. Para esclarecerla, además, basta aplicarla al problema que nos ocupa.

Cuando uno exclama ante Guillaume: «Los judíos son chivos expiatorios», resume la *interpretación* correcta de este texto. Se descubre la representación persecutoria no criticada por el autor y se la sustituye por una interpretación que sitúa a los judíos en el mismo lugar que Jesús en el relato de la pasión. No son culpables, son víctimas de un aborrecimiento sin causa. Toda la multitud y a veces hasta las autoridades están de acuerdo en decirnos lo contrario, pero esta unanimidad no nos impresiona. Los perseguidores no saben lo que hacen.

Cuando practicamos este tipo de desciframiento, todos hacemos estructuralismo sin saberlo, y del mejor. La crítica estructural es más antigua de lo que creíamos y he ido a buscarla lo más lejos posible, para disponer de ejemplos incontestables e incontestados. Decir chivo expiatorio es suficiente en el caso de Guillaume de Machaut porque ahí la expresión enuncia el principio estructurante oculto del que se desprenden todos los temas, todos los estereotipos persecutorios presentados en la perspectiva falaz de un autor incapaz de reconocer en los judíos de que habla los chivos expiatorios que nosotros descubrimos como tales, al igual que lo hacen los Evangelios en el caso de Jesús.

Asimilar los dos tipos de textos, Guillaume de Machaut y los Evangelios, bajo el pretexto de que uno y otro mantienen una cierta relación con el «chivo expiatorio», sería absurdo. Describen el mismo acontecimiento de manera tan diferente que sería odioso y estúpido confundirlos. El primero nos dice que la víctima es culpable, refleja el mecanismo del chivo expiatorio que le entrega a una representación persecutoria no criticada y por ello nosotros mismos debemos efectuar esta crítica; el segundo nos precede en esa crítica ya que proclama la inocencia de la víctima.

Hay que entender correctamente la ridiculez y la perversidad de la confusión que acabo de imaginar. Seríamos igualmente culpables si no distinguiéramos, por ejemplo, el antisemitismo de Guillaume de la denuncia de ese mismo Guillaume por un historiador moderno, bajo el pretexto de que los dos textos, el de Guillaume y el del historiador, mantienen una estrecha relación con el chivo expiatorio en un sentido no precisado. Una amalgama semejante sería realmente el colmo de lo grotesco o de la perversidad intelectual.

Antes de buscar en un texto al chivo expiatorio, hay que preguntarse, por tanto, si se trata del chivo expiatorio *del* texto (el principio estructuralmente oculto) o si se trata del chivo expiatorio *en* el texto (su tema visible). Solo en el primer caso hay que definir el texto como persecutorio, totalmente sometido a la representación persecutoria. Este texto está gobernado por el efecto del chivo expiatorio que no menciona. En el segundo caso, por el contrario, el texto explica el efecto de chivo expiatorio que no le gobierna. No solo ese texto no es persecutorio, sino que revela la verdad de una persecución.

El caso del antisemitismo y de sus historiadores permite entender la sencillísima distinción, casi demasiado sencilla, que acabo de definir. He aquí lo que ahora me interesa: tan pronto como desplazamos esta distinción a otros tipos de ejemplos, la mitología y el texto evangélico, ya nadie la entiende, nadie la reconoce.

Mis censores no admiten que se pueda leer la mitología de idéntica manera a como todos leemos a Guillaume de Machaut. No pueden concebir la aplicación a los mitos del procedimiento que, sin embargo, practican ellos mismos sobre unos textos muy similares. Provistos de una potente linterna, buscan inútilmente en los textos que yo estudio lo que jamás encontrarán, lo que no pueden encontrar en ellos, el *tema* o el *motivo* del chivo expiatorio. Ellos son, claro está, quienes hablan de tema o de motivo sin ver que yo hablo de un principio estructurante.

Me acusan de ver cosas que no existen, de añadir a los mitos algo que no aparece en ellos. Con el texto en la mano, me conminan a mostrarles la palabra, la línea, el paso que designarían inequívocamente el famoso chivo expiatorio a

200

que yo me refiero. Yo no consigo satisfacerles y me consideran como «definitivamente refutado».

Los mitos son mudos respecto al chivo expiatorio. Parece que se trate de un gran descubrimiento. Yo habría debido hacerlo, opinan mis censores, ya que ellos lo hacen al leerme. Me aleccionan vigorosamente acerca de esta poderosa verdad. Todos ellos me ven como un caso típico de esta enfermedad «muy francesa» o «muy americana» –según los casos– que se denomina el *espíritu del sistema*. Las personas como yo solo tienen ojos y oídos para lo que confirma sus teorías. Eliminan despiadadamente el resto. Yo lo reduzco todo a un único tema. Invento un nuevo *reduccionismo*. Al igual que tantos otros antes que yo, elijo un dato concreto y lo hincho desmesuradamente en detrimento de los demás.

Estos críticos hablan como si el chivo expiatorio tuviera que aparecer con su nombre en los mitos. Supongo que para no disgustarme del todo, están dispuestos a hacer algunas concesiones, están de acuerdo en hacer un pequeño lugar al chivo expiatorio, pidiéndoles sin duda a los restantes temas y motivos que se apretujen para acoger al recién llegado. Son demasiado generosos. El chivo expiatorio en el sentido en que me interesa *no tiene ningún espacio en los mitos*. Si lo tuviera, yo estaría forzosamente equivocado, «mi teoría» se hundiría. No podría ser lo que hago de ella, a saber, el principio estructurante que gobierna todos los temas desde fuera.

Es ridículo afirmar que el texto de Guillaume de Machaut no tiene nada que ver con la estructura del chivo expiatorio con el pretexto de que no lo menciona. Un texto está tanto más dominado por el efecto de chivo expiatorio en la medida en que menos habla de él, en que es menos capaz de descubrir el principio que lo gobierna. Solo y exclusivamente en ese caso está redactado por entero en función de la ilusión victimaria, de la falsa culpabilidad de la víctima, de la causalidad mágica.

No somos tan ingenuos como para exigir que la expresión chivo expiatorio o su equivalente aparezca expresamente en los textos que nos la sugieren debido a su carácter persecutorio.

Si esperáramos, para descifrar las representaciones persecutorias, que los violentos tuvieran la amabilidad de definirse a sí mismos como consumidores de chivos expiatorios, correríamos el riesgo de esperar demasiado. Es cierto que estamos harto satisfechos de que nos dejen unos signos indirectos de sus persecuciones, suficientemente transparentes, pero que no podemos dejar de interpretar. ¿Por qué tendría de ocurrir de otra manera en el caso de los mitos? ¿Por qué los mismos estereotipos persecutorios, o su escamoteo visible, no constituirían también los signos indirectos de una estructuración persecutoria, de un *efecto* de chivo expiatorio?

El malentendido respecto a los mitos va acompañado de un malentendido respecto a los Evangelios. Me dan un codazo para hacerme saber discretamente que me equivoco. «Esos Evangelios, que usted considera extraños al chivo expiatorio y a la estructura sacrificial, no lo son. Fíjese en el cordero de Dios, fíjese en la frase de Caifás. Contrariamente a lo que usted cree, los Evangelios consideran a Jesús un chivo expiatorio; usted no lo ha visto, pero es algo indudable.»

Es la otra cara del mismo malentendido. De creer a ciertos críticos, en suma, yo invertiría todos los datos manifiestos de todos los textos que estudio; yo pondría chivos expiatorios en aquellos que no los poseen y los suprimiría en los que los poseen. A partir de una imagen exactamente invertida de lo que exige «mi teoría», se demuestra sin esfuerzo que me muevo en la más plena incoherencia. Se me reclama un victimario explícito en todas partes donde mi tesis lo exige. Y se decide con harta frecuencia que ignoro los principios cardinales de la crítica contemporánea. Si soy tal como se me presenta, desconozco, en efecto, la incompatibilidad recíproca del principio estructurante y de los temas estructurados. Ahí está lo más asombroso, me parece, o tal vez no es en absoluto asombroso, sino más bien de una lógica aplastante.

En mis dos últimos libros he querido prevenir las confusiones sustituyendo siempre *chivo expiatorio* por *víctima propiciatoria* cuando se trataba del principio estructurante; la segunda expresión tenía a mis ojos la ventaja de sugerir la presencia probable de víctimas reales detrás de cualquier representación persecutoria. Pero esta precaución no ha bastado.

¿Cómo es posible que unos lectores que disponen de todo el saber necesario para la comprensión de mi discurso —la manera en que reaccionan a las persecuciones históricas lo demuestra— puedan confundirse respecto a «mi teoría» de una manera tan grosera?

Reservamos la utilización estructurante del chivo expiatorio para el mundo que nos rodea; nos remontamos como máximo a la Edad Media. Tan pronto como pasamos de los textos históricos a los textos mitológicos y religiosos, *olvidamos*, literalmente, esta utilización sin embargo banal y la sustituimos por una especie de chivo expiatorio ritual, no en el sentido de la Biblia, que podría llevarnos a algún sitio, sino en el sentido de Frazer y de sus discípulos, que nos hundiría en un callejón sin salida desprovisto de interés.

Es verdad que los ritos son unas acciones misteriosas, incluso y sobre todo para quienes los practican, pero son unas acciones deliberadas e intencionales. Las culturas no

203

pueden practicar sus ritos inconscientemente. Los ritos son tanto *temas* como *motivos* en el seno del vasto texto cultural.

Al tomar la expresión chivo expiatorio únicamente en el sentido ritual, y generalizándola como él ha hecho, Frazer ha ocasionado un daño considerable a la etnología, ocultando la significación más interesante de la expresión, la que surge en el alba de los tiempos modernos y que jamás designa, lo repito, ningún rito, ningún tema o ningún motivo cultural, sino el mecanismo inconsciente de la representación y de la acción persecutoria, el mecanismo del chivo expiatorio.

Al inventar sus ritos de chivo expiatorio, porque tampoco él ha entendido el origen de todos los ritos en el *mecanismo* del chivo expiatorio, Frazer ha cortocircuitado de manera muy molesta la oposición entre tema y estructura, al igual, por otra parte, que toda la ciencia de su época. No ha visto que la expresión popular y vulgar, la que salta a la boca ante el texto de Guillaume de Machaut, es infinitamente más rica, más interesante y está más cargada de futuro que todos los *temas* y todos los *motivos* en el seno de la enciclopedia, puramente temática y necesariamente bastarda, que estaba a punto de constituir. Frazer se ha dirigido rectamente al Levítico para convertir un rito hebreo en el abanderado de toda una categoría ritual –a decir verdad inexistente–, sin preguntarse jamás si existía una relación entre lo religioso en general y el tipo de fenómeno al que todos aludimos cuando afirmamos de un individuo o de una minoría que sirven de «chivo expiatorio» para un grupo mayoritario. No ha visto que allí había algo esencial y que había que tomarlo en cuenta en toda reflexión acerca del chivo expiatorio. No ha visto las prolongaciones del fenómeno en nuestro propio universo; no ha visto más que una grosera superstición de la que la incredulidad religiosa y el positivismo bastaban para librarnos completamente. Ha visto en el cristianismo un resto, o incluso la última victoria de esa superstición.

Todavía hoy, tan pronto como pasamos, con el pensamiento, de lo histórico a lo mitológico, nos deslizamos irresistiblemente del chivo expiatorio estructurante a la triste trivialidad del tema o del motivo inventado por Frazer y los frazerianos. Pero de no haber estado ahí esos intelectuales para hacer este trabajo, otros lo habrían hecho en su lugar. Por otra parte, ya estaba hecho en sus tres cuartas partes cuando ellos comenzaron. No hay que duplicar el error inicial suponiendo que, también en ese caso, se trata de un error fácil de corregir. Está en juego algo esencial. A juzgar por los malentendidos suscitados por mi trabajo, la repugnancia a hacer tomar en consideración el uso estructurante, en cuanto se trata de mitología, y de religión, desborda con mucho el marco de la etnología. Esta repugnancia es universal y corre a la par con la esquizofrenia cultural a que antes me refería. Nos negamos a aplicar los mismos criterios de lectura a lo histórico por una parte, y a lo mitológico y a lo religioso por otra.

Los etnólogos de Cambridge buscaban por doquier, y es algo que resulta revelador, el *rito* del chivo expiatorio que, según ellos, debía corresponder al mito de Edipo. Presentían que existía una estrecha relación entre Edipo y el «chivo expiatorio», y estaban en lo cierto pero no eran capaces de entender de qué relación se trataba. El positivismo de la época les impedía ver otra cosa que unos temas y unos motivos por rodas partes. La idea de un principio estructurante *ausente* del texto estructurado por él les habría sonado a metafísica incomprensible. Por otra parte, siempre ocurre algo semejante en la mayoría de los investigadores y ni siquiera estoy seguro de que, en este mismo momento, esté consiguiendo hacerme entender, pese a mi referencia a la interpretación que todos damos sin titubear de Guillaume de Machaut por un chivo expiatorio *inencontrable en el texto*.

A partir de Frazer, otros lectores muy sabios, entre los que se cuentan Marie Delcourt, y más recientemente Jean-Pierre Vernant, han presentado de nuevo que el mito tenía «algo que ver» con el chivo expiatorio. Hace falta sin duda una ceguera y una sordera poco comunes, pero muy habituales en la universidad, para no ver los estereotipos persecutorios que brillan por todos lados en el mito y lo convierten en el más grosero de todos los procesos de brujería. Pero nadie resuelve jamás este mísero enigma si no se orienta hacia el uso estructurante del chivo expiatorio, la clave universal de la representación persecutoria. Tan pronto como se trata de un mito, sobre todo del de Edipo, claro, tanto más guarnecido de sacración psicoanalítica, trágica, estática y humanista cuanto más transparente es en realidad, la idea del chivo expiatorio recae invenciblemente en la rutina del tema y del motivo. El estructuralismo espontáneo de la persecución demistificada se desvanece y ya nadie puede encontrarlo.

Pese a su «estructuralismo», también Jean-Pierre Vernant recae en el tematismo y solo ve en el mito una superficie plana cubierta de temas y de motivos. Entre otros el del chivo expiatorio al que da su nombre griego de *pharmakos*, supongo que para no hacerse acusar de etnocentrismo por sus colegas.[1] Es muy cierto que el *pharmakos* es un *tema* o *motivo* de la cultura griega, pero los filólogos tradicionales no dejarán de observar que ese tema no aparece en ningún lugar, precisamente, en el mito de Edipo, y si apa-

---

1. *Mythe et tragédie en Grèce ancienne*, Maspero, 1972, pp. 99-131. (Hay trad. esp.: *Mito y pensamiento en la Grecia antigua*, trad. de Juan Diego López, Ariel, Barcelona, 1983.)

rece un poco en la tragedia es de manera problemática y porque también Sófocles, al igual que el propio Jean-Pierre Vernant, «sospecha algo». Creo que la sospecha de Sófocles llega lejos pero no puede expresarse directamente en el marco de la tragedia, la cual impide al autor modificar en lo más mínimo la historia que cuenta. *Aristóteles dixit*. Sófocles es responsable indudable de cuanto tiene de ejemplar *Edipo rey* desde el punto de vista de los estereotipos persecutorios. Transforma el mito en proceso; hace surgir la acusación estereotipada de un proceso de rivalidad mimética, siembra su texto de indicaciones que sugieren unas veces la idea de un rey que es el único, el propio Edipo, que sustituye a los asesinos *colectivos* de Layo. En efecto, el autor sugiere con una insistencia extraordinaria que Layo ha caído bajo los golpes de numerosos asesinos. Nos muestra a Edipo apoyándose en este plural para disculparse y después Sófocles renuncia a responder a las preguntas que él mismo ha planteado.[1] Sí, Sófocles sospecha algo pero nunca llega tan lejos en la revelación del chivo expiatorio estructurante como los Evangelios o incluso los Profetas. La cultura griega se lo impide. En sus manos el relato mítico no estalla para revelar sus secretos; la trampa se cierra sobre Edipo. Y todos nuestros intérpretes permanecen encerrados en esta trampa, incluyendo a Jean-Pierre Vernant, que solo ve unos temas sumándose a otros temas y jamás plantea el auténtico problema, el de la representación mítica en su conjunto, el del sistema persecutorio, quebrantado sin duda por la tragedia, pero no hasta el punto de estar realmente subvertido y ser declarado falaz, como ocurre en los Evangelios.

1. Sandor Goodhart, «Oedipus and Laius' many Murderers», *Diacritics*, marzo de 1978, pp. 55-71.

Lo que jamás se ve aquí es que Edipo no podría ser simultáneamente hijo incestuoso y parricida por un lado, y *pharmakos* por el otro. En efecto, cuando decimos *pharmakos* lo entendemos en el sentido de víctima inocente, en un sentido realmente contaminado por lo judaico y lo cristiano y que, sin embargo, no por ello es etnocéntrico, pues entender junto con los judíos y los cristianos que el *pharmakos*, o el chivo expiatorio, es inocente es alcanzar una *verdad* de la que no podemos desolidarizarnos, repito, sin renunciar a la demistificación de Guillaume de Machaut y a la negación del pensamiento mágico.

O bien Edipo es un chivo expiatorio y no es culpable del parricidio ni del incesto, o bien es culpable y no es, por lo menos para los griegos, el chivo expiatorio inocente que Jean-Pierre Vernant llama púdicamente *pharmakos*.

Si la tragedia contiene efectivamente unos elementos que van en uno y otro sentido, es que se ha desgarrado contra sí misma, incapaz de adherirse al mito e incapaz de repudiarlo en el sentido en que lo repudian los Profetas, los Salmos y los Evangelios.

Ahí está, por otra parte, lo que constituye la belleza de la tragedia, la contradicción interna que la desgarra poderosamente no es la coexistencia imposible del hijo culpable y del chivo expiatorio inocente en la falsa armonía estetizante de los humanismos bendecidores.

Al hablar más de *pharmakos* que de chivo expiatorio, Jean-Pierre Vernant confía en eludir la censura de aquellos colegas suyos que no son totalmente sensibles al perfume de víctima que se desprende del mito. Pero ¿por qué intentar satisfacer a unas personas con un olfato tan poco sensible? El propio Jean-Pierre Vernant es demasiado sensible para conseguirlo y para no aparecer casi tan sospechoso ante esas narices como yo mismo lo soy a la suya.

A nadie se le ocurriría la idea de sustituir *chivo expiatorio* por *pharmakos* en el caso de Guillaume de Machaut. Aunque Guillaume de Machaut escribiera en griego, y ya es algo así lo que hace, como todos nuestros ilustres sabios contemporáneos, cuando sustituye la palabra peste por *epydimie*, no se nos ocurriría la idea, que yo sepa, de decir que su perspectiva sobre los inocentes perseguidos está falseada por un efecto de *pharmakos*. Seguiríamos diciendo *chivo expiatorio*. Así pues, el día que entendamos de qué trata el mito de Edipo, de qué mecanismo genético y estructural depende, tendremos que resignarnos, supongo, a decir que *Edipo es un chivo expiatorio*. Entre esa frase y el *pharmakos* de Jean-Pierre Vernant, la distancia no es grande pero considerables prejuicios impiden a muchas personas franquearla.

Jean-Pierre Vernant se distancia tanto del mito al hablar de *pharmakos* como yo lo hago al hablar de *chivo expiatorio*. Pero, a diferencia de Jean-Pierre Vernant, yo no experimento la menor vacilación; puedo justificar perfectamente esta distancia y confieso que los filólogos positivistas me dan risa. No me distancia ni más ni menos del mito, en efecto, de lo que se distancian ellos de Guillaume de Machaut cuando lo leen como lo leemos todos.

¿Por qué a los positivistas eruditos les parece bien en el caso de Guillaume de Machaut lo que prohíben absolutamente, en nombre de la fidelidad literal, cuando se trata de Edipo y de su mito? Ellos no pueden contestar pero yo puedo hacerlo perfectamente en su lugar. Entienden realmente a Guillaume de Machaut y no entienden el mito de Edipo, no entienden lo que más les interesa porque fetichizan los grandes textos que necesitan el humanismo occidental para justificarse ante la Biblia y los Evangelios. Ocurre lo mismo con nuestros etnocentrífugos militantes que no son más que una variante de la misma ilusión. ¿Por qué no condenan como etnocéntrica la utilización de chivo expiatorio respecto a Guillaume de Machaut?

Si sigo refiriéndome a Guillaume, con peligro de fatigar a mis lectores, no se debe a su intrínseco interés, sino porque la interpretación que damos de él se aparta decididamente del texto, gracias a que es radicalmente estructural. Se basa en un principio que nunca aparece en el texto, pero que no por ello es menos legítimamente intocable, realmente inquebrantable. Como yo nunca hago otra cosa en los textos a que me refiero que lo que hace esta interpretación respecto al suyo, constituye para mí una contraprueba maravillosa, el medio más rápido, más inteligible y más seguro de barrer todas las falsas ideas que pululan en nuestros días, no solo en el campo mitológico y religioso, sino en todo lo que se refiere a la interpretación. Nos hace tocar la delicuescencia que se oculta detrás de las pretensiones «radicales» del nihilismo actual. Por doquier triunfa la idea de que en ninguna parte hay verdad y menos que en ninguna parte en los textos que interpretamos. En contra de esta idea, hay que blandir la verdad que todos extraemos, sin titubear, de Guillaume de Machaut y de los procesos de brujería. Hay que preguntar a nuestros nihilistas si también renuncian a esa verdad y si realmente todos los «discursos» son equivalentes ante sus ojos, tanto si emanan de los perseguidores como si denuncian la persecución.

CAPÍTULO XI
LA DECAPITACIÓN
DE SAN JUAN BAUTISTA

Si he descrito extensamente el error de interpretación de que ha sido objeto mi propio trabajo, supongo que no ha sido por puro espíritu polémico, sino porque este error no hace más que agravar y repetir otro error por lo menos tres veces secular en nuestra interpretación de las relaciones entre la Biblia y todo lo religioso. Y es un error común a los cristianos y a sus adversarios; en lo esencial, unos y otros siempre se comportan de manera rigurosamente simétrica, como buenos hermanos enemigos que son y que pretenden seguir siendo. Solo les interesa realmente su disputa porque es lo único que les sostiene. No la toquéis o se os echará todo el mundo encima.

Los anticristianos y los cristianos se parecen en que se formulan la misma concepción de la originalidad. Como bien sabemos, desde el tiempo de los románticos ser original es no decir lo mismo que el vecino; hacer siempre algo nuevo en el sentido de la novedad de las escuelas y de las modas; practicar la innovación como dicen hoy nuestros burócratas y nuestros ideólogos en un mundo que ya ni siquiera es capaz de renovar sus etiquetas y que oscila interminablemente entre lo «moderno» y lo «nuevo», sin poder imaginar una tercera vía.

Esta concepción de lo original domina la disputa respecto a los Evangelios. Para que los Evangelios y, a partir de ellos, la religión cristiana sean realmente originales, tendrían que hablar de otra cosa que todas las demás religiones. Ahora bien, hablan exactamente de lo mismo. Desde hace siglos nuestros etnólogos y nuestros historiadores de las religiones nos lo demuestran, y ahí está la profunda inspiración de toda su ciencia.

Fíjense qué primitivos son los Evangelios, nos repiten de todos los modos posibles nuestros más encopetados sabios. Fíjense en ese suplicio colectivo colocado en pleno centro, como en los mitos más salvajes; fíjense, además, en la historia del chivo expiatorio. ¡Qué curioso! Cuando se trata únicamente de los mitos llamados «etnológicos», jamás se habla de violencia. No está permitido calificar a los mitos y a las religiones de primitivas o, sobre todo, de más o menos salvajes. Se les niega cualquier pertinencia a esta «problemática etnocéntrica». Pero he aquí que vuelve a ser posible e incluso loable recurrir a esos términos cuando entran en liza los Evangelios.

Me apresuro a aceptar esta manera de ver las cosas y aplaudo fervientemente lo que dicen los etnólogos. Están en lo cierto, los Evangelios tratan del mismo acontecimiento que los mitos, tratan del homicidio fundador que se halla en el corazón de cualquier mitología, y son exactamente los mitos más primitivos, también están en lo cierto en ese punto, los que más se les parecen, pues son los únicos, por regla general, que tratan explícitamente de ese homicidio. Los mitos más evolucionados lo han borrado cuidadosamente, cuando no transfigurado.

Si los Evangelios tratan del mismo acontecimiento que los mitos, piensan los etnólogos, no pueden ser otra cosa que míticos. Nuestros amigos han olvidado algo. Cabe hablar del mismo homicidio sin hablar de él de la misma manera. Cabe hablar de él como hablan los homicidas y cabe hablar de él como habla no una víctima cualquiera, sino esa víctima incomparable que es el Cristo de los Evangelios. Podemos calificarla de víctima incomparable al margen de cualquier piedad sentimental y de cualquier ternura sospechosa. Es incomparable en que jamás sucumbe, en ningún aspecto, a la perspectiva persecutoria, ni en un sentido positivo, poniéndose francamente de acuerdo con sus verdugos, ni en el negativo, adoptando sobre ellos el punto de vista de la venganza, que no es más que la reproducción invertida de la primera representación persecutoria, su repetición mimética.

Se precisa eso, se precisa esta ausencia total de complicidad positiva o negativa con la violencia para revelar hasta el fondo el sistema de su representación, el sistema de cualquier representación al margen de los propios Evangelios.

Existe ahí una auténtica originalidad y es el retorno al origen, un retorno que revoca el origen revelándolo. La repetición constante del origen que caracteriza la falsa originalidad de la innovación se basa en el disimulo y el camuflaje de ese origen.

Los cristianos no han entendido la auténtica originalidad de los Evangelios. Se apuntan a la concepción de sus adversarios. Imaginan que los Evangelios solo pueden ser originales a condición de que hablen de cualquier cosa menos de los mitos. Así pues, se resignan a la no-originalidad de los Evangelios; se apuntan a un vago sincretismo y su credo personal está muy rezagado con respecto al de Voltaire. O bien intentan inútilmente demostrar exactamente lo contrario de lo que demuestran los etnólogos, siempre encerrados en el mismo sistema de pensamiento. Se esfuerzan inútilmente en demostrar que la Pasión aporta algo radicalmente nuevo desde todos los puntos de vista.

Tienden a ver en el proceso de Jesús, en la intervención de la multitud, en la crucifixión, un acontecimiento incomparable en sí mismo, en tanto que acontecimiento del mundo. Los Evangelios dicen, por el contrario, que Jesús está en el mismo sitio que todas las víctimas pasadas, presentes y futuras. Los teólogos solo ven ahí unas metáforas más o menos metafísicas y místicas. No toman los Evangelios al pie de la letra y tienden a fetichizar la Pasión. Así pues, sin darse cuenta hacen el juego a sus adversarios y a toda la mitología. Resacralizan la violencia desacralizada por el texto evangélico.

La prueba de que no hay que actuar así es que en el mismo texto de los Evangelios figura un segundo ejemplo de homicidio colectivo, diferente en el detalle de los hechos pero completamente idéntico a la Pasión según la perspectiva de los mecanismos que pone en juego y de las relaciones entre los participantes.

Se trata del asesinato de Juan Bautista. Voy a analizar el relato que de él hace Marcos. Pese a sus reducidas dimensiones, este texto confiere a los deseos miméticos, después a las rivalidades miméticas y finalmente al efecto de chivo expiatorio que resulta del conjunto, un asombroso relieve. No podemos ver en él un mero reflejo o una copia de la Pasión. Las diferencias son demasiado grandes como para que se pueda decir que los dos relatos tienen una única e idéntica fuente o incluso que se han influido entre sí. Es más fácil explicar las semejanzas por la estructura idéntica de los acontecimientos representados y por un dominio extremo, en cada ocasión, de una sola e idéntica concepción de las relaciones individuales y colectivas que componen ambos acontecimientos, la concepción mimética.

214

El homicidio de Juan Bautista ofrecerá una especie de contraprueba al análisis que he hecho de la Pasión. Nos permitirá comprobar el carácter sistemático del pensamiento evangélico sobre la cuestión del homicidio colectivo y de su papel en la génesis de lo religioso no cristiano.

Herodes deseaba esposar en segundas nupcias a Herodías, la esposa de su propio hermano. El profeta había condenado esta unión. Herodes le había hecho encarcelar, tanto o más para protegerle, según parece, que para castigar su audacia. Herodías reclamaba su cabeza con encarnizamiento. Herodes no quería dársela. La esposa acabó, sin embargo, por vencer haciendo bailar a su hija en el transcurso de un banquete en presencia de Herodes y de sus invitados. Adoctrinada por la madre y apoyada por los invitados, la hija pidió la cabeza de Juan Bautista, que Herodes no se atrevió a negar (Marcos, 6, 14-28).

Comencemos por el principio:

> Porque el mismo Herodes había enviado y prendido a Juan, y le había aprisionado en la cárcel a causa de Herodías, mujer de Felipe su hermano, pues la había tomado por mujer. Porque Juan decía a Herodes: No es lícito tener la mujer de tu hermano.

No es sobre la legalidad estricta del matrimonio en lo que el profeta pone el énfasis. En la frase: *No es lícito tener la mujer de tu hermano*, el verbo *exein*, tener, *carece* de connotación legal. El dogma freudoestructuralista favorece un tipo de interpretación que no conviene a los Evangelios. No instalemos un legalismo minucioso en unos lugares en los que nunca ha reinado, bajo pretexto de fustigarlo. El espíritu y la letra del texto evangélico se oponen a ello.

¿De qué se trata, en realidad? De hermanos enemigos.

Condena a los hermanos a la rivalidad su misma proximidad; se disputan la misma herencia, la misma corona, la misma esposa. Todo comienza como en un mito con una historia de hermanos enemigos. ¿Tienen los mismos deseos porque se parecen o se parecen porque tienen los mismos deseos? ¿Es la relación de parentesco en los mitos lo que determina la identidad de los deseos o es la identidad de· los deseos lo que determina una semejanza definida como fraterna?

En nuestro texto, parece que todas estas proposiciones son verdaderas a un mismo tiempo. Herodes y su hermano constituyen a la vez el símbolo del deseo por el que se interesa Marcos, y un ejemplo histórico real de los efectos de este deseo. Herodes tenía realmente un hermano, le había robado realmente a Herodías, su esposa. Sabemos por Josefo que el placer de suplantar a su hermano le acarreó a Herodes graves problemas; nuestro texto no habla de ellos pero son por completo del estilo de las complicaciones miméticas y por consiguiente del espíritu de la conminación profética. Herodes tenía una primera esposa que tuvo que repudiar y el padre de la abandonada decidió castigar la inconstancia de su yerno infligiéndole una escocedora derrota.

Poseer a Herodías, apoderarse de ella, es malo para Herodes, no en virtud de ninguna regla formal, sino porque su posesión solo puede obtenerse a costa de un hermano desposeído. El profeta pone a su auditor real en guardia contra los nefastos efectos del deseo mimético. Los Evangelios no se hacen falsas ilusiones acerca de las posibilidades de arbitraje entre los hermanos. Hay que relacionar esta advertencia con un texto muy breve pero revelador del Evangelio de Lucas:

> Y díjole uno de la compaña: Maestro, di a mi hermano que parta conmigo la herencia.

Mas él le dijo: Hombre, ¿quién me puso por juez o partidor sobre vosotros? (Lucas, 12, 13-14.)

En torno a la herencia indivisible, los hermanos se dividen. Jesús se manifiesta incompetente. La fórmula: *¿Quién me puso por juez o partidor sobre vosotros?* recuerda una frase del comienzo del Éxodo. Moisés interviene una primera vez entre un egipcio y un hebreo. Mata al egipcio que maltrataba al hebreo. Interviene una segunda vez entre dos hebreos y el interpelado le pregunta: *¿Quién te ha puesto por jefe y juez? ¿Piensas matarme como has matado al egipcio?* Es sorprendente que Jesús repita por su cuenta, no lo que dice Moisés, sino lo que dice el hebreo para discutir la autoridad de Moisés. Jesús sugiere que la pregunta no tiene respuesta ni en su caso ni en el de Moisés en el momento en que le fue planteada. Nadie ha puesto a Jesús, ni nadie le pondrá jamás, de juez de esos hermanos o a resolver sus repartos.

¿Eso quiere decir que Jesús protesta contra la idea de que está encargado de una misión divina como lo estuvo también Moisés? Seguramente no, pero Jesús sugiere que su misión es muy diferente a la de Moisés. La hora del liberador nacional y del legislador ha pasado. Ya no es posible separar a los hermanos enemigos por una violencia regulada que pondría término a la suya. La contestación del hebreo que recuerda a Moisés su homicidio de la víspera es universalmente válida. Ya no existe distinción posible entre violencia legítima y violencia ilegítima. Solo quedan unos hermanos enemigos y solo podemos confiar en prevenirles contra su deseo mimético esperando que renunciarán a él. Es lo que hace Juan y su advertencia recuerda la predicación del reino de Dios en la carrera de Jesús.

A excepción del profeta, es un hecho que en el texto

todos son hermanos enemigos y gemelos miméticos, la madre y la hija, Herodes y su hermano, Herodes y Herodías. Estos dos últimos nombres sugieren fonéticamente el *jumelage* y son constantemente repetidos, alternativamente, al comienzo de nuestro texto, mientras que el de la bailarina no aparece, sin duda porque no hay otro para acompañarle: no aporta nada nuevo bajo la perspectiva de los efectos miméticos.

El hermano, o mejor dicho el hermanastro a quien Herodes disputaba Herodías, no se llamaba Felipe, como afirma por error Marcos, se llamaba también Herodes, tenía el mismo nombre que su hermano; Herodías se encuentra atrapada entre dos Herodes. Si Marcos lo hubiera sabido, probablemente habría jugado con esta homonimia. La realidad histórica todavía es más bella que el texto.

En la linde de nuestro texto, la advertencia de Juan designa el tipo de relación que domina el conjunto del relato y que desemboca, en su paroxismo, en la muerte del profeta. El deseo abunda y se exaspera porque Herodes no toma en cuenta la advertencia profética y todos siguen su ejemplo. Todos los incidentes y todos los detalles del texto ilustran los momentos sucesivos de este deseo, producido cada uno de ellos por la lógica demencial de una escalada que se nutre del fracaso de los momentos anteriores.

La prueba de que Herodes desea fundamentalmente triunfar sobre su hermano es que, una vez poseída, Herodías pierde todo tipo de influencia directa sobre su esposo. Ni siquiera consigue obtener de él que dé muerte a un insignificante profeta de segunda categoría. Para conseguir sus fines Herodías debe reconstituir, valiéndose de su hija, una configuración triangular análoga a la que había asegurado su dominio sobre Herodes convirtiéndose en una baza entre los hermanos enemigos. El deseo mimético no hace más que apagarse en un lugar para reaparecer algo más lejos en una forma más virulenta.

Herodías se siente negada y borrada por la palabra de Juan. No en tanto que ser humano, sino en tanto que baza mimética. Ella misma está demasiado devorada por el mimetismo como para establecer la distinción. Sustrayendo al profeta a la venganza de Herodías, Herodes se comporta de acuerdo con las leyes del deseo, confirma el anuncio profético y el odio de la abandonada aumenta. Atraída por Juan porque se siente rechazada por él, el deseo se convierte en deseo de destrucción; se desliza inmediatamente hacia la violencia.

Al imitar el deseo de mi hermano, yo deseo lo que él desea, ambos nos impedimos mutuamente satisfacer nuestro deseo común. Cuanto más aumenta la resistencia por una y otra parte, más se refuerza el deseo, más se convierte en obstáculo el modelo, más se convierte el modelo en obstáculo, hasta el punto en que, a fin de cuentas, el deseo solo se interesa por lo que lo obstaculiza. Solo se prenda de los obstáculos que él mismo ha suscitado. Juan Bautista es un obstáculo, inflexible, inaccesible a cualquier intento de corrupción, y eso es lo que fascina a Herodes y aún más a Herodías. Herodías siempre es el futuro del deseo de Herodes.

Cuanto más se exaspera el mimetismo, más aumenta su doble poder de atracción y de repulsión, con mayor rapidez se transmite de un individuo a otro en forma de odio. La continuación constituye una extraordinaria ilustración de esta ley:

Y entrando la hija de Herodías, y danzando, y agradando a Herodes y a los que estaban con él a la mesa, el rey dijo a la muchacha: Pídeme lo que quisieres, que yo te lo daré. Y le juró: Todo lo que me pidieres te daré, hasta la mitad de mi reino. Y saliendo ella, dijo a su madre: ¿Qué pediré? Y ella dijo: La cabeza de Juan Bautista. Entonces ella volvió prestamente junto al rey, y pidió, diciendo: Quiero que ahora mismo me des en un plato la cabeza de Juan Bautista.

El ofrecimiento de Herodes desencadena algo extraño. O, mejor dicho, lo extraño es que no desencadene nada. En lugar de enumerar las cosas preciosas o insensatas que se supone que desean las muchachas, Salomé permanece silenciosa. Ni Marcos ni Mateo dan nombre a la bailarina. Nosotros la llamamos Salomé a causa del historiador Josefo que habla de una hija de Herodías así denominada.

Salomé no tiene deseo que formular. El ser humano no tiene ningún deseo propio; los hombres son ajenos a sus deseos; los niños no saben qué desear y necesitan que se lo enseñen. Herodes no sugiere nada a Salomé ya que le ofrece todo lo que quiera. Esa es la razón de que Salomé le plante y acuda a preguntar a su madre qué es lo que le conviene desear.

Pero ¿es exactamente un deseo lo que la madre transmite a la hija? ¿Salomé no podría ser simplemente una intermediaria pasiva, una niña buena que ejecuta dócilmente los terribles encargos de su mamá? Es mucho más que eso y la prueba está en la precipitación que muestra tan pronto como su madre ha hablado. Desaparece su incertidumbre y cambia de pies a cabeza. Los observadores atentos, como el padre Lagrange, han percibido claramente esta diferencia de actitud pero no han entendido lo que significaba:

Entonces ella volvió prestamente junto al rey, y pidió, diciendo: Quiero que ahora mismo me des en un plato la cabeza de Juan Bautista.

Prestamente, ahora mismo... No es sin intención por lo que un texto tan parco en detalles multiplica los signos de impaciencia y de febrilidad. Salomé se inquieta ante la idea de que el rey, despejado por el final de la danza y la desaparición de la bailarina, pudiera rectificar su promesa. Y lo que se inquieta en ella es el deseo; el deseo de su madre se ha convertido en suyo. El hecho de que el deseo de Salomé esté enteramente copiado de otro deseo no quita nada de su intensidad, muy al contrario: la imitación es aún más frenética que el original.

La hija de Herodías es una niña. El original griego no la designa con la palabra *kore*, muchacha, sino con el diminutivo *korasion*, que significa chiquilla. La Biblia de Jerusalén lo traduce correctamente por niña. Hay que olvidar la concepción que ha convertido a Salomé en una profesional de la seducción. El talento del texto evangélico no tiene nada que ver con la cortesana de Flaubert, la danza de los siete velos y la pacotilla orientalista. Aunque todavía infantil o, mejor dicho, precisamente porque todavía es niña, Salomé pasa casi instantáneamente de la inocencia al paroxismo de la violencia mimética. Es imposible imaginar una secuencia más luminosa que esta. En respuesta inicialmente al ofrecimiento exorbitante del monarca, el silencio de la hija, luego la pregunta a la madre, a continuación la respuesta de la madre, el deseo de la madre y finalmente la adopción de este deseo por la hija, el deseo de la hija. La niña pide al adulto que supla no una ausencia, que sería el deseo, sino la *ausencia del propio deseo*. Nos encontramos aquí con una revelación de lo imitativo como pura esencia del deseo, incomprendida y siempre incomprensible en tanto que demasiado insólita, tan ajena a las concepciones filosóficas de la imitación como a las teorías psicoanalíticas del deseo.

Hay algo de esquemático, probablemente, en esta revelación. Se produce a costa de un cierto realismo psicológico. Por fulgurante que pueda ser la transmisión del deseo de un individuo a otro, nos cuesta imaginarlo basándose únicamente en la breve respuesta de la madre a la pregunta planteada por la hija. Este esquematismo desconcierta a todos los comentaristas. Mateo ha sido el primero en no querer verlo; entre el ofrecimiento de Herodes y la respuesta de Salomé ha suprimido la conversación de la madre y de la hija; ha visto solo su torpeza, no ha descubierto su genio o ha estimado la expresión demasiado elíptica para ser considerada. Nos dice simplemente que la hija ha sido «adoctrinada» por la madre, y eso es la interpretación correcta de lo que ocurre en Marcos, pero nos lleva a perder el espectáculo estremecedor de una Salomé metamorfoseada de repente, miméticamente, en una segunda Herodías.

Después de haber «atrapado» el deseo materno, la hija ya no se diferencia de la madre. Las dos mujeres juegan sucesivamente el mismo papel ante Herodes. Nuestro culto indestructible del deseo nos impide reconocer este proceso de uniformización; escandaliza nuestras ideas recibidas. Los adaptadores modernos se dividen igualmente entre los que exaltan únicamente a Herodías y los que exaltan únicamente a Salomé, haciendo respectivamente de una o de otra, a decir verdad eso no importa demasiado, la heroína del deseo más intenso, y por tanto, según ellos, el más único, el más espontáneo, el más liberado, el más liberador, todo aquello contra lo cual el texto de Marcos protesta con una fuerza y una sencillez que escapan por completo a la vulgaridad –hay que entender el término al pie de la letra– de los instrumentos analíticos de que nos hemos dotado, psicoanálisis, sociología, etnología, historia de las religiones, etc.

Al dividirse como lo hacen entre Herodías y Salomé,

los modernos que tienen el culto del deseo restablecen silenciosamente la verdad que su culto está destinado a negar, a saber que, lejos de individualizar, el deseo cada vez más mimético convierte a quienes posee en unos seres cada vez más intercambiables, cada vez más sustituibles entre sí, según su intensidad.

Antes de hablar de la danza, hay que evocar también una noción que impregna nuestro texto, aunque no la mencione de manera explícita. Es el escándalo o la piedra de toque. Derivado de *skadzein* que significa cojear, *skandalon* designa el obstáculo que rechaza para atraer, atrae para rechazar. No se puede tropezar con esta piedra una primera vez sin volver a tropezar siempre con ella, pues el accidente inicial y después los siguientes la hacen cada vez más fascinante.[1]

Veo en el escándalo una rigurosa definición del proceso mimético. Su sentido moderno solo abarca una pequeña parte del sentido evangélico. El deseo ve perfectamente que, al desear lo que desea el otro, convierte a ese modelo en un rival y un obstáculo. Si fuera prudente abandonaría la partida pero si el deseo fuera prudente ya no sería deseo. Al no encontrar nunca otra cosa que obstáculos en su camino, los incorpora a su visión de lo deseable, los hace pasar a primer plano; ya no puede desear sin ellos; los cultiva con avidez. Así es como se convierte en pasión odiosa del obstáculo, se deja escandalizar. Esta es la evolución que el paso de Herodes a Herodías y, acto seguido, a Salomé nos permite ver.

Juan Bautista es para Herodías un escándalo por el mero hecho de que dice la verdad y el deseo no tiene peor enemigo que su verdad. Esa es la razón de que pueda convertir tal verdad en un escándalo; la misma verdad se hace

1. *Cosas ocultas...*, pp. 438-453.

escandalosa, y este es el peor de los escándalos. Herodes y Herodías consideran prisionera a la verdad, la convierten en una especie de baza, la comprometen en las danzas de su deseo. Dichoso aquel, dice Jesús, para quien yo no sea causa de escándalo.

El escándalo acaba siempre por investir e incorporarse lo que más se le escapa, lo que debería seguir siendo para él lo más ajeno. La palabra profética es un ejemplo y la infancia otro. Interpretar a Salomé como yo lo hago es ver en ella una niña víctima del escándalo, es aplicarle las palabras de Jesús acerca del escándalo y la infancia:

> Y cualquiera que recibiere a un tal niño en mi nombre, a mí recibe. Y cualquiera que escandalizare a algunos de estos pequeños que creen en mí, mejor le fuera que se le colgase al cuello una piedra de molino de asno, y que se le anegase en lo profundo de la mar (Mateo 18, 5-7).

El niño toma necesariamente por modelo al adulto más cercano. Si solo encuentra unos seres ya escandalizados, excesivamente devorados por el deseo para no cerrarse herméticamente, tomará su cerrazón como modelo; se convertirá en reproducción mimética de esta, una caricatura cada vez más grotescamente subrayada.

Para acosar a Herodes y obtener su consentimiento para la muerte del justo, Herodías utiliza a su propia hija. ¿Cómo no iba a escandalizar a Salomé? Para protegerse del escándalo, la niña se sume en él apropiándose del deseo atroz de su madre.

En la cita anterior, el anegamiento con un formidable peso en torno al cuello es una figura del escándalo. Al igual que las demás figuras, sugiere un mecanismo natural de autodestrucción y no una intervención sobrenatural. Instalándose en el círculo vicioso del escándalo, los hombres se forjan el destino que merecen. El deseo es un nudo que cada cual se coloca alrededor del cuello; se estrecha cuando el escandalizado tira de él para aflojarlo. El equivalente físico de este proceso, la noria que hacen girar los asnos, es menos terrible que el propio proceso. El ahorcamiento es otro equivalente al infligírselo a sí mismo; Judas se inflige el castigo que prolonga su propio mal, el escándalo del que es presa, los celos miméticos que le devoran.

Los hombres cavan su propio infierno. Descienden a él conjuntamente, apoyándose los unos en los otros. A fin de cuentas, la perdición es un intercambio, equitativo en tanto que recíproco, de malos deseos y de malos procedimientos. Las únicas víctimas inocentes son los niños, que reciben el escándalo desde fuera, sin intervención previa por su parte. Afortunadamente todos los hombres han sido primero niños.

El escándalo y la danza se oponen entre sí. El escándalo es todo lo que nos impide danzar. Gozar de la danza es danzar con la bailarina, es escapar al escándalo que nos retiene prisioneros de los hielos mallarmeanos, engullidos en las viscosidades sartrianas.

Si la danza no hubiera sido jamás otra cosa que un mero espectáculo en el sentido moderno, una simple imagen de la libertad con que soñamos, sus efectos solo habrían sido realmente imaginarios o simbólicos en el sentido más vacío del esteticismo de los modernos. En la danza hay otra fuerza.

La danza no suprime los deseos, los exaspera. Lo que me impide danzar no es esencialmente físico; es el cruce, es la mezcla terrible de nuestros deseos que nos mantienen pegados al suelo, y siempre es el otro del deseo el que me parece responsable de esta desdicha; todos somos unos He-

225

rodías obsesionados por algún Juan Bautista. Aunque todos los nudos del deseo sean especiales, aunque cada individuo tenga su propio modelo-espectáculo, la mecánica siempre es la misma y esta identidad facilita las sustituciones. La danza acelera el proceso mimético. Hace entrar en el baile a todos los invitados al banquete, hace converger todos los deseos en un único e idéntico objeto, la cabeza en el plato, la cabeza de Juan Bautista en el plato de Salomé.

Juan Bautista comienza por convertirse en el escándalo de Herodías, luego en el de Salomé, y Salomé, con la fuerza de su arte, transmite el escándalo a todos los espectadores. Reúne todos los deseos en un haz que dirige hacia la víctima elegida para ella por Herodías. Existe fundamentalmente el nudo inextricable de los deseos, y para que al final de la danza se desanude es preciso que muera la víctima que lo encarna fugitivamente por unas razones siempre miméticas, por lejos que nos remontemos para descubrirlas, por unas razones casi siempre insignificantes, salvo tal vez en este caso y en el del propio Jesús, donde la advertencia verídica respecto a ese deseo es lo que desencadena la mecánica fatal.

Decir que la danza no solo gusta a Herodes sino a todos sus invitados equivale a decir que todos adoptan el deseo de Salomé; no ven en la cabeza de Juan Bautista lo que la bailarina reclama únicamente, o el escándalo en general, el concepto filosófico de escándalo, que por otra parte no existe; cada cual ve su propio escándalo, el objeto de su deseo y de su odio. No hay que interpretar el sí colectivo a la decapitación como un asentimiento cortés, un gesto amable sin auténtico alcance. Todos los invitados están igualmente hechizados por Salomé; y es prestamente, ahora mismo, cuando necesitan la cabeza de Juan Bautista: la pasión de Salomé ha pasado a ser la suya. Siempre mimetismo. El poder de la danza se asemeja al del chamán que da a sus enfermos la impresión de extraer de sus cuerpos la sustancia nociva que se había introducido en ellos. Estaban poseídos por algo que los encadenaba y he aquí que la danza los libera de ello. La bailarina puede hacer bailar a esos inválidos; los libera danzando del demonio que les poseía. Les lleva a cambiar todo lo que les fatiga, todo lo que les atormenta, por la cabeza de Juan Bautista; no descubre únicamente el demonio que llevaban dentro, ejerce en su lugar la venganza con la que sueñan. Al adoptar el deseo violento de Salomé, todos los invitados tienen la impresión de satisfacer igualmente el suyo. Respecto al modelo-obstáculo, existe el mismo frenesí en todos y si todos aceptan equivocarse de objeto, es porque el objeto propuesto alimenta su apetito de violencia. No es la negatividad hegeliana o la muerte impersonal de los filósofos lo que sella el simbolismo de la cabeza profética, es el arrastre mimético del homicidio colectivo.

Existe una leyenda popular que hace morir a Salomé en el transcurso de un baile sobre un espejo. La bailarina tropieza y, al caer, su cuello choca con una arista que la decapita.[1]

Mientras que, en el texto evangélico, la bailarina mantiene maravillosamente bien su equilibrio y gracias a ello consigue la cabeza que desea, he aquí que a la postre fracasa y paga este fracaso con su propia cabeza. Parece que esta retribución se ejerce sin la intervención de nadie; es una venganza sin vengadores. Pero es posible ver en el espejo una imagen de los *otros*, los espectadores, espejo reflectante, y sobre todo terreno maravillosamente deslizante que

1. *Ellicott's Bible commentary*, Grand Rapids, Michigan, 1971, p. 715.

favorece en un principio las evoluciones más espectaculares. Sus admiradores llevan a la bailarina a desafiar las leyes de la gravedad de manera cada vez más temeraria, pero pueden convertirse de un instante a otro en una trampa fatal, testigos y causas de la caída de la que la artista ya no se levanta.

Si la bailarina ha dejado de dominar los deseos, el público inmediatamente se vuelve contra ella y es la única que puede servir de víctima sacrificial. Al igual que el domador de fieras salvajes, el maestro del rito desencadena unos monstruos que le devorarán si no los vence mediante unas proezas perpetuamente renovadas.

Por su dimensión vengadora, la leyenda no tiene nada de evangélica pero confirma la existencia de un vínculo en la conciencia popular entre el homicidio de Juan, la danza y el escándalo, es decir, la pérdida de equilibrio lo contrario de la danza perfecta. Conforma, en suma, la lectura mimética, y llegaría a decir, para contentar a mis críticos, el *simplismo*, el *sistemismo* y el *dogmatismo* de esta lectura en tanto que pone en juego de nuevo todos sus resortes en una trayectoria prodigiosa pero no sin volver a mitificar lo que Marcos ha desmitificado, ya que sustituye al otro, el doble, el rival escandaloso, siempre explícito en el texto evangélico, por uno de sus «símbolos» míticos más comunes, el cristal, el espejo.

El escándalo es aquello inaprehensible de que quiere apoderarse el deseo, es lo indispensable absoluto de que quiere disponer absolutamente. En tanto que es más ligera, más manejable, realmente portátil, la cabeza asegura una mejor representación una vez ha sido separada del cuerpo y más aún una vez que ha sido depositada en un plato. Hoja de acero deslizada bajo la cabeza de Juan, este plato hace destacar la fría crueldad de la bailarina. Transforma la cabeza en un accesorio de la danza, pero sobre todo lo que conjura y materializa es la última pesadilla del deseo.

Reencontramos aquí algo de la obsesión que ejerce sobre algunos primitivos la cabeza del antagonista designada ritualmente por el orden cultural, el miembro de la tribu vecina que mantiene con la del homicida unas relaciones de rivalidad mimética permanentes. Los primitivos hacen experimentar a veces a esas cabezas un tratamiento que las hace incorruptibles y las reduce hasta convertirlas en una especie de *bibelots*. Es un refinamiento paralelo al horrible deseo de Salomé.

La tradición reconoce en Salomé a una gran artista, y una tradición consistente jamás se crea sin motivo. Pero ¿dónde está ese motivo? La danza jamás ha sido descrita. El deseo que expresa Salomé no tiene nada de original, puesto que está copiado del de Herodías. Incluso sus palabras son las de Herodías. Salomé solo añade una cosa y es la idea del plato. «Quiero –dice– que ahora mismo me des en un plato la cabeza de Juan Bautista.» Herodías había mencionado la cabeza pero no había mencionado el plato. El plato constituye el único elemento nuevo, el único dato que pertenece en propiedad a Salomé. Si hace falta una causa textual para el prestigio de Salomé, ahí es donde hay que buscarla. No existe nada más que lo justifique.

Todo se basa, indudablemente, en ese plato. A él le debe la escena de Marcos lo mejor de su fama. De él nos acordamos cuando lo hemos olvidado todo. En ese tipo de signos, en efecto, no lo olvidemos o, mejor dicho, olvidémoslo si podemos, es donde el humanismo liberal, el que triunfaba en la gran época moderna de Herodías y de Salomé, reconocía la cultura. Surge ahí una idea escandalosa, seductora, refinada a fuerza de ser grosera, una idea de artista decadente, en suma.

Pero ¿es realmente una idea *original* en el sentido moderno de la *novedad*? La menor reflexión disuelve la apariencia de originalidad, para dejar lugar a la imitación, una vez más a la *mímesis*.

Cuando Herodías contesta a su hija: «La cabeza de Juan Bautista», no piensa en la decapitación. Tanto en francés como en griego, pedir la cabeza de alguien es exigir que muera, y nada más. Es tomar la parte por el todo. La respuesta de Herodías no constituye una alusión a un modo de ejecución determinado. El texto ya ha mencionado el deseo de Herodías en una lengua neutra que no sugiere ninguna obsesión respecto a la cabeza del enemigo: «Mas Herodías le acechaba [a Juan Bautista], y deseaba matarle».

Incluso en el caso de que Herodías pretendiera sugerir el tipo de muerte que desea para el profeta cuando exclama: «La cabeza de Juan Bautista», no es posible decir que quisiera tener esta cabeza en las manos, que deseara el objeto físico. Incluso en los países con guillotina, pedir la cabeza de alguien supone una dimensión retórica desconocida por la hija de Herodías. Salomé toma a su madre al pie de la letra. No lo hace adrede. Como sabemos, hay que ser adulto para diferenciar entre las palabras y las cosas. Esta cabeza es el día más hermoso de su vida.

Llevar a Juan Bautista en la cabeza es una cosa, tener su cabeza en los brazos otra muy distinta. Salomé se pregunta sobre la mejor manera de librarse de ella. Forzosamente tendrá que dejar esta cabeza recién cortada en algún lugar y lo más razonable es posarla en un plato. Es una idea de lo más banal, un reflejo de buena ama de casa. Salomé contempla las palabras con demasiada fijeza como para reproducir exactamente su mensaje. Pecar por un excesivo respeto a la literalidad es interpretar mal, pues es interpretar sin saberlo. La inexactitud de la copia coincide con la miope preocupación por la exactitud. Lo que parece más creador, en suma, en el papel de Salomé es, por el contrario, lo que hay de más mecánico y de típicamente hipnótico en la sumisión del deseo al modelo que se ha dado.

Todas las grandes ideas estéticas son del mismo tipo, estricta y obsesivamente *imitativas*. Es algo que no desconocía la tradición, que jamás habló del arte en otros términos que los de *mímesis*. Nosotros lo negamos con una pasión sospechosa desde que el arte, precisamente, se retira de nuestro mundo. Desanimar la imitación no significa, sin duda, eliminarla, pero sí orientarla hacia las formas ridículas de la moda y de la ideología, las falsas innovaciones contemporáneas. La voluntad de originalidad solo consigue unas muecas insignificantes. No debemos renunciar a la noción de *mímesis*; hay que ampliarla a las dimensiones del deseo o tal vez hay que ampliar el deseo a las dimensiones de lo mimético. Separando *mímesis* de deseo, la filosofía ha mutilado a ambos y nosotros permanecemos prisioneros de esta mutilación que perpetúa todas las falsas divisiones de la cultura moderna, entre lo que depende de la estética, por ejemplo, y lo que no depende de ella, entre lo que depende del mito y lo que depende de la historia.

Sobre la propia danza el texto no dice estrictamente nada: se limita a decir: *y danzando...* Es preciso, sin embargo, que exprese algo para ejercer la fascinación que siempre ha ejercido sobre el arte occidental. Salomé ya bailaba en los capiteles románicos y desde entonces no ha dejado de hacerlo, de manera cada vez más diabólica y escandalosa, claro está, a medida que el mundo moderno profundiza en su propio escándalo.

El espacio destinado a convertirse en el de la «descripción» en los textos modernos está ocupado aquí por los antecedentes y las consecuencias de la danza. Todo se reduce a los momentos necesarios de un único e idéntico juego mimético. Así pues, la mímesis ocupa el espacio, pero no en el sentido del realismo que copia unos objetos, sino en el de las relaciones dominadas por las rivalidades miméticas, y este torbellino, al acelerarse, produce el mecanismo victimario que lo hace cesar.

Todos los efectos miméticos son pertinentes desde el punto de vista de la danza; son ya unos efectos de danza pero no tienen nada de gratuito, no están ahí por unas «razones estéticas», lo que interesa a Marcos son las relaciones entre los participantes. La bailarina y la danza se engendran recíprocamente. El infernal progreso de las rivalidades miméticas, el devenir *semejante* de todos los personajes, la marcha de la crisis sacrificial hacia su desenlace victimario coinciden con la zarabanda de Salomé. Y es preciso que sea así: las artes nunca son otra cosa que la reproducción de esa crisis, de ese desenlace, en una forma más o menos velada. Todo comienza siempre por unos enfrentamientos simétricos finalmente resueltos en unas rondas victimarias.

El conjunto del texto tiene algo de danzante. Para describir los efectos miméticos de una manera rigurosa, la más sencilla posible, hay que ir, venir, volver de un personaje a otro, representar, en suma, una especie de ballet en el que cada danzarín ocupa sucesivamente el primer plano de la escena antes de desaparecer de nuevo en el grupo para desempeñar su papel en la siniestra apoteosis final.

Pero existe fundamentalmente, se me dirá, la inteligencia calculadora. Herodes no quiere ceder pero Herodías, como una araña en su tela, espera la ocasión favorable:

Y venido un día oportuno, en que Herodes, en la fiesta de su nacimiento, daba una cena a sus príncipes y tribunos...

El día propicio, el aniversario del nacimiento de Herodes, tiene un carácter ritual; es una fiesta que reaparece todos los años; en tal ocasión se desarrollan unas actividades festivas, es decir, rituales una vez más: la comunidad se reúne en torno a un banquete; hasta el espectáculo de la danza al término de la cena tiene un carácter ritual. Todas las instituciones que Herodías utiliza en contra de Juan son de naturaleza ritual.

Al igual que la conspiración de los sacerdotes en el relato de la Pasión, la de Herodías solo desempeña un papel secundario: no hace más que acelerar en pequeña medida las cosas porque corre en el mismo sentido que el deseo y la *mímesis*, como el propio rito. Una comprensión demasiado diferenciada, todavía inferior, supone que Herodías manipula todos los deseos, es la comprensión de la propia Herodías. Una comprensión superior, más mimética y menos diferenciada, descubre que la propia Herodías está manipulada por su deseo.

Todas las actividades mencionadas en el texto aparecen en los ritos y culminan por regla general en una inmolación sacrificial. El homicidio de Juan ocupa el lugar y el momento del sacrificio. Así pues, todos los elementos del texto podrían leerse en una clave estrictamente ritual, pero esta lectura no tendría ningún valor explicativo. Anteriormente, una cierta etnología creía iluminar un texto como el nuestro señalando sus aspectos rituales. No hacía más que espesar el misterio, pues no poseía ninguna claridad sobre los ritos y sobre su razón de ser. En las ciencias humanas sucede frecuentemente que se dé un valor explicativo a los datos más opacos gracias precisamente a su opacidad. Lo que no ofrece ningún asidero al investigador se presenta como un bloque sin fisura y, al no poder insinuarse la duda por ninguna parte, su misma oscuridad lleva a tomarlo por una idea clara.

Lejos de alejarme de los aspectos rituales e institucionales del texto interpretándolo todo mediante el deseo, instituyo el único esquema que permite la inteligibilidad del ritual. Entre este y los estadios supremos de la crisis mimética, espontáneamente decidida por el mecanismo victimario, no existe únicamente semejanza, existe coincidencia perfecta, indiferenciación pura y simple. Esta superposición siempre es posible porque el rito, como ya he dicho, no hace nunca otra cosa que repetir miméticamente una crisis mimética original. Dado que tampoco ella supone nada original –a no ser el origen oculto, claro está–, la dimensión ritual se inscribe sin ruptura en la historia del deseo que desarrolla nuestro texto; es incluso en sí misma por completo *mímesis*, imitación, repetición escrupulosa de esta crisis. El rito no aporta ninguna solución propia, no hace más que copiar la solución que interviene espontáneamente. Así pues, no existe diferencia estructural entre el rito propiamente dicho y el curso espontáneo, natural, de la crisis mimética.

Lejos de frenar o de interrumpir el juego mimético de los deseos, la actividad ritual lo favorece y lo arrastra hacia unas víctimas determinadas. Cada vez que se sienten amenazados de discordia mimética real, los fieles entran en ella voluntariamente; miman sus propios conflictos y emplean todo tipo de recetas para favorecer la resolución sacrificial que volverá a ponerles de acuerdo a expensas de la víctima.

De modo que se confirma nuestra lectura; el rito, y el arte que surge de él, son de naturaleza mimética, actúan miméticamente; carecen de especificidad auténtica. ¿Eso significa que son exactamente lo mismo que la crisis espontánea o que la complicada maniobra de Herodías? ¿Significa que yo lo confundo todo? En absoluto. Los auténticos ritos difieren del auténtico desorden en virtud de la unanimidad que se ha forjado en contra de una víctima y que se perpetúa bajo la égida de esta misma víctima míticamente resucitada y sacralizada.

El *rito* es recuperación mimética de las crisis miméticas en un espíritu de colaboración religiosa y social, es decir, con el proyecto de reactivar el mecanismo victimario en favor de la sociedad más aún que en detrimento de la víctima perpetuamente inmolada. Este es el motivo de que en la evolución diacrónica de los ritos los desórdenes que preceden y condicionan la inmolación sacrificial vayan constantemente atenuándose mientras que el aspecto festivo y convivial adquiere cada vez mayor importancia.

Pero las instituciones rituales, incluso las más diluidas y las más edulcoradas, son propicias a la inmolación sacrificial. Una multitud ahíta de comida y bebida aspira a algo extraordinario, y solo puede tratarse de un espectáculo de erotismo o de violencia, o ambas cosas preferentemente. Herodías posee un saber suficiente del rito para despertar su fuerza y desviarla en favor de su proyecto homicida. Invierte y pervierte la función ritual, ya que la muerte de la víctima le interesa más que la reconciliación de la comunidad. Los símbolos de la auténtica función ritual siguen estando presentes en nuestro texto, pero meramente en forma de vestigios.

Herodías moviliza las fuerzas del rito y las dirige sabiamente hacia la víctima de su odio. Al pervertir el rito, devuelve la *mímesis* a su virulencia primera, restituye el sacrificio a sus orígenes homicidas; revela el escándalo en el co-

235

razón de toda fundación religiosa sacrificial. Desempeña, pues, un papel análogo al de Caifás en la Pasión.

Herodías no es importante en sí misma. No es más que un instrumento de la revelación cuya naturaleza «paradójica» pone al descubierto utilizando el rito de manera reveladora en tanto que perversa. Como hemos visto, es la oposición de Juan a su matrimonio con Herodes –*No te es lícito tener la mujer de tu hermano*– lo que enfrenta a Herodías con el profeta. Pero, en su principio, la mistificación ritual nunca es otra cosa que la ocultación del deseo mimético, a través del chivo expiatorio. Herodías y Caifás podrían definirse como unas alegorías vivientes del rito obligado a regresar a sus orígenes no rituales, el homicidio sin disfraz, bajo el efecto de una fuerza reveladora que lo hace salir de sus escondites religiosos y culturales.

Me refiero al texto de Marcos como si siempre dijera la verdad. Y en efecto la dice. Sin embargo, hay aspectos que sorprenden al lector por su tono legendario. Recuerdan vagamente un cuento de hadas negro, con un final desgraciado. Algo de eso hay en las relaciones de Salomé y de su madre, en la mezcla de horror y de sumisión infantil. Algo de eso hay en el carácter excesivo y desorbitante de la oferta destinada a recompensar a la bailarina. Herodes no tenía reino que dividir. A decir verdad, no era rey, sino tetrarca, y sus poderes muy limitados dependían enteramente de la buena voluntad romana.

Los comentaristas buscan unas fuentes literarias. En el libro de Ester, el rey Asuero hace a la heroína un ofrecimiento análogo al de Herodes (Ester, 5, 6). Este texto habría influenciado a Marcos y a Mateo. Es posible, pero el tema de la oferta exorbitante es tan común, en los relatos legendarios, que Marcos o Mateo podían llevarlo en la mente sin pensar en ningún texto concreto. Sería más interesante preguntarse qué significa el tema.

En los cuentos populares sucede con frecuencia que el héroe demuestra clamorosamente un mérito inicialmente desconocido triunfando en una prueba, realizando alguna proeza. El organizador de la *prueba*, el soberano, se siente tanto más deslumbrado por el éxito cuanto se ha resistido durante mucho tiempo al encanto que desprende el héroe. Le hace entonces una oferta exorbitante, su reino o, lo que equivale a lo mismo, su única hija. Si la oferta es aceptada, transforma al que no poseía nada en el que lo posee todo y viceversa. Si el ser de un rey es inseparable de sus posesiones, de su reino, es literalmente su ser lo que el donante entrega al donatario.

Haciéndose desposeer, el donante quiere convertir al donatario en otro yo. Le da todo lo que hace de él lo que es, y no conserva nada. Si la oferta se refiere únicamente a la mitad del reino, como en este caso, el sentido, en el fondo, sigue siendo el mismo. Una Salomé que poseyera la mitad de Herodes sería lo mismo, el mismo ser que la otra mitad, el propio Herodes. No habría más que un único ser intercambiable para dos personajes.

Pese a sus títulos y a sus riquezas, el donante está en posición de inferioridad. Ofrecerle a una bailarina que nos desposea es pedirle que quiera poseernos. La oferta exorbitante es una respuesta de espectador fascinado. Es la expresión del deseo más fuerte, el deseo de hacerse poseer. Desorbitado por este deseo, el sujeto intenta reinsertarse en la órbita del sol que le deslumbra, hacerse literalmente «satelizar».

En este caso, hay que entender posesión en el sentido técnico del trance practicado en determinados cultos. De acuerdo con Jean-Michel Oughourlian, hay que reconocer

237

una manifestación mimética demasiado intensa para que la perspectiva hasta entonces válida de la alienación mantenga su pertinencia. La alienación sigue suponiendo la vigilancia de un yo, una especie de sujeto que no está completamente obliterado por la experiencia y la siente, por ese mismo hecho, como *alienación*, esclavitud, servidumbre. En el caso del poseído, la invasión por el otro, el modelo mimético, se hace tan total que nada ni nadie le resiste y la perspectiva se invierte. Ya no hay un yo para llamarse alienado; solo existe el otro y se encuentra ahí como en su casa; se ha instalado a vivir.[1]

El lenguaje de la oferta es a la vez el del juramento y de la oración encantatoria. Es el lenguaje del mimetismo superagudo con las mismas fórmulas: «*Pídeme lo que quieres, que yo te lo daré*». Y le juró: «*Todo lo que me pidieres te daré, hasta la mitad de mi reino*».

El que hace la oferta tiene siempre un objeto o más bien un ser al que se siente especialmente ligado y que quisiera reservar para sí. Desgraciadamente, cuando formula su oferta, no menciona a este ser. Es posible que en el frenesí de su deseo lo haya realmente olvidado, es posible que tema disminuir la generosidad de la oferta distrayendo de ella la menor parcela de sus bienes. Sea lo que fuere, triunfa el genio de la posesión y la oferta no supone ninguna restricción. Parece que no importa. En relación con las inmensas riquezas que están en la balanza, este ser pesa demasiado poco, evidentemente, como para que se le pueda elegir con preferencia a todo el resto.

Y, sin embargo, siempre es eso lo que se produce. La demanda se orienta infaliblemente hacia este ser insignifi-

---

1. Véase Jean-Michel Oughourlian, *Un mime nommé désir*, Grasset, 1982.

cante que no debería interesar a nadie, ya que nadie lo ha mencionado. ¿Hay que incriminar al destino, la fatalidad, la perversidad del narrador, el inconsciente freudiano? Claro que no. Existe una explicación simple y perfecta pero que, sin duda, nadie aceptará, y es el deseo mimético. Lo que constituye el valor de un objeto no es su precio real, sino los deseos que se adhieren a él y que lo convierten en el único atractivo para los deseos que todavía no se han adherido. El deseo no necesita hablar para traicionarse. Los deseos miméticos nos ocultan lo que desean porque se ocultan a sí mismos, pero no pueden ocultarse nada los unos a los otros; esta es la razón de que su juego parezca violar las reglas de la verosimilitud dotando a los personajes bien de una ceguera, bien de una clarividencia excesivas.

Herodes cree disimular su interés por Juan encarcelándole. Pero Herodías lo ha entendido todo. Nunca el profeta, por otra parte, hace tanto ruido y atrae tanto la atención sobre él como desde el fondo de esta cárcel en la que el rey se imagina haberle ocultado. Para anudar los grandes nudos dramáticos tradicionales, el deseo mimético es un gran maestro, necesariamente; por dicho motivo las auténticas tragedias se parecen como una gota de agua a otra a la existencia cotidiana por poco que sepamos encontrarnos o, por el contrario, perdernos por completo en ellas.

A la oferta exorbitante responde siempre una demanda aparentemente modesta pero que cuesta más satisfacer que todos los reinos del universo. El valor de la demanda no se mide por el rasero de las cosas de este mundo. Lo esencial es entender que se trata de un *sacrificio*. La demanda representa el sacrificio más duro para el que debe renunciar al ser querido. Es una especie de ídolo, una Salomé cualquiera, una casi-divinidad monstruosa que reclama la víctima. Está en juego la libertad, el bienestar y la vida del ser abandonado. Está en juego sobre todo la integridad espiritual de todos los seres implicados. La de Herodes, ya comprometida, se hunde con el profeta en la fosa de los leones del homicidio colectivo. Así que el texto está redactado contra el sacrificio, de la misma manera que todas las grandes leyendas que contienen variantes de la oferta exorbitante y de la demanda sacrificial, la historia de Fausto por ejemplo, o la de Don Juan.

En suma, los escasos «mitos» del mundo moderno no son mitos auténticos en la medida en que en lugar de abrirse a unas soluciones sacrificiales asumidas sin la menor restricción mental, como los mitos auténticos, y de reflejar la visión persecutoria, rechazan ese tipo de sacrificio, lo denuncian siempre como una abominación. Están influenciados por los Evangelios.

En esas leyendas, lo esencial es siempre aquello de lo que nuestros incrédulos querrían limpiarlo, lo que molesta a su pequeña vanidad. La problemática sacrificial les irrita; la ven como un resto de piedad que hay que extirpar inmediatamente, un mediocre sentimentalismo con el que ya no quiere acarrear su hermosa audacia. Se ríen del alma inmortal reclamada por Mefistófeles, desprecian la estatua del Comendador y el festín de piedra. No ven que esta piedra de toque es el único manjar convivial que les queda. En efecto, en torno a ese escándalo, pacientemente cultivado por los intelectuales, es donde la sociedad moderna ha encontrado su último vínculo religioso. Pero he aquí que le arrebatan a la última sal todo su sabor, banalizándola.

Al borrar las últimas huellas de la problemática sacrificial, la única que valía la pena desprender, pues es la que lo dirige todo, estos autores modernos transforman a Fausto y a Don Juan en un puro consumo imaginario de mujeres y de riquezas. Lo que no les impide, fijaos bien, protestar incesantemente contra la sociedad llamada de consumo, sin duda porque no es meramente imaginaria, y tiene sobre ellos la superioridad de ofrecer realmente el tipo de alimento que le piden que ofrezca.

Lo esencial en este caso es la manifiesta relación entre el mimetismo colectivo, el homicidio de Juan Bautista y el estado de trance suscitado por la danza. Este último coincide con el placer del texto, el placer de Herodes y de sus invitados, *La hija de Herodías... danzando y agradando a Herodes y a los que estaban con él a la mesa.* Hay que entender este placer en un sentido más poderoso que Freud y su principio del placer; es un auténtico hechizo. Cuando el poseído se abandona a la identificación mimética, su genio se apodera de él y le «cabalga», como se dice frecuentemente en tales casos; se pone a bailar con él.

Empapado de mimetismo, el sujeto pierde conciencia de sí mismo y de sus objetivos. En lugar de rivalizar con este modelo, se transforma en una marioneta inofensiva: queda abolida cualquier oposición; la contradicción del deseo se disuelve.

Pero ¿dónde se encuentra entonces el obstáculo que antes le obstruía el paso y lo fijaba al suelo? El monstruo debe ocultarse en algún lugar; para que la experiencia sea completa, habría que descubrirlo y aniquilarlo. Siempre existe, en ese instante, un apetito sacrificial que satisfacer, un chivo expiatorio que consumir, una víctima que decapitar. En ese nivel de intensidad máxima, el mimetismo sacrificial reina sin apelación posible; esta es la razón de que los textos realmente profundos lleguen siempre a él.

Una vez que está ahí, el mimetismo absorbe todas las dimensiones que parecen susceptibles de hacerles la competencia a unos niveles de intensidad menor, la sexualidad, las ambiciones, las psicologías, las sociologías, los mismos ritos. Eso no quiere decir que situando el mimetismo en primer plano se escamotee o incluso se «reduzca» a esas dimensiones. Están todas ellas implícitamente presentes en el análisis mimético y siempre es posible explicitarlas, como acabamos de hacer en el caso de la dimensión ritual.

El bienhechor no espera jamás la demanda que se le hace. Experimenta entonces una dolorosa sorpresa pero es incapaz de resistir. Al saber que la bailarina le pide la cabeza de Juan, *el rey se entristeció mucho*, nos dice Marcos, *mas a causa del juramento y de los que estaban con él a la mesa, no quiso desecharla*. Herodes desea salvar a Juan. Recuerdo que su deseo pertenece a una fase precoz del desarrollo mimético. Herodes quiere proteger la vida de Juan mientras que Salomé quiere destruirla. El deseo se hace más homicida a medida que avanza y afecta a mayor número de individuos, la multitud de los invitados por ejemplo. El deseo más bajo es el vencedor. Herodes no tiene el valor de decir no a unos invitados cuyo número y cuyo prestigio le intimidan. En otras palabras, está miméticamente dominado. Los invitados abarcan toda la élite del universo de Herodes. Un poco antes, Marcos se había preocupado de enumerarlos por categorías: *príncipes y tribunos, y los principales de Galilea*. Intenta sugerirnos su enorme potencial de influencia mimética; de igual manera, el relato de la Pasión enumera todas las potencias de este mundo coaligadas contra el Mesías. La multitud y los poderes se juntan y se confunden. De esta masa surge el suplemento de energía mimética necesaria para la decisión de Herodes. Nuestro texto siempre se ve impulsado por la misma energía, manifiestamente mimética, en todas partes.

Si Marcos detalla todo eso no es por el mero placer de narrar, es para aclarar la decisión que arranca la cabeza del profeta. Todos los invitados reaccionan de manera idéntica. En el estadio supremo de la crisis mimética, ofrecen el tipo de multitud que es el único capaz de intervenir decisivamente. Cuando existe una multitud unánimemente homicida, la decisión siempre corresponde a esta multitud. Subyugado por la formidable presión, Herodes no hace más que avalar *nolens volens* la decisión de esta multitud, como repetirá Pilatos algo después. Cediendo a esta presión, hasta él se pierde en la multitud. No es más que el último de los individuos que la componen.

Tampoco aquí hay que buscar una *psicología* de los personajes principales. No hay que creer que Juan y Jesús han muerto por haber caído en manos de unos conspiradores especialmente maléficos o de unos gobernantes especialmente débiles. Lo que se intenta revelar y estigmatizar es la debilidad de la humanidad en su conjunto, frente a la tentación de los chivos expiatorios.

El profeta muere porque enuncia la verdad de su deseo a unas personas que no quieren oírla; nadie quiere nunca oírla. Pero esta verdad proferida por él no es causa suficiente de homicidio, no es más que otro signo preferencial de selección victimaria, el más irónico de todos. No contradice el carácter fundamental aleatorio de la elección mimética, necesariamente ilustrado por el *retraso* en la elección de la víctima que solo interviene después de la danza.

Esta elección ampliamente diferida permite a Marcos ilustrar simultáneamente el alfa y el omega del deseo, su comienzo mimético y su conclusión victimaria, igualmente mimética. El «¿qué pediré?» de Salomé muestra que en ese instante Herodías o cualquier otro podría designar a cualquier persona. La designación *in extremis* no impide que la víctima sea apasionadamente adoptada por Salomé en un principio, por todos los invitados después. En ese estadio, ya no queda resistencia efectiva ni en los tiranos más firmes.

Lo que interesa a los Evangelios es el irresistible devenir unánime del mimetismo. Dentro de ese mimetismo unánime del chivo expiatorio es donde hay que buscar al auténtico soberano de las sociedades humanas.

Cortar una única cabeza basta a veces para excitar la perturbación universal, y a veces también para calmarla. ¿Cómo es posible? La convergencia sobre la cabeza de Juan no es más que una ilusión mimética pero su carácter unánime procura un apaciguamiento real a partir del momento en que la agitación extendida por doquier ya carece de objeto real, y la misma difusión de ese mimetismo, que supone su extrema intensidad, asegura la ausencia completa de objeto real. Más allá de cierto umbral, el odio carece de causa. Ya no necesita causa, ni siquiera pretexto; quedan únicamente unos deseos entrecruzados, enfrentados entre sí. Si los deseos se dividen y se oponen cuanto pueden sobre un objeto que cada cual desearía mantener intacto, para monopolizarlo, como hace Herodes, encerrando al profeta en su prisión, estos mismos deseos convertidos en puramente destructores pueden, por el contrario, reconciliarse. Ahí está la terrible paradoja de los deseos de los hombres. Jamás pueden llegar a ponerse de acuerdo para la preservación de su objeto pero siempre lo consiguen respecto a su destrucción; solo llegan a entenderse a expensas de una víctima.

> Y luego el rey, enviando uno de la guardia, mandó que fuese traída su cabeza; el cual fue, y le degolló en la cárcel, y trajo su cabeza en un plato, y la dio a la muchacha, y la dio a su madre.

Alguien que les reprocha su deseo es para los hombres un escándalo viviente, lo único, dicen, que les impide ser felices. Ni siquiera hoy hablamos de otro modo. El profeta vivo turbaba todas las relaciones y he aquí que, muerto, las facilita convirtiéndose en esa cosa inerte y dócil que circula sobre el plato de Salomé; los invitados se lo ofrecen los unos a los otros, igual que las comidas y las bebidas en el banquete de Herodes. Constituye a la vez el espectáculo estremecedor que nos impide hacer lo que no hay que hacer, y eso nos incita a hacer lo que conviene hacer, el esbozo sacrificial de todos los intercambios. Esta es la verdad de todas las fundaciones religiosas que se lee a libro abierto en este texto, la verdad de los mitos, de los ritos y de las prohibiciones. Pero el texto no cumple lo que revela; no ve nada divino en el mimetismo que reúne a todos los hombres. Respeta infinitamente a la víctima pero se preocupa de no divinizarla.

Lo que más me interesa, en un homicidio como el de Juan, es su fuerza fundadora desde la perspectiva religiosa, más aún que cultural. Querría mostrar ahora que el texto de Marcos hace una alusión explícita a esta fuerza religiosa. Tal vez sea eso lo más extraordinario que hace. El pasaje al que me refiero no aparece al final del relato, sino antes de que empiece. El relato se presenta como una especie de *flashback*. Herodes está impresionado por la fama creciente de Jesús:

> Y oyó el rey Herodes de la fama de Jesús, porque su nombre se había hecho notorio; y dijo: Juan el que bautizaba, ha resucitado de los muertos, y por tanto, virtudes obran en él. Otros decían: Elías es. Y otros decían: Profeta es, o alguno de los profetas.
>
> Y oyéndolo Herodes, dijo: Este es Juan que yo degollé: él ha resucitado de los muertos.

De todas las hipótesis que circulan, Herodes elige la primera, la que supone a Jesús un Juan Bautista resucitado, y el texto nos sugiere el motivo de esta elección; Herodes cree que Juan Bautista ha resucitado a causa del papel que él mismo ha desempeñado en su muerte violenta. Los perseguidores no consiguen creer en la muerte definitiva de la víctima que les congrega. La resurrección y la sacralización de las víctimas son, de entrada, fenómenos de persecución, la perspectiva de los propios perseguidores sobre la violencia en la que han participado.

Los Evangelios de Marcos y de Mateo no se toman en serio la resurrección de Juan Bautista, y no quieren que nosotros lo hagamos. Pero revelan hasta el final un proceso de sacralización extrañamente semejante, en apariencia, al que constituye el objeto principal del texto evangélico, la resurrección de Jesús y la proclamación de su divinidad. Los Evangelios perciben muy bien las semejanzas, pero no experimentan ningún malestar ni sienten el menor tipo de duda. Los creyentes modernos apenas comentan la falsa resurrección de Juan Bautista, porque, a sus ojos, no se distingue suficientemente de la del propio Jesús: si no hay motivo, se dicen, para creer en la resurrección de Juan, tampoco lo hay para creer en la de Jesús.

Para los Evangelios, la diferencia es evidente. El tipo de resurrección que aquí tenemos se impone a los perseguidores engañados por su propia persecución. Por el contrario, Cristo solo resucita para liberarnos de todas estas ilusiones, y de las persecuciones. La resurrección pascual solo triunfa realmente sobre las ruinas de todas las religiones basadas en el homicidio colectivo.

La falsa resurrección de Juan posee ciertamente el sentido que acabo de darle, pues se trata de ella una segunda vez en un contexto que no deja el menor espacio para la duda.

Y viniendo Jesús a las partes de Cesarea de Filipo, preguntó a sus discípulos, diciendo: ¿Quién dicen los hombres que es el Hijo del hombre? Y ellos dijeron: Unos, Juan el Bautista; y otros, Elías; y otros, Jeremías, o alguno de los profetas. Él les dice: Y vosotros, ¿quién decís que soy? Y respondiendo Simón Pedro, dijo: Tú eres el Cristo, el Hijo del Dios viviente. Entonces, respondiendo Jesús, le dijo: Bienaventurado eres, Simón, hijo de Jonás; porque no te lo reveló carne ni sangre, mas mi Padre que está en los cielos. Mas yo también te digo que tú eres Pedro, y sobre esta piedra edificaré mi iglesia; y las puertas del Hades no prevalecerán contra ella. (Mateo, 16, 13-18.)

En el momento de esta profesión de fe, Juan Bautista ya ha muerto. Todos los personajes que la multitud cree redescubrir en Jesús ya han muerto. O sea que la multitud les cree a todos ellos resucitados en la persona de Jesús. Se trata, pues, de una creencia análoga a la de Herodes, de una creencia imaginaria en la resurrección. Lucas, por otra parte, dice lo mismo con mayor claridad aún que Mateo: Jesús, escribe, es confundido con uno de los antiguos profetas *resucitado*.

La referencia a las *puertas del Hades*, es decir, a la morada de los muertos en los griegos, me parece significativa. No significa únicamente que el mal no triunfará sobre el bien. Se puede ver en ello una alusión a la religión de la violencia, que nunca es otra cosa que una religión de los muertos y de la muerte. Hace pensar en las palabras de Heráclito: *Dionysos es lo mismo que Hades*.

Los niños ven la diferencia entre las dos religiones, pues la violencia les asusta, y Jesús no les asusta, pero los sabios y los avispados no ven nada. Comparan sabiamente los temas y, como descubren los mismos en todas partes, incluso cuando se creen estructuralistas, no ven la auténtica diferencia estructural. No ven la diferencia entre el chivo expiatorio disimulado que es Juan Bautista para quienes están dispuestos a adorarle después de haberle matado y el chivo expiatorio revelado y revelador que es el Jesús de la Pasión.

Pedro sí ve la diferencia, lo que no le impedirá recaer, varias veces, en el comportamiento mimético de toda la humanidad. La extraordinaria solemnidad de Jesús en este pasaje muestra que la diferencia que Pedro percibe no la percibirán todos los hombres. En suma, los Evangelios insisten sobre la paradoja de la fe en la resurrección de Jesús, que surge en un contexto de extremo escepticismo respecto a fenómenos aparentemente muy parecidos para una mirada no informada por esta misma fe.

CAPÍTULO XII
LA NEGACIÓN DE PEDRO

Para describir el efecto que la Pasión producirá sobre ellos, Jesús cita a sus discípulos el profeta Zacarías: «Hiere al pastor, y se dispersarán las ovejas» (Zacarías 13, 7; Marcos 14, 27). Inmediatamente después del arresto, se produce la desbandada. El único que no huye es Pedro. Sigue a distancia el cortejo y acaba por introducirse en el patio del sumo sacerdote mientras interrogan brutalmente a Jesús en el mismo palacio. Si Pedro consiguió penetrar en este patio es gracias a la recomendación de un familiar del lugar, «otro discípulo» que se ha unido a él. El «otro discípulo» no es nombrado, pero se trata sin duda del apóstol Juan.

Pedro, nos dice Marcos, había seguido a Jesús de lejos, «hasta dentro del patio del sumo sacerdote; y estaba sentado con los servidores, y calentándose al fuego» (Marcos 14, 54). Nada más natural que este fuego una noche de marzo en Jerusalén. «Y estaban en pie los siervos y los ministros que habían allegado las ascuas; porque hacía frío, y calentábanse; y estaba también con ellos Pedro en pie calentándose» (Juan 18, 18).

Pedro hace lo que hacen los demás, por las mismas razones que los demás. Imita a los demás pero, según parece, eso no tiene nada de notable. Hace frío y todos los que están ahí se agrupan en torno al fuego. Pedro se agrupa con ellos. No vemos a primera vista qué convendría añadir. Los detalles concretos, sin embargo, son extremadamente significativos en un texto tan escaso en ellos. Tres de los cuatro evangelistas mencionan este fuego. Deben tener sus razones. En el texto de Marcos, el más primitivo como siempre se afirma, intentaremos descubrirlas:

Cuando Pedro estaba abajo en el patio, llega una de las criadas del sumo sacerdote. Al ver a Pedro que se calentaba, le reconoció y dijo:

> Y tú con Jesús el Nazareno estabas. Mas él negó, diciendo: No le conozco, ni sé lo que dices. Y se salió fuera a la entrada; y cantó el gallo. Y la criada, viéndole otra vez, comenzó a decir a los que estaban allí: Este es de ellos. Mas él negó otra vez. Y poco después, los que estaban allí dijeron otra vez a Pedro: Verdaderamente tú eres de ellos; porque eres Galileo, y tu habla es semejante. Y él comenzó a maldecir y a jurar: No conozco a este hombre de quien habláis. Y el gallo cantó la segunda vez; y Pedro se acordó de las palabras que Jesús le había dicho: Antes de que el gallo cante dos veces, me negarás tres veces. Y pensando en esto, lloraba. (Marcos 14, 66-72.)

A primera vista parece que Pedro miente con descaro. La negación de Pedro se reduciría a esta mentira, pero nada más extraño que la pura y simple mentira y esta, pensándolo bien, pierde su claridad. ¿Qué se le pregunta a Pedro, en efecto? Se le pide que confiese que *está con Jesús*. Ahora bien, a partir del arresto que acaba de producirse ya no están alrededor de Jesús ni discípulos ni comunidad. Ni Pedro ni nadie, a partir de ese momento, está realmente con

250

Jesús. Los filósofos existencialistas han visto en el estar con, como sabemos, una modalidad importante del ser. Martin Heidegger la titula el *Mitsein*, que se traduce literalmente por *ser con*.

El arresto parece destruir cualquier posibilidad futura para ser con Jesús y Pedro ha perdido, según parece, hasta el recuerdo de su ser pasado. Contesta un poco como en sueños, como un hombre que ya no sabe realmente dónde se encuentra: *No le conozco, ni sé lo que dices.* Tal vez sea cierto que no sabe. Se halla en un estado de extenuación y de desposesión tal que está reducido a una existencia vegetativa, limitado a unos reflejos elementales. Hace frío y se acerca al fuego. Abrirse paso a codazos para acercarse al fuego, tender las manos hacia el fuego como los demás, es actuar como si ya fuera uno de ellos, como si estuviera con ellos. Los gestos más simples tienen su lógica y siempre es tanto sociológica como biológica, y tanto más imperiosa en la medida en que se sitúa muy por debajo de la conciencia.

Pedro aspira únicamente a calentarse con los demás pero, privado como está de *Mitsein* por el hundimiento de su universo, no puede calentarse sin aspirar oscuramente al ser que ahí brilla, en ese fuego, y es exactamente ese ser el que designan silenciosamente todos esos ojos que lo miran, todas esas manos que se tienden conjuntamente hacia el fuego.

Un fuego en la noche es mucho más que una fuente de calor y de luz. Apenas se enciende, se disponen en círculo en torno a él; los seres y las cosas se reforman. Un instante antes, solo había ahí un mero amontonamiento, una especie de multitud en la que cada uno estaba solo consigo mismo y he aquí que se esboza una comunidad. Las manos y los rostros se dirigen hacia la llama y a cambio son iluminados por ella; es como la respuesta benévola de un dios a la oración que se le dirige. Gracias a que todos contemplan el fuego, los hombres se ven obligados a contemplarse los unos a los otros; pueden intercambiar unas miradas y unas palabras; se establece el espacio de una comunión y de una comunicación.

A causa de este fuego, surgen vagamente nuevas posibilidades de *Mitsein*. *El ser con* se perfila nuevamente para Pedro pero en otro lugar, con otros acompañantes.

Marcos, Lucas y Juan mencionan este fuego una segunda vez, en el momento en que, en el caso de Marcos y de Lucas, interviene la criada por primera vez. Se diría que es la presencia de Pedro junto a este fuego, más que su presencia en el patio, lo que suscita esta intervención: «*Y como vio a Pedro que se calentaba, mirándole, dice: Y tú con Jesús el Nazareno estabas*».

Pedro empujó tal vez un poco a los demás y ya lo tenemos muy cerca de la llama, a plena luz, allí donde todo el mundo puede contemplarle. Pedro, como siempre, ha ido demasiado deprisa y demasiado lejos. El fuego permite a la criada reconocerle en la oscuridad, pero no es esa su función principal. La criada no debe acabar de entender lo que les escandaliza en la actitud de Pedro, lo que les lleva a dirigirse insolentemente a él, pero el fuego, en el caso de Marcos, interviene sin duda en algo. El compañero del Nazareno se comporta como si estuviera en su casa, como si tuviera su sitio en torno a ese fuego. En ausencia del fuego, la criada no experimentaría, o por lo menos no en el mismo grado, la especie de indignación que la subleva contra Pedro. El fuego es mucho más que un simple decorado. El *ser con* no puede convertirse en universal sin perder su valor propio. Y es porque se basa en unas exclusiones. La criada solo habla de *estar con Jesús*, pero hay un segundo *ser con* y es el estar en torno al fuego; este es el que le interesa a la criada porque es el suyo; ella pretende defender su integridad; esta es la razón de que le niegue a Pedro el derecho de calentarse en torno a ese fuego.

Juan convierte a la criada en la portera, la guardiana de la entrada. Es la que autoriza a Pedro a penetrar en el patio por recomendación del otro discípulo. La criada desempeña exactamente el papel de guardiana. La idea, en sí, es excelente, pero lleva al evangelista a sostener que Pedro es reconocido desde un primer momento, antes de que se acerque al fuego. Así pues, ya no es a la luz de ese fuego como la criada reconoce al intruso, ya no es el carácter íntimo y ritual de la escena lo que suscita su indignación. En Juan, por otra parte, no es el coro de todos los criados el que interpela a Pedro por tercera vez, sino un individuo presentado como pariente de aquel a quien Pedro había cortado la oreja (en un vano esfuerzo por defender a Jesús mediante la violencia, en el instante de su arresto). Juan favorece la interpretación tradicional que solo ve en la negación un único motivo, el miedo. Sin excluir por completo el miedo, claro está, no hay que hacerle desempeñar un papel decisivo, y, pensándolo bien, las cuatro versiones se oponen a esta lectura, incluso la de Juan, que al principio parece confirmarla. Si Pedro temiera realmente por su vida, como sugieren la mayoría de los comentaristas, jamás habría entrado en aquel patio, sobre todo si había sido reconocido antes incluso de penetrar en él. Se habría sentido inmediatamente amenazado; habría escapado sin más.

Lo cierto es que después de la llamada de la criada el círculo pierde su carácter fraterno. Pedro querría escapar sin ser visto pero tiene gente detrás de él. Está demasiado cerca del centro y a la criada no le cuesta ningún esfuerzo seguirle con la mirada durante su retirada al atrio. Una vez ahí, se demora, espera el desarrollo de los acontecimientos.

Su comportamiento no es el de un hombre que tiene miedo. Pedro se aleja de la luz y del calor porque adivina oscuramente lo que irrita a la criada, pero no se va. Esta es la razón de que ella pueda volver a la carga. No intenta aterrorizar a Pedro, sino molestarle para obligarle a marcharse.

Al ver que Pedro no se va, la criada se molesta, y enuncia por segunda vez su mensaje, proclama la pertenencia de Pedro al grupo de los discípulos: «¡Este es de ellos!». La primera vez ha interpelado directamente a Pedro pero ya era a la gente de su grupo a quienes apuntaba, los que se calientan en torno al fuego, los miembros de la comunidad amenazada por una invasión extranjera. Quería movilizarlos en contra del intruso. Esta vez los interpela directamente, y obtiene el resultado buscado; la totalidad del grupo repite a coro a Pedro: *Tú eres de ellos!* Tu *ser con* no está aquí, está con el Nazareno. En el diálogo que sigue, es Pedro quien sube el tono; él es quien comienza a *maldecir y a jurar*. Si temiera por su vida, o incluso por su libertad, levantaría menos la voz.

En esta escena, la superioridad de Marcos reside en que ha hecho hablar dos veces consecutivas a la misma criada, en lugar de dar inmediatamente la palabra a otros personajes. Su criada tiene más relieve. Demuestra iniciativa, ella es la que mueve todo el grupo. Hoy diríamos que tiene cualidades de *leadership*. Pero hay que desconfiar como siempre del psicologismo; no es la personalidad de la criada lo que interesa a Marcos, sino la forma en que desencadena un mecanismo de grupo, la forma en que hace jugar el mimetismo colectivo.

Como he dicho, ya intenta una primera vez despertar al grupo, entorpecido tal vez por la hora avanzada y el calor del fuego. Quiere que su ejemplo sea seguido y, como eso no ocurre, ella es la primera en seguirlo. Su lección no es recogida, y ofrece una segunda que consiste necesariamente en repetir la primera. Los jefes saben que hay que tratar a sus seguidores como niños; siempre hace falta suscitar la imitación. El segundo ejemplo refuerza el efecto del primero y esta vez funciona, todos los asistentes repiten a coro: *Verdaderamente tú eres de ellos; porque eres Galileo...*

El mimetismo no es una característica exclusiva de Marcos; la escena de la negación es totalmente mimética en los cuatro Evangelios, pero en el de Marcos resalta más el resorte mimético, desde el comienzo, tanto en el papel del fuego como en el de la criada. Marcos es el único que obliga a la criada a dos intentos para poner en marcha la máquina mimética. Ella se convierte en modelo y, para hacer más eficaz dicho modelo, es la primera en imitarlo, subraya su propio carácter de modelo; precisa, miméticamente, lo que espera de sus compañeros.

Los alumnos repiten lo que dice su maestra. Repiten las mismas palabras de la criada pero con un añadido que revela de manera maravillosa lo que se dirime en la escena de la negación: *porque eres Galileo*. Iluminado al principio por el fuego, revelado por su cara, Pedro lo es a continuación por su lenguaje. Mateo pone los puntos sobre las íes, como suele hacer, haciendo decir a los perseguidores de Pedro: *porque aun tu habla te hace manifiesto*. Todos los que se están calentando tranquilamente en torno al fuego son de Jerusalén. Es allí donde *son*, Pedro solo ha hablado dos veces, y en cada ocasión para decir únicamente unas pocas palabras, pero lo suficiente para esos interlocutores que reconocen indefectiblemente en él al hombre de fuera, el provinciano siempre algo despreciable, el Galileo. El que tiene acento, un acento, siempre es el que *no es*. El habla es el más seguro indicador del *ser con*. Este es el motivo de que Heidegger y los seguidores de las escuelas próximas concedan una importancia considerable a la dimensión lingüística del ser. La especificidad del lenguaje nacional o incluso regional es fundamental. Siempre se ha dicho que lo esencial de un texto o incluso de una lengua, lo más valioso, es intraducible. Los Evangelios son vistos como no esenciales porque están escritos en un griego bastardo, cosmopolita y desprovisto de prestigio literario. Son, por otra parte, perfectamente traducibles y se olvida pronto, al leerlos, en qué lengua son leídos por poco que se conozca esta, el original griego, la vulgata latina, el francés, el alemán, el inglés, el español, etc. Cuando se conocen los Evangelios, su traducción a una lengua desconocida es un medio excelente para penetrar, con escaso esfuerzo, en la intimidad de esa lengua. Los Evangelios son por completo de todos; no tienen acento porque tienen todos los acentos.

Pedro es un adulto y su manera de hablar está fijada de una vez por todas. No puede cambiar nada. No consigue imitar perfectamente el acento de la capital. Tener el *Mitsein* querido no significa únicamente decir siempre las mismas cosas que los demás, sino decirlas de la misma manera. El menor matiz de entonación puede traicionaros. El habla es una criada traidora o demasiado fiel que no cesa de proclamar la auténtica identidad de quien intenta disimularla.

Entre Pedro y sus interlocutores se desencadena una rivalidad mimética cuya baza es el *Mitsein* que baila en las llamas. Pedro intenta furiosamente «integrarse», como se dice, es decir, mostrar la excelencia de su imitación, pero sus antagonistas se dirigen sin vacilar hacia los aspectos más inimitables del mimetismo cultural, como el lenguaje, sumido en las regiones inconscientes de la psique.

Cuanto más arraigada, «auténtica» e indesarraigable es

la pertenencia, más se basa en unos idiotismos que parecen profundos pero que probablemente son insignificantes, auténticas idioteces, tanto en el sentido francés como en el sentido griego de *idion*, que significa lo propio. Cuanto más propia nos es una cosa, más, en realidad, pertenecemos nosotros a ella; eso no quiere decir que sea especialmente «inagotable». Junto al lenguaje está la sexualidad. Juan nos hace saber que la criada es *joven* y tal vez constituya un detalle significativo.

Todos somos posesos del lenguaje y del sexo. Sin duda, pero ¿por qué decirlo siempre en tono de poseso? Podríamos hacer algo mejor. Ahora Pedro entiende perfectamente que no engaña a su mundo y si niega a su maestro de ese modo, no es para convencer, sino para romper los vínculos que le unían a Jesús y para anudar otros, al mismo tiempo, con los que le rodean: *Entonces comenzó a hacer imprecaciones, y a jurar, diciendo: No conozco al hombre.*

Se trata de un vínculo típicamente religioso, de *religare*, ligar, y por ello Pedro recurre a las imprecaciones, de igual manera que Herodes en su oferta exorbitante a Salomé. La violencia y los gestos de cólera no apuntan a los interlocutores de Pedro, sino al propio Jesús. Pedro convierte a Jesús en su víctima para dejar de ser la especie de víctima subalterna en que le convierten, primero, la criada, y, después, todo el grupo. Lo que esas gentes le hacen a Pedro, Pedro querría devolvérselo, pero no puede. No es suficientemente fuerte como para triunfar mediante la venganza. Así pues, intenta conciliarse con sus enemigos, aliándose con ellos en contra de Jesús, tratando a Jesús, intencionadamente y delante de ellos, exactamente igual que como ellos le tratan. A los ojos de esos servidores leales, Jesús solo puede ser un criminal, ya que se ha considerado oportuno detenerle, y se le interroga con brutalidad. La mejor manera de ganar amigos, en un universo no amistoso, es asumir las enemistades, adoptar los enemigos de los demás. En tales casos, lo que se dice a los demás nunca varía mucho: «Todos somos del mismo clan, constituimos un único e idéntico grupo, ya que tenemos el mismo chivo expiatorio».

Existe sin duda temor en el origen de la negación, pero sobre todo vergüenza. Al igual que la arrogancia de Pedro un poco antes, la vergüenza es un sentimiento mimético, es incluso el sentimiento mimético por excelencia. Para experimentarlo, es preciso que yo me mire a través de los ojos de alguien que me avergüence. Es preciso, pues, imaginar intensamente y eso es lo mismo que imitar servilmente. Imaginar, imitar, en el fondo ambas palabras quieren decir lo mismo. Pedro siente vergüenza de ese Jesús que todo el mundo desprecia, vergüenza del modelo que se ha dado, vergüenza por consiguiente de lo que él mismo es.

El deseo de ser aceptado se exaspera ante los obstáculos que le oponen. Así pues, Pedro está dispuesto a pagar muy cara la admisión que la criada y sus amigos le niegan, pero la intensidad de su deseo es por completo local y temporal, suscitada por el encarnizamiento del juego. Solo existe ahí una de esas pequeñas cobardías que todo el mundo comete y de las que nadie se acuerda después de haberlas cometido. Que Pedro traicione de ese modo a su maestro, mezquinamente, no debería asombrarnos; todos hacemos lo mismo. Lo asombroso es la estructura persecutoria y sacrificial que reaparece intacta en la escena de la negación y que está totalmente retranscrita, con tanta fidelidad como en el homicidio de Juan Bautista o en el relato de la Pasión.

Pienso que es a la luz de esta identidad estructural como debemos interpretar algunas palabras de Mateo; su significado legal es pura apariencia. Lo que Jesús dice realmente a los hombres es la equivalencia estructural de todos los comportamientos persecutorios:

> Oísteis que fue dicho a los antiguos: No matarás; mas cualquiera que matare, será culpado del juicio. Mas yo os digo que cualquiera que se enojare locamente con su hermano, será culpado del juicio; y cualquiera que dijere a su hermano Roca, será culpado del concejo; y cualquiera que dijere Fatuo, será culpado del infierno del fuego. (Mateo 5, 21-22.)

En último término, la mejor manera de no dejarse crucificar es hacer como todos y participar en la crucifixión. Así pues, la negación es un episodio de la Pasión, una especie de remolino, un breve torbellino en la vasta corriente de mimetismo victimario que arrastra a todo el mundo hacia el Gólgota.

La temible fuerza del texto se comprueba inmediatamente en que es imposible desconocer su significación auténtica sin recibir el contragolpe, sin reproducir la estructura de la misma negación. La mayoría de las veces eso desemboca en una «psicología del príncipe de los Apóstoles». Establecer la psicología de alguien significa siempre, en cierto modo, abrirle un proceso. El de Pedro concluye con una absolución matizada de censura. Sin ser completamente malo, Pedro tampoco es completamente bueno. No se puede contar con él. Es variable, impulsivo, algo débil de carácter. En suma, se parece a Pilatos, y Pilatos se parece bastante a Herodes, el cual se parece a todo el mundo. Nada más monótono, en último término, nada tan simplista como esta psicología mimética de los Evangelios. Es posible que ni siquiera se trate de una psicología. Visto de lejos se parece a la infinita variedad del mundo, tan divertida, seductora, enriquecedora; visto de cerca, está siempre compuesta por los mismos elementos, igual que nuestra propia existencia, la cual, a decir verdad, no nos divierte demasiado.

En torno al fuego, en suma, resurge la religión de siempre, obligatoriamente acompañada de sacrificios, la que defiende la integridad del lenguaje y de los dioses lares, la pureza del culto familiar. Pedro está atraído por todo eso y es muy «natural», nosotros también debemos estarlo, ya que reprochamos al dios bíblico que nos prive de ello. Por pura maldad, decimos nosotros. Hay que ser muy malvado para revelar la dimensión persecutoria de esta religión inmemorial que todavía nos mantiene bajo su peso mediante unos ligámenes inefables. Es una realidad que el Evangelio no es amable con los vergonzantes perseguidores que seguimos siendo todos nosotros. Descubre hasta en nuestras conductas más banales, incluso hoy, en torno al fuego, el viejo gesto de los sacrificadores aztecas y de los cazadores de brujas que precipitan a sus víctimas en las llamas.

Al igual que todos los tránsfugas, Pedro demuestra la sinceridad de su conversión acusando a sus antiguos amigos. Ya hemos visto las implicaciones morales de la negación, ahora hay que ver su dimensión antropológica. Mediante sus juramentos y sus imprecaciones, Pedro sugiere a los que le rodean que constituyan con él una conjura. Cualquier grupo de hombres unidos por un juramento forma una conjura pero el término se emplea preferentemente cuando el grupo se atribuye de forma unánime por objetivo la muerte o la pérdida de un individuo destacado. La palabra se aplica igualmente a los ritos de expulsión demoníaca, a las prácticas mágicas destinadas a combatir la magia...

La prueba de numerosos ritos de iniciación consiste en

un acto de violencia, la muerte de un animal, a veces incluso la de un hombre visto como el adversario del conjunto del grupo. Para conquistar la pertenencia, hay que transformar a este adversario en víctima. Pedro recurre a los juramentos, es decir, a unas fórmulas religiosas, para dar a su negación una fuerza iniciática ante sus perseguidores.

Para interpretar correctamente la negación, hay que tomar en consideración todo lo que la precede en los sinópticos y, en especial, las dos escenas que la preparan y la anuncian más directamente. Son los dos principales anuncios de la Pasión hechos por el propio Jesús. La primera vez, Pedro se niega a entenderlo: «¡Dios te guarde, Señor! ¡No, eso no te ocurrirá!». Esta reacción corresponde a la actitud de todos los discípulos. Al principio, y es inevitable, la ideología del éxito domina este pequeño mundo. Se disputan los mejores lugares en el reino de Dios. Se sienten *movilizados* por la buena causa. Toda la comunidad está trabajada por el deseo mimético, ciego por consiguiente a la auténtica naturaleza de la revelación. Ven en Jesús sobre todo al taumaturgo, al congregador de multitudes, al caudillo político.

La fe de los discípulos sigue estando imbuida de mesianismo triunfante. No por ello es menos real. Pedro lo ha mostrado claramente, pero una parte de él mismo sigue midiendo la aventura que está viviendo por el rasero del éxito mundano. ¿De qué puede servir un compromiso que solo lleva al fracaso, al sufrimiento y a la muerte?

En esta ocasión, Pedro se hace reñir severamente: *Quítate de delante de mí Satanás; me sirves de escándalo* (Mateo 16, 23). Cuando se le demuestra que se equivoca, Pedro cambia inmediatamente de dirección y echa a correr en el otro sentido a la misma velocidad que antes. Al segundo anuncio de la Pasión, solo unas horas antes del arresto,

Pedro ya no reacciona en absoluto como la primera vez. *Todos vosotros seréis escandalizados en mí esta noche*, les dijo Jesús:

> Y respondiendo Pedro, le dijo: Aunque todos sean escandalizados en ti, yo nunca seré escandalizado. Jesús le dice: De cierto te digo que esta noche, antes que el gallo cante, me negarás tres veces. Dícele Pedro: Aunque me sea menester morir contigo, no te negaré. Y todos los discípulos dijeron lo mismo.

La aparente firmeza de Pedro coincide con la intensidad de su mimetismo. El «discurso» se ha invertido desde el primer anuncio pero el fondo no ha cambiado. Y les ocurre lo mismo a todos los discípulos, que siguen repitiendo lo que dice Pedro, pues todos son tan miméticos como él. Imitan a Jesús a través de Pedro.

Jesús ve que todo ese celo está preñado del abandono que le seguirá. Entiende perfectamente que a partir de su arresto su prestigio mundano se desmoronará y ya no ofrecerá a sus discípulos el tipo de modelo que les ha ofrecido hasta entonces. Todas las incitaciones miméticas procederán de individuos y de grupos hostiles a su persona y a su mensaje. Los discípulos, y sobre todo Pedro, son excesivamente influenciables para no estar de nuevo influenciados. El texto evangélico nos lo ha mostrado claramente en los pasajes que acabo de comentar. El hecho de que el modelo sea el propio Jesús no significa nada en tanto que es imitado al modo de la avidez conquistadora, siempre idéntica en el fondo a la alienación del deseo.

La primera renuncia de Pedro no tiene nada de condenable en sí misma, claro está, pero no está exenta de deseo mimético y eso es algo que Jesús descubre claramente. Ve ahí la promesa de una nueva renuncia que solo puede adoptar la forma de una negación, dada la catástrofe que se prepara. Así pues, la negación es racionalmente previsible. Previéndola, como Jesús hace, se limita a derivar para el futuro próximo las consecuencias de lo que ha observado. En suma, Jesús efectúa el análisis que nosotros mismos hacemos: compara las sucesivas reacciones de Pedro ante el anuncio de la Pasión para deducir de ahí la probabilidad de la traición. La prueba de ello está en que la profecía de la negación constituye una respuesta directa a la segunda exhibición mimética de Pedro, y el lector dispone para formar su juicio de los mismos datos que Jesús. Si se entiende el deseo mimético, no hay más remedio que llegar a las mismas conclusiones. Así que nos vemos obligados a pensar que el personaje llamado Jesús entiende ese deseo en el mismo sentido que nosotros. Esta comprensión es lo que revela la racionalidad del vínculo entre todos los elementos de la secuencia formada por los dos anuncios de la Pasión, la profecía de la negación y la propia negación.

Se trata exactamente del deseo mimético, en la perspectiva de Jesús, ya que Jesús recurre en cada ocasión al término que designa ese deseo, el *escándalo*, para describir las reacciones de Pedro, incluida la de la negación: *Todos vosotros seréis escandalizados en mí esta noche*. Y seréis escandalizados con tanta mayor seguridad en la medida en que ya sois víctimas del escándalo. Vuestra misma certidumbre de no serlo, vuestra ilusión de invulnerabilidad, dice mucho acerca de vuestra condición real y acerca del futuro que se prepara. El mito de la diferencia individual que Pedro defiende aquí diciendo *yo* es en sí mismo mimético. Pedro se siente el más auténtico de todos los discípulos, el más capaz de ser el verdadero émulo de Jesús, el único verdadero propietario de su modelo ontológico.

Rivalizando bajo sus ojos en afecto teatral, las malvadas gemelas del rey Lear persuaden a su padre de que le quieren apasionadamente. El desdichado se imagina que el puro afecto alimenta su rivalidad, cuando lo cierto es lo contrario. La pura rivalidad es lo que suscita un fantasma de afecto. Jesús no cae jamás en el cinismo pero tampoco sucumbe nunca a ese tipo de ilusiones. Sin confundir a Pedro con una de las gemelas de Lear, tenemos que verle como la marioneta de un deseo análogo, y del que no se sabe poseído porque lo está; solo más adelante vislumbra la verdad, después de la negación, cuando rompe en sollozos ante el recuerdo de su maestro y de su predicción.

En la admirable escena en que Pedro y los discípulos demuestran su falso ardor por la Pasión, los Evangelios nos proponen una sátira *avant la lettre* de un cierto fervor religioso del que hay que reconocer que es específicamente «cristiano». Los discípulos inventan un nuevo lenguaje religioso, el lenguaje de la Pasión. Renuncian a la ideología de la felicidad y del éxito pero convierten el sufrimiento y el fracaso en una ideología muy similar, una nueva máquina mimética y social que funciona exactamente igual que el triunfalismo anterior.

Todos los tipos de adhesión que los hombres agrupados pueden conceder a cualquier empresa son calificados de indignos por Jesús. Y se trata de actitudes que vemos sucederse circularmente, interminablemente, a lo largo del cristianismo histórico, especialmente en nuestra época. Los discípulos de la segunda hora recuerdan el triunfante anticlericalismo de algunos medios cristianos actuales, un anticlericalismo siempre clerical. El hecho de que ese tipo de actitudes ya esté estigmatizado en los Evangelios demuestra claramente que no se puede reducir la más sublime inspiración cristiana a sus propios subproductos psicológicos y sociológicos.

El único milagro en el anuncio de la negación coincide con la ciencia del deseo que se manifiesta en las palabras de Jesús. Me temo que por no comprender ellos mismos esta ciencia hasta sus últimas consecuencias, los evangelistas la han convertido en un milagro en sentido estricto.

Esta noche, antes que el gallo cante dos veces, me habrás negado por tercera vez. La milagrosa precisión del anuncio profético oscurece la racionalidad superior que el análisis de los textos permite desprender. ¿Debemos decidir que esa racionalidad no existe realmente y que yo no he hecho más que soñarla? No creo, los datos que la sugieren son demasiado numerosos y su concordancia excesivamente perfecta. Entre la sustancia de los relatos narrativos y la teoría del *skandalon*, es decir, la teoría del deseo mimético, las convergencias no pueden ser fortuitas. Hay que preguntarse, por consiguiente, si los autores de los Evangelios entienden a fondo los resortes del deseo *que, sin embargo, revelan sus textos.*

La extraordinaria importancia concedida al gallo, en primer lugar por los propios evangelistas y, a partir de ellos, por toda la posteridad, sugiere una comprensión insuficiente.

Creo que esta incomprensión relativa es la que transforma el gallo en una especie de animal fetiche en torno al cual cristaliza una especie de «milagro».

En el Jerusalén de la época, el primero y el segundo canto del gallo, nos dicen los expertos, indicaban simplemente determinadas horas de la noche. En su origen, pues, la referencia al gallo es posible que no tenga nada que ver con el animal real que los Evangelios hacen cantar. En su traducción latina, Jerónimo llega incluso a hacer cantar a ese gallo una vez más que en el original griego. Uno de los dos cantos previstos en el programa no es mencionado y, por su propia iniciativa, el traductor corrige una omisión que le parece inadmisible y escandalosa.

Creo que los tres restantes evangelistas sospechan que Marcos concede al gallo una importancia excesiva. Para devolver a ese gallo al lugar debido, solo le hacen cantar una vez pero no se atreven a suprimirlo del todo. El mismo Juan acaba por mencionarlo, aunque haya eliminado la totalidad del anuncio de la negación sin el cual el gallo ya no tiene razón de ser.

No es necesario tratar como milagrosa una predicción que se explica de manera perfectamente razonable, a no ser, claro está, que no se entiendan las razones siempre miméticas de la negación y de sus antecedentes en la conducta de Pedro.

¿Por qué el autor del relato convertiría en milagro una previsión que se explica de manera racional? La explicación más probable es que él mismo no entienda o entienda mal esa racionalidad. Creo que esto es lo que se produce en el relato de la negación. El redactor ve perfectamente que existe una continuidad detrás de las discontinuidades aparentes del comportamiento de Pedro pero no sabe cuál. Entiende la importancia de la noción de escándalo pero no domina su aplicación y se limita a repetir palabra por palabra lo que le ha oído a ese respecto al propio Jesús o a un primer intermediario. El redactor tampoco ve el papel del gallo en este asunto. Es menos grave pero las dos incomprensiones tienden naturalmente a atraerse mutuamente y a combinarse para culminar en el milagro del gallo. Las dos opacidades se responden y se reflejan, hasta el punto de que cada una de ellas, a fin de cuentas, parece explicar la presencia de la otra, pero necesariamente de manera sobrenatural. El gallo inexplicable pero tangible polariza la inexplicabilidad que discurre por toda la escena. En todo saber que se les escapa, los hombres tienden a ver una especie de milagro, y basta un detalle también aparentemente misterioso, pero muy concreto, para que se produzca una cristalización mitológica. Ya tenemos al gallo más o menos fetichizado.

Mi análisis es necesariamente especulativo. Pero existen en los Evangelios unas indicaciones que lo apoyan. Jesús se muestra crítico respecto al gusto excesivo que manifiestan los discípulos por los milagros y su impotencia para entender la enseñanza que les es impartida. Se trata exactamente de los dos defectos, o, mejor dicho, de las dos caras de un único e idéntico defecto que hay que postular para entender la inserción de una especie de milagro en una escena que no lo necesita en absoluto. La presencia superflua de este milagro perjudica la escena de la negación porque oscurece la comprensión maravillosa de los comportamientos humanos que se desprende del texto. El milagro favorece la pereza intelectual e incluso espiritual tanto de creyentes como de incrédulos.

El texto de los Evangelios ha sido elaborado en el medio de los primeros discípulos. Incluso rectificado por la experiencia del Pentecostés, el testimonio de la primera generación cristiana, y después de la segunda, ha podido resentirse de las insuficiencias que indica el propio Jesús. No es para humillar a los discípulos de la primera hora o para rebajarlos a ojos de la posteridad por lo que los textos subrayan, incluso en el caso de los mejores, su falta de comprensión de la revelación, sino para sugerir la distancia que separa a Jesús y su espíritu de aquellos que fueron los primeros en recibir su mensaje y que nos lo han transmitido. Creo que ahí existe una indicación que no hay que descuidar cuando dos mil años después interpretamos los Evangelios, en un mundo que no tiene mayor inteligencia natural que en la época de Jesús pero que por primera vez es algo más capaz de entender algunos aspectos de su doctrina porque se ha ido imbuyendo lentamente de ella a lo largo de los siglos. Estos aspectos no son obligatoriamente los que se nos ocurren cuando pensamos «cristianismo», o incluso «Evangelios», pero son absolutamente necesarios para una comprensión algo mejor de textos como los de la escena de la negación.

Si yo llevo razón, si los evangelistas no acaban de entender la racionalidad de la negación y de la predicción que Jesús hizo de ella, nuestro texto es asombroso en la medida en que refiere simultáneamente el milagro instaurado en la escena por unos redactores que no entendían en absoluto su lógica y los datos que nos permiten actualmente descubrir esta lógica. En suma, los Evangelios nos entregan todas las piezas de un caso que no son en absoluto capaces de interpretar, ya que sustituyen con una interpretación irracional la interpretación racional que nosotros mismos sacamos a partir de los mismos datos. Jamás olvido que no podemos decir nada acerca de Jesús que no proceda de los Evangelios.

Nuestro texto añade una explicación milagrosa a una escena que se interpreta mejor sin la ayuda de dicho milagro. Así pues, es necesario que, pese a su impotencia para entenderlo todo, los redactores de los Evangelios hayan reunido y retranscrito las piezas del dosier con una exactitud notable. Si llevo razón, sus insuficiencias respecto a algunos puntos determinados quedan compensadas por una extraordinaria fidelidad respecto a todos los demás puntos.

A primera vista, esta combinación de cualidades y de defectos parece difícil de conciliar pero basta una mínima reflexión para descubrir que, por el contrario, es completamente verosímil, e incluso probable por poco que la elaboración de los Evangelios esté hecha precisamente bajo la influencia del mimetismo incesantemente reprochado por Jesús a sus primeros discípulos, el mismo cuya presencia revela su comportamiento y cuyo funcionamiento es normal que con la mejor voluntad del mundo no acaben de entender hasta el fondo, ya que no han conseguido acabar de librarse por completo de él.

La cristalización mítica en torno al gallo procedería, si mi lectura es exacta, de un fenómeno de exacerbación mimética análogo a aquel del cual los mismos Evangelios nos ofrecen otros ejemplos. En el homicidio de Juan Bautista, por ejemplo, el motivo de la cabeza sobre el plato resulta de una imitación demasiado literal. Para ser realmente fiel, el paso de un individuo a otro, la traducción de una lengua a otra, exige una cierta distancia. El copista excesivamente próximo a su modelo por estar demasiado absorbido por él reproduce todos sus detalles con una admirable precisión pero es víctima de vez en cuando de unos desfallecimientos típicamente mitológicos. La sacralización primitiva, la divinización del chivo expiatorio cuya inocencia no es admitida procede de una atención mimética omnipotente, de una concentración extrema sobre la víctima-modelo.

Las cualidades y los defectos del testimonio evangélico reaparecen bajo una forma especialmente neta y contrastada en el tratamiento de la noción clave para la lectura mimética: el escándalo.

Los usos más interesantes de *skandalon* y de *skandalidzein* son totalmente atribuidos al propio Jesús y se presentan bajo la forma de fragmentos distribuidos de manera algo arbitraria. No todas las frases importantes se siguen lógicamente y su ordenación difiere con frecuencia de un evangelio a otro. Como han demostrado los investigadores, esta ordenación puede estar determinada por la presencia en una frase de una simple palabra que arrastra tras ella otra frase, por el simple motivo de que en ella aparece la misma palabra. Cabe pensar que es algo así como un recitado de frases aprendidas de memoria y unidas entre sí por unos procedimientos nemotécnicos.

Para reconocer el valor explicativo del escándalo, por consiguiente, debemos reorganizar todas estas frases, debemos tratarlas como las piezas de un rompecabezas que coincide con la misma teoría mimética, una vez que ha encontrado la disposición correcta. Es la que he intentado mostrar en *Unas cosas ocultas...*

Nos hallamos, pues, ante un conjunto de una coherencia extraordinaria pero jamás descubierta por los exégetas porque sus factores están desordenados, y a veces hasta un poco deformados debido al insuficiente dominio de los autores. Entregados a sí mismos, estos autores nos dicen vagamente que *Jesús sabe lo que es el hombre*, pero explican mal este saber. Disponen de todos los datos pero de manera algo desorganizada y contaminados de milagros porque solo los dominan a medias.

Existe una dimensión irreductiblemente sobrenatural de los Evangelios y no intento negarla o disminuirla. Sin embargo, en nombre de esta dimensión sobrenatural no debemos rechazar las formas de comprensión que se nos ofrecen desde ahora y que solo pueden contribuir a disminuir la porción de lo milagroso si son realmente formas de comprensión. Por su propia definición, lo milagroso es lo ininteligible; no es, por tanto, el auténtico cometido de la mente, en el sentido evangélico. Existe un milagro mayor que el milagro en sentido estricto, y es el devenir inteligible de lo que no lo era, el devenir transparente de la opacidad mitológica.

Frente al texto evangélico, todos los fanatismos favorables y contrarios no quieren ver otra cosa que el milagro y condenan sin apelación posible los más legítimos esfuerzos para mostrar que su papel puede ser exagerado. En este caso, la sospecha no tiene nada de antievangélica: los mismos Evangelios nos previenen en contra del abuso de lo milagroso.

La racionalidad que yo descubro aquí –el mimetismo de las relaciones humanas– es demasiado sistemática en su principio, demasiado compleja en sus efectos y demasiado visiblemente presente, tanto en los pasajes «teóricos» sobre el escándalo como en los relatos enteramente dominados por él, para estar ahí por casualidad. Y, sin embargo, esta racionalidad no ha sido completamente pensada, y por tanto no ha sido ciertamente confeccionada por las personas que la han puesto ahí. Si la entendieran plenamente, no interpondrían entre sus lectores y las escenas que acabamos de leer la pantalla algo grosera del gallo milagroso.

En tales condiciones, no podemos creer que los Evangelios sean el producto de una elaboración puramente interna en el medio efervescente de los primeros cristianos. En el origen del texto debe existir realmente alguien exterior al grupo, una inteligencia superior que domina a los discípulos y que les inspira sus escritos. Cuando conseguimos reconstituir la teoría mimética en una especie de vaivén entre los relatos narrativos y los pasajes teóricos, las palabras atribuidas al propio Jesús, lo que descubrimos son las huellas de esta inteligencia, no las reflexiones de los discípulos.

Entre nosotros y el que ellos denominan Jesús, los evangelistas son nuestros intermediarios obligados. Pero, en el ejemplo de la negación de Pedro, y de todos sus antecedentes, su propia insuficiencia se transforma en algo po-

271

sitivo. Aumenta la credibilidad y la fuerza del testimonio. El fracaso de los evangelistas en entender determinadas cosas, unido a su exactitud extrema en la mayoría de los casos, les convierte en unos intermediarios en cierto modo pasivos. A través de su incomprensión relativa no podemos dejar de pensar que alcanzamos directamente un poder de comprensión superior al suyo. Tenemos, por tanto, la impresión de una comunicación sin intermediarios. No es una inteligencia intrínsecamente superior lo que nos vale este privilegio, sino los dos mil años de una historia lentamente modelada por los propios Evangelios.

Esta historia no tiene la menor necesidad de desarrollarse de acuerdo con los principios de conducta enunciados por Jesús; no es necesario que se transforme en utopía para hacernos accesibles unos aspectos del texto evangélico que no lo eran para los primeros discípulos, basta que se caracterice por la toma de conciencia lenta pero continua de la representación persecutoria que, indudablemente, no cesa de profundizar sin que eso impida, desgraciadamente, que nosotros mismos practiquemos la persecución.

En esos pasajes que se iluminan de repente, el texto evangélico acaba por parecernos una especie de santo y seña que nos llegara a través de personas que no están en el secreto, y nosotros, que somos sus destinatarios, recibimos esta frase con tanta mayor gratitud en la medida en que la ignorancia del mensajero nos asegura la autenticidad del mensaje, y disfrutamos de la gozosa certidumbre de que no se puede falsificar nada que sea esencial. Pero mi imagen no es buena, pues, para que un signo cualquiera se convierta en santo y seña, basta con modificar su sentido mediante una decisión convencional, mientras que aquí se trata de todo un conjunto de signos hasta entonces inertes y deslucidos que de repente se iluminan y brillan inteligentemente sin ningún tipo de convención previa. Es toda una fiesta de la luz la que se enciende en torno a nosotros para celebrar la resurrección de un sentido del que ni siquiera sabíamos que había muerto.

CAPÍTULO XIII
LOS DEMONIOS DE GADARA

Los Evangelios nos muestran todo tipo de relaciones humanas que a primera vista parecen incomprensibles, básicamente irracionales, pero que pueden y deben reducirse, en último término, a la unidad de un único e idéntico factor, el mimetismo, fuente primera de lo que desgarra a los hombres, de sus deseos, de sus rivalidades, de sus malentendidos trágicos y grotescos, fuente de todo desorden, por consiguiente, pero asimismo de todo orden a través de los chivos expiatorios, víctimas espontáneamente reconciliadoras, pues congregan en contra de ellas, en un paroxismo final siempre mimético pero unánime, a todos aquellos a quienes unos efectos miméticos anteriores y menos fuertes habían enfrentado entre sí.

Ese juego, claro está, es el que sustenta todas las génesis mitológicas y religiosas del planeta, el juego que, como hemos visto, las restantes religiones consiguen disimularse a sí mismas y disimularnos a nosotros suprimiendo o camuflando los homicidios colectivos, atenuando y borrando los estereotipos persecutorios de mil y un modos, mientras que los Evangelios, por el contrario, lo descubren con un rigor y una fuerza que carecen de equivalente en otra parte.

Es lo que acabamos de comprobar leyendo la negación de Pedro, la muerte de Juan Bautista y sobre todo, evidentemente, releyendo la Pasión, auténtico corazón y centro de toda esta revelación cuyas líneas de fuerza subraya con una insistencia que he calificado de didáctica; se trata de introducir en la mente de poblaciones aprisionadas desde siempre en la representación mitológica y persecutoria las pocas verdades decisivas que debieran liberarlas impidiéndoles sacralizar a sus propias víctimas.

En todas las escenas que acabamos de leer, los Evangelios ponen de manifiesto una génesis religiosa que debe permanecer disimulada para producir algo mitológico y ritual. Esta génesis se basa esencialmente en una creencia unánime, que los Evangelios arruinan para siempre, la creencia en la culpabilidad de su víctima. No existe medida común entre lo que ocurre ahí y lo que ocurre en las mitologías, incluso y sobre todo en las mitologías evolucionadas. Las religiones tardías atenúan, minimizan, endulzan e incluso eliminan por completo las culpabilidades sagradas así como cualquier violencia, pero se trata de unas disimulaciones suplementarias; no afectan en nada el sistema de la representación persecutoria. Este sistema, por el contrario, es el que se hunde en el universo evangélico. Aquí ya no se trata de endulzamiento y de sublimación, sino de un retorno a la verdad gracias a un proceso que nuestra incomprensión entiende como primitivo, precisamente porque debe reproducir, una vez más, el origen violento, pero esta vez para dejarlo manifiesto y por tanto inoperante.

Todos los textos que acabamos de leer constituyen ejemplos de este proceso. Y corresponden perfectamente a la manera en que el propio Jesús y, tras él, el Pablo de todas las epístolas definen la acción disgregadora de la crucifixión sobre los poderes de este mundo. La Pasión hace visible lo que debe permanecer invisible para que dichos poderes se mantengan, el mecanismo del chivo expiatorio.

Al revelar este mecanismo y todo el mimetismo que le rodea, los Evangelios montan la única máquina textual que puede poner fin al aprisionamiento de la humanidad en los sistemas de representación mitológica basados en la falsa trascendencia de una víctima sacralizada en tanto que unánimemente considerada como culpable.

Esta trascendencia se nombra directamente en los Evangelios y en el Nuevo Testamento. Lleva incluso muchos nombres pero el principal de ellos es Satanás, que no sería imaginado simultáneamente como *homicida desde el comienzo, padre de la mentira y príncipe de este mundo* si no coincidiera con la falsa trascendencia de la violencia. No es casualidad, tampoco, que de todos los defectos de Satanás, la envidia y los celos sean los más evidentes. Podría decirse que Satanás encarna el deseo mimético si este deseo no fuera, por excelencia, desencarnación. Él es el que vacía todos los seres, todas las cosas y todos los textos de su contenido.

Cuando la falsa trascendencia es considerada en su unidad fundamental, los Evangelios dicen el diablo o Satanás, pero cuando es considerada en su multiplicidad se trata fundamentalmente de demonios y de fuerzas demoníacas. La palabra demonio puede ser francamente sinónima de Satanás pero se aplica sobre todo a unas formas inferiores de la «potencia de este mundo», a unas manifestaciones degradadas que llamaríamos psicopatológicas. Por el hecho exclusivo de que aparece como múltiple y se fragmenta, la trascendencia pierde parte de su fuerza y tiende a recaer en el puro desorden mimético. A diferencia de Satanás, pues, visto simultáneamente como principio de orden y principio de desorden, las fuerzas demoníacas son invocadas en los casos en que predomina el desorden.

276

Ya que los Evangelios confieren gustosamente a las «potencias» unos nombres que proceden de la tradición religiosa, y de las creencias mágicas, no han cesado, por lo que parece, de verlas como entidades espirituales autónomas, dotadas de una personalidad individual. Casi en cada página de los Evangelios vemos tomar la palabra a unos demonios, interpelar a Jesús, suplicarle que les deje en paz. En la gran escena de la tentación en el desierto, que aparece en los tres evangelios sinópticos, Satanás interviene *en persona* para seducir al Hijo de Dios con unas promesas falaces y desviarle de su misión.

¿No habrá que deducir de ello que, lejos de destruir, como yo afirmo, las supersticiones mágicas y todas las creencias religiosas vulgares, los Evangelios relanzan ese tipo de creencia bajo una forma especialmente perniciosa? Sobre la demonología y el satanismo evangélicos, al fin y al cabo, es donde se apoyan los cazadores de brujas, a fines de la Edad Media, para justificar sus actividades.

Para muchas personas, especialmente en nuestra época, la proliferación demoníaca «oscurece el aspecto luminoso de los Evangelios», y distinguen con dificultad las curaciones milagrosas de Jesús de los exorcismos tradicionales de las sociedades primitivas. En los comentarios que he ofrecido hasta el momento no aparece ninguna escena de milagro. Algunos críticos lo han notado y se preguntan, como es natural, si no estoy evitando una confrontación que tal vez redundaría en perjuicio de mi tesis. Eligiendo mis textos con la mayor preocupación para descartar todos los restantes, se dice a veces que yo confiero una falsa verosimilitud a unas perspectivas demasiado contrarias al sentido común para que merezcan ser tomadas en serio. Heme aquí, por consiguiente, entre la espada y la pared.

Para dar a la prueba el carácter más decisivo posible,

me dirijo de nuevo a Marcos, pues, de los cuatro evangelistas, es el más ávido de milagros, el que les dedica mayor espacio y los presenta de la manera más contraria a la sensibilidad moderna. De todas las curaciones milagrosas de Marcos, tal vez sea la más espectacular el episodio de los *demonios de Gadara*. El texto es suficientemente extenso y rico en detalles concretos como para ofrecer al comentarista un apoyo que no encontraría en otros relatos más breves.

Mis críticos más severos tendrían que aprobar mi elección. Gadara es uno de aquellos textos a los que nunca se alude en nuestros días sin calificarlo de «salvaje», de «primitivo», de «atrasado», de «supersticioso» y de todos los restantes epítetos que los positivistas aplicaban a lo religioso en general, sin distinción de origen, pero que se reserva actualmente al cristianismo porque son considerados demasiado peyorativos para las religiones no cristianas.

Centro mi análisis en el texto de Marcos pero recurriré a Lucas y a Mateo cada vez que su versión presente unas variantes interesantes. Después de haber cruzado el mar de Galilea, Jesús desembarca en la orilla oriental, en territorio pagano, en el país llamado de Decápolis:

> Y vinieron de la otra parte de la mar a la provincia de los Gadarenos. Y salido él del barco, luego le salió al encuentro, de los sepulcros, un hombre con un espíritu inmundo, que tenía domicilio en los sepulcros, y ni aun con cadenas le podía alguien atar; porque muchas veces había sido atado con grillos y cadenas; más las cadenas habían sido hechas pedazos por él, y los grillos desmenuzados; y nadie le podía domar. Y siempre, de día y de noche, andaba dando voces en los montes y en los sepulcros, e hiriéndose con las piedras. Y como vio a Jesús de lejos, corrió, y le adoró. Y clamando a gran voz, dijo: ¿Qué tienes conmigo, Jesús,

Hijo del Dios Altísimo? Te conjuro por Dios que no me atormentes. Porque le decía: Sal de este hombre, espíritu inmundo. Y le preguntó: ¿Cómo te llamas? Y respondió diciendo: Legión me llamo; porque somos muchos. Y le rogaba mucho que no le enviase fuera de aquella provincia. Y estaba allí cerca del monte una grande manada de puercos paciendo. Y le rogaron todos los demonios, diciendo: Envíanos a los puercos para que entremos en ellos. Y luego Jesús se lo permitió. Y saliendo aquellos espíritus inmundos, entraron en los puercos, y la manada cayó por un despeñadero en la mar; los cuales eran como dos mil; y en la mar se ahogaron. Y los que apacentaban los puercos huyeron, y dieron aviso en la ciudad y en los campos. Y salieron para ver qué era aquello que había acontecido. Y vienen a Jesús, y ven al que había sido atormentado del demonio, y que había tenido la legión, sentado y vestido, y en su juicio cabal; y tuvieron miedo. Y lo contaron los que lo habían visto, cómo había acontecido al que había tenido el demonio, y lo de los puercos. Y comenzaron a rogarle que se fuera de los términos de ellos. (Marcos 5, 1-17.)

El poseso tiene su morada en los sepulcros. Este hecho sorprende considerablemente al evangelista porque lo repite tres veces. Incesantemente, día y noche, el desdichado estaba en los sepulcros. Acude al encuentro de Jesús, saliendo de los sepulcros. Es el hombre más libre que existe ya que rompe todas las cadenas, desprecia todas las reglas, ha renunciado incluso a las ropas, nos dice Lucas, pero está cautivo de su posesión, prisionero de su propia locura.

Este hombre es un muerto viviente. Su estado es un fenómeno de crisis, en el sentido de la indiferenciación mimética y persecutoria; ya no existe diferencia entre la vida y la muerte, la libertad y la cautividad. Su vida en los sepulcros, lejos de los lugares habitados, no es, sin embargo, un fenómeno permanente, el resultado de una ruptura única y definitiva entre el poseso y la comunidad. El texto de Marcos sugiere que los gadarenos y su endemoniado llevan bastante tiempo instalados en una patología de tipo cíclico. Lucas todavía subraya más la cosa presentando al poseso como un *hombre de la ciudad* y contándonos que el demonio *le agitaba por los desiertos* solo en el transcurso de sus accesos. La posesión abole asimismo una diferencia entre la existencia ciudadana y la existencia fuera de las ciudades nada intrascendente, puesto que más adelante nuestro texto la menciona por segunda vez.

La descripción de Lucas supone una afección intermitente, con unos períodos de remisión durante los cuales el enfermo regresa a la ciudad: Porque ya de mucho tiempo, el espíritu le arrebataba; y le guardaban preso con cadenas y grillos; mas rompiendo las prisiones, era agitado del demonio por los desiertos (Lucas 8, 26-39).

Los habitantes de Gadara y su endemoniado reviven periódicamente la misma crisis, casi siempre de la misma forma. Cuando sospechan que se prepara una nueva huida, los hombres de la ciudad se esfuerzan en impedirla atando a su conciudadano con sus cadenas y sus grillos. Hacen eso *para guardarle*, nos cuenta el texto. ¿Por qué desean *guardarle*? Aparentemente está muy claro. Curar a un enfermo es hacer desaparecer los síntomas de su mal. Ahora bien, aquí el síntoma principal es el vagabundeo por las montañas y los sepulcros. De modo que eso es lo que los habitantes de Gadara quisieran prevenir con sus cadenas. El mal es suficientemente atroz como para que no vacilen en recurrir a la violencia. Pero, visiblemente, su método no es bueno: en cada ocasión, su víctima triunfa sobre todo lo que hacen para retenerle. El recurso a la violencia no hace más que aumentar su deseo de soledad y la fuerza de este deseo, hasta el punto de que el desdichado llega a ser claramente indomable. Nadie, nos dice Marcos, *le podía domar*.

El carácter repetitivo de estos fenómenos tiene algo de ritual. Todos los actores del drama saben exactamente lo que se producirá en cada episodio y se comportan como deben para que efectivamente todo se reproduzca como antes. Es difícil creer que los habitantes de Gadara no consigan encontrar unas cadenas y unos grillos suficientemente fuertes como para inmovilizar a su prisionero. Es posible que se reprochen en cierto modo su propia violencia y no recurran a ella con la energía suficiente para hacerla completamente eficaz. Sea como fuere, ellos mismos se comportan, diríase, a la manera de esos enfermos que perpetúan con sus manejos la patología que pretenden interrumpir. Todos los ritos tienden a convertirse en una especie de teatro y los actores interpretan sus papeles con tanto mayor brío en la medida que ya los han interpretado *en varias ocasiones*. Eso no quiere decir que el espectáculo no vaya acompañado de sufrimientos reales para los participantes. Deben ser reales, por una y otra parte, para conferir al drama la eficacia que visiblemente posee, para toda la ciudad y sus alrededores, en otras palabras, para toda la comunidad. Los habitantes de Gadara se sienten claramente consternados ante la idea de verse repentinamente privados de él. Es preciso que, en cierto modo, les guste ese drama y que incluso lo necesiten para suplicar a Jesús, como lo hacen, que se aleje inmediatamente y que no se mezcle en sus cosas. La petición es paradójica si tenemos en cuenta que Jesús acaba de obtener de repente y sin la menor violencia el resultado que ellos mismos simulan pretender con sus cadenas y sus grillos, pero que, en realidad, no desean, es decir, la curación definitiva del poseso.

Aquí como en todas partes la presencia de Jesús revela la verdad de los deseos disimulados. Siempre se verifica la profecía de Simeón: *Este niño... debe ser un signo expuesto a la contradicción... a fin de que se revelen los pensamientos íntimos de muchos.*

Pero ¿qué significa este drama, cómo se define en el plano simbólico? El enfermo corre por los sepulcros y por los montes, nos cuenta Marcos, dando voces e *hiriéndose con las piedras.* En el notable comentario que ha ofrecido de este texto, Jean Starobinski define de manera perfecta esta extraña conducta, es una *autolapidación.*[1] Pero ¿por qué querría lapidarse a sí mismo? ¿Por qué estaría obsesionado por la lapidación? Cuando rompe sus ataduras para alejarse de la comunidad, el poseso debe creerse perseguido por los que han intentado encadenarle. Es posible que lo esté realmente. Escapa de las piedras que sus perseguidores podrían arrojarle. Los habitantes de su pueblo perseguían al desdichado Job a pedradas. No se menciona nada semejante en el relato de Gadara. Tal vez sea porque jamás ha sido objeto de una lapidación efectiva por lo que el endemoniado se hiere con las piedras. Mantiene de manera mítica el peligro por el que se cree amenazado.

¿Ha sido objeto de amenazas reales, es el superviviente de una lapidación abortada como la mujer adúltera del evangelio de Juan o se trata en su caso de un miedo completamente imaginario, de un simple *fantasma*? Si os dirigís a nuestros contemporáneos, os dirán de modo radical que se trata de un *fantasma*. Para no ver, sin duda, las cosas te-

---

1. «Le Démoniaque de Gérasa», en *Analyse structurale et exégèse biblique*, Neuchâtel, 1971, pp. 63-94. (Hay trad. esp.: *Análisis estructural y exégesis bíblica*, trad. de María Teresa La Valle, Megapolis, Buenos Aires, 1973.)

rribles que ocurren a nuestro alrededor ni la protección, tal vez temporal, de que disfrutamos, una importante escuela ha determinado explicarlo todo a través del fantasma.

De acuerdo con el fantasma de la lapidación. Pero planteo entonces una pregunta a nuestros eminentes psicoanalistas: ¿se trata del mismo fantasma en las sociedades que practican y en las que no practican la lapidación? Es posible que el poseso diga a sus conciudadanos: «Como veis no tenéis ninguna necesidad de tratarme como deseáis, no necesitáis lapidarme; yo mismo me encargo de ejecutar vuestra sentencia. El castigo que yo mismo me inflijo supera en horror todo lo que imagináis infligirme».

Hay que observar el carácter mimético de este comportamiento. Como si intentara no hacerse expulsar y lapidar de veras, el poseso se expulsa y se lapida a sí mismo; imita de manera espectacular todas las etapas del suplicio que las sociedades de Oriente Medio infligían a los que consideraban como definitivamente contaminados, los criminales irrecuperables. Existe en primer lugar la caza del hombre, luego la lapidación y el resultado final es la muerte; esta es la razón de que el poseso resida en los sepulcros.

Los pobladores de Gadara deben comprender bastante bien el reproche que se les hace sin lo cual no se comportarían como lo hacen con el que se lo dirige. Su violencia mitigada es una protesta ineficaz. «No, contestan, no queremos lapidarte porque queremos *guardarte* a nuestro lado. No pesa sobre ti ostracismo ninguno.» Desgraciadamente, al igual que todas las personas que se creen acusadas sin razón pero de manera pese a todo verosímil, los pobladores de Gadara protestan con violencia, afirman su buena fe con la violencia y refuerzan el terror de su poseso. La prueba de que tienen una cierta conciencia de su propia contradicción, son esas cadenas nunca suficientemente fuertes como para convencer a su víctima de las buenas intenciones respecto a él.

La violencia de los habitantes de Gadara no puede tranquilizar al poseso. Y recíprocamente; la violencia del poseso inquieta a los habitantes de Gadara. Como siempre, cada cual pretende concluir con la violencia mediante una violencia que debería ser definitiva pero que perpetúa la circularidad del proceso. Existe una visible simetría de todas estas extravagancias, la autolaceración y las carreras por los sepulcros por un lado, las cadenas grandilocuentes por el otro. Hay una especie de complicidad entre la víctima y sus verdugos para perpetuar el equívoco de un juego, visiblemente necesario para el equilibrio del conjunto de gadarenos.

El poseso se hace violencia a sí mismo para reprochar su violencia a todos los habitantes de Gadara. Los habitantes de Gadara le devuelven su reproche, y lo hacen con tal violencia que refuerzan aún más la suya y verifican, en cierto modo, la acusación y la contraacusación que circulan indefinidamente en el sistema. El poseso imita a esos gadarenos que lapidan a sus víctimas pero los gadarenos imitan, a su vez, a su poseso. Lo que existe entre esos perseguidores perseguidos y ese perseguido perseguidor es una relación de dobles y de espejos; es, por consiguiente, una relación recíproca de antagonismo mimético. No es la relación del lapidado y de los que le lapidan, pero en cierto modo se le parece un poco, ya que, por una parte, aparece la parodia violenta de la lapidación y, por la otra, su denegación no menos violenta, es decir, una variante de expulsión violenta que tiende al mismo fin que todas las demás, incluida la lapidación.

¿Acaso estaré yo también poseído para reencontrar mis dobles y mi mimetismo en un texto que solo habla de demonios? ¿No será que la voluntad de someter los Evangelios a mi sistema y de convertir ese sistema en el pensamiento de los propios Evangelios me lleva a dar aquí el empujoncito que permite reintroducir mi explicación favorita?

No lo creo, pero si me equivoco al invocar a los dobles miméticos en el contexto de los demonios de Gadara, el error que cometo no es únicamente mío; por lo menos uno de los evangelistas, Mateo, lo comparte, proponiéndonos, al comienzo del milagro, una variante significativa. Mateo sustituye el endemoniado único de Marcos y de Lucas por dos posesos, perfectamente idénticos entre sí, y les hace hablar a ellos en lugar de hacer hablar al demonio –los dos demonios, que, en principio, deben poseerlos.

No intenta sugerir en absoluto una fuente diferente de la de Marcos, se trata más bien de un intento de explicación, me siento casi tentado de decir de demistificación del tema demoníaco en general. En los textos como el de Gadara sucede con frecuencia que Mateo se distancie de Marcos, bien para suprimir un detalle que considere inútil, bien para dar un giro más explicativo a los temas que trata, para convertir simultáneamente a ese texto en su propia explicación. Hemos visto un ejemplo de ello en el homicidio de Juan Bautista. Mateo sustituye el intercambio de preguntas y de respuestas que sugiere enigmáticamente en Marcos la transmisión mimética del deseo entre la madre y la hija por la expresión «adoctrinada por su madre».

Creo que Mateo hace aquí algo parecido pero de forma más audaz. Quiere sugerir lo que nosotros mismos hemos aprendido en el curso de las lecturas anteriores. La posesión no es un fenómeno individual; es un efecto de mimetismo exacerbado. Siempre existen por lo menos dos hombres que se poseen recíprocamente, siendo cada uno de ellos el escándalo del otro, su modelo-escándalo. Cada uno de ellos es el demonio del otro; esta es la razón de que en la primera parte del relato de Mateo los demonios no acaben de distinguirse realmente de sus poseídos:

Y como Él [Jesús] hubo llegado a la otra ribera [del mar de Galilea], al país de los Gergesenos, le vinieron al encuentro dos endemoniados que salían de los sepulcros, fieros en gran manera, que nadie podía pasar por aquel camino.

Y he aquí que clamaron, diciendo: ¿Qué tenemos contigo, Jesús, Hijo de Dios? ¿Has venido acá a molestarnos antes de tiempo? (Mateo 8, 28.)

La prueba de que Mateo se esfuerza en pensar la posesión en función del mimetismo de los dobles y del escollo está en que añade aquí algo que no figura en el texto de Marcos ni en el de Lucas: los que van al encuentro de Jesús, nos dice, son de tal manera que *nadie podía pasar por aquel camino*. En otras palabras, son esencialmente unos seres que obstruyen el camino, como Pedro a Jesús cuando le desaconseja la Pasión. Son unos seres que se escandalizan recíprocamente y escandalizan a sus vecinos. El escándalo siempre es contagioso; los escandalizados amenazan con comunicar su deseo o arrastraros, en otras palabras, por el mismo camino que ellos para convertirse en nuestro modelo-obstáculo y escandalizaros a su vez. Cualquier alusión al paso vallado en los Evangelios, al obstáculo insuperable, a la piedra demasiado pesada para ser levantada es una alusión al escándalo con que arrastra a su vez a todo el sistema.

Para explicar la posesión mediante el mimetismo del escándalo, Mateo apela a la relación mimética mínima, a lo que podríamos denominar su unidad de base. Intenta re-

286

montarse a la fuente del mal. Aparece ahí un gesto que habitualmente no se entiende porque invierte la práctica típicamente mitológica de nuestras psicologías y de nuestros psicoanálisis. Estos interiorizan el doble; necesitan siempre, en suma, un pequeño demonio imaginario en el interior de la conciencia, o del inconsciente, da igual. Mateo exterioriza el demonio en una relación mimética real entre dos individuos reales.

Creo que Mateo mejora el texto del milagro en un punto capital o, mejor dicho, facilita su análisis. Nos enseña que la dualidad no puede dejar de estar presente en el inicio del juego mimético y esto es algo muy interesante; pero, por el mismo hecho de que instala la dualidad en el comienzo de su relato, este autor tropieza con dificultades, a continuación, para introducir la multiplicidad, también ella indispensable, sin embargo, para el desenvolvimiento del milagro. Resulta obligado eliminar la frase clave de Marcos: *Legión me llamo; porque somos muchos*, la que más contribuye a la celebridad del texto, con la introducción del extraño paso del singular al plural. Esta ruptura reaparece asimismo en la siguiente oración, que reproduce en estilo indirecto la serie de frases que el demonio se cree obligado a decir a Jesús: *y le rogaba mucho que no le enviase fuera de aquella provincia.**

En su comentario de Marcos, Jean Starobinski muestra perfectamente las connotaciones negativas de la palabra *Legión*. Hay que entenderla como «la multiplicidad guerrera, la tropa hostil, el ejército ocupante, el invasor romano, y tal vez también los que crucificaron a Cristo».[1] El crítico observa justamente que la multitud desempeña un papel im-

---

* Este paso del singular al plural no se recoge en la versión española aquí utilizada, la Reina-Valera, de Cipriano de Valera. *(N. del T.)*
  1. *Ibid.*

portante no solo en la historia de lo demoníaco, sino también en los textos que aparecen inmediatamente antes e inmediatamente después. Es cierto que la propia curación se presenta como un combate singular entre Jesús y el demonio pero tanto antes como después siempre hay multitudes en torno a Jesús. En primer lugar, la multitud galilea que los discípulos han despedido para embarcarse con Jesús. Tan pronto como regrese, Jesús reencontrará esa multitud. En Gadara no solo existe la multitud de los demonios y la multitud de los cerdos, sino que existen también los habitantes de Gadara que han acudido en tropel, tanto desde la ciudad como de las granjas. Citando la frase de Kierkegaard, «la multitud es la mentira», Starobinski observa que en los Evangelios el mal siempre corre a cargo de la pluralidad y de la multitud.

Existe, no obstante, una notable diferencia entre el comportamiento de los galileos y el de los gadarenos. Al igual que la de Jerusalén, la multitud galilea no teme los milagros. Puede volverse de un instante a otro en contra del taumaturgo pero de momento se pega a él como un salvador. Los enfermos afluyen de todas partes. En territorio judaico, todo el mundo está ávido de milagros y de signos. Pretenden o bien beneficiarse personalmente de ellos, o bien hacer beneficiarse a los demás, o bien, más simplemente, ser espectadores, asistir al acontecimiento excepcional como a una obra de teatro, con frecuencia más extraordinaria que edificante.

Los habitantes de Gadara reaccionan de manera diferente. Cuando ven al endemoniado *sentado, vestido y en su juicio cabal, él que había tenido la Legión*, sintieron miedo. Se hacen explicar por los guardianes de los cerdos *cómo había acontecido al que había tenido el demonio, y lo de los puercos*. Lejos de calmar sus temores y de excitar el entusiasmo o por lo menos la curiosidad, el relato acrecienta aún más la angustia. Los habitantes del lugar exigen la marcha de Jesús. Y Jesús les satisface sin añadir nada. El hombre al que ha curado quiere seguirle pero él le ordena que siga entre los suyos. Embarca silenciosamente para regresar al territorio judaico.

No hubo predicación, o auténtico intercambio, ni siquiera hostil, con esos hombres. Es la totalidad de la población local, por lo que parece, la que reclama la marcha de Jesús. Da la impresión de que los habitantes de Gadara llegan ordenadamente. No se parecen a la multitud sin pastor que excita la piedad de Jesús. Constituyen una comunidad diferenciada, ya que los habitantes del campo están diferenciados de los habitantes de las ciudades. Se informan tranquilamente y presentan a Jesús una decisión meditada cuando le piden que se vaya. No responden al milagro ni con la agitación histérica ni con el odio de la pasión, sino con una desestimación de la demanda que excluye cualquier titubeo. No quieren tener nada que ver con Jesús ni con lo que representa.

No es por motivos pecuniarios por lo que los habitantes de Gadara se sienten afectados por la desaparición de su rebaño. Visiblemente, el anegamiento de sus puercos les turba menos que el de sus demonios. Para entender lo que ocurre, hay que ver que este apego de los pobladores de Gadara a sus demonios tiene su correspondencia en el apego de los demonios a sus gadarenos. Legión estaría de acuerdo en desalojar el cuerpo con tal de que se le permitiera permanecer en el país. *Y le rogaba mucho que no le enviase fuera de aquella provincia.* Como los demonios no pueden prescindir de una morada viviente, desean poseer alguna otra, preferentemente un ser humano o en su defecto un animal, en este caso la piara de cerdos. La modestia de la petición demuestra que los demonios no se hacen ilusiones. Solicitan como un favor el derecho de instalarse en esos animales repugnantes: eso quiere decir que no las tienen todas consigo. Saben que están tratando con alguien poderoso. Tendrán más posibilidades de hacerse tolerar, suponen, si se conforman con poco. Lo esencial para ellos es no verse expulsados *completamente, definitivamente*.

El vínculo recíproco de los demonios y de los habitantes de Gadara no hace más que reproducir en otro plano, supongo, lo que nuestro análisis ha revelado acerca de las relaciones entre el poseso y los mismos habitantes de Gadara. Estos no pueden prescindir de aquel y viceversa. Para describir estas relaciones he hablado simultáneamente de ritual y de patología cíclica. No creo que la conjunción sea fantasiosa. Al degenerar, el ritual pierde su claridad. La expulsión no es franca y el chivo expiatorio –el poseso– vuelve a la ciudad en el intervalo de sus crisis. Todo se mezcla y nunca concluye nada. El rito tiende a recaer en lo mismo de donde sale, las relaciones de dobles miméticos, la crisis indiferenciada. La violencia física tiende a ceder su lugar a la violencia no fatal pero irresoluble e interminable de las relaciones psicopatológicas.

Sin embargo, esta tendencia no llega hasta la indiferenciación total. Subsiste la suficiente diferencia entre el expulsado voluntario y los habitantes de Gadara que se niegan a expulsarle, suficiente drama real en cada repetición para que el tejemaneje descrito por nuestro texto mantenga una cierta eficacia catártica. La disgregación completa está próxima pero todavía no se ha producido. Esto se debe a que la sociedad gadarena todavía está algo estructurada, más estructurada que las multitudes de Galilea o de Jerusalén. Sigue existiendo diferencia en el sistema, entre la ciudad y el campo por ejemplo, y esta diferencia se manifiesta en la reacción tranquilamente negativa ante el éxito terapéutico de Jesús.

El estado de esa sociedad no es brillante, está incluso muy deteriorado, pero no es totalmente desesperado, y los habitantes de Gadara pretenden mantener su frágil *statu quo*. Siguen formando una comunidad en el sentido de siempre, un sistema que se perpetúa más o menos bien mediante unos procedimientos sacrificiales muy degenerados, a juzgar por lo que nosotros vemos, pero en cualquier caso preciosos e incluso insustituibles pues, según todas las apariencias, están en las últimas...

Todos los comentaristas nos cuentan que Jesús cura a sus posesos mediante unos medios clásicos de tipo humanístico. Aquí, por ejemplo, fuerza al espíritu impuro a nombrarse; adquiere sobre él, por tanto, el poder frecuentemente asociado en las sociedades primitivas con la manipulación del nombre propio. No tendría nada de realmente excepcional. No es eso lo que el texto querría sugerirnos. Si lo que hace Jesús no tiene nada de extraordinario, los habitantes de Gadara no tienen ningún motivo para estar asustados. Tienen sin duda sus propios curanderos, que trabajan de acuerdo con los métodos que los contemporáneos pretenden encontrar en la práctica de Jesús. Si Jesús no fuera otra cosa que un *medicine man* más eficaz, estos buenos ciudadanos no estarían aterrorizados, sino encantados. Suplicarían a Jesús que se quedara y no que se fuera.

¿El miedo de los habitantes de Gadara solo es una exageración retórica? ¿Está desprovisto de contenido, destinado únicamente a hacer más impresionante la proeza del Mesías? Yo no lo creo. La caída de la piara endemoniada se presenta de la misma manera en los tres sinópticos. *La manada cayó por un despeñadero en la mar.* El despeñadero aparece también en Mateo y en Lucas. Para que surja ahí es preciso que los puercos se encuentren en una especie de promontorio. Marcos y Lucas tienen conciencia de ello y, para preparar el despeñadero, instalan esos animales *sobre un monte*. Mateo no tiene monte pero mantiene el despeñadero. Así pues, esto es lo que retiene la atención de los evangelistas. Aumenta la altura de la caída. Cuanto de más alto caigan los puercos, más impresionante será la escena. Pero los Evangelios no se preocupan de lo pintoresco y no es en busca del efecto visual por lo que todos ellos hablan de ese despeñadero. Cabe alegar también una razón funcional. La distancia que recorrer en caída libre antes de alcanzar la superficie del lago asegura la desaparición definitiva de la gente porcina; la piara no tiene ninguna probabilidad de escapar sana y salva; no alcanzará la ribera a nado. Todo eso es cierto; el despeñadero es necesario para la economía realista de la escena, pero tampoco la preocupación de realismo es muy evangélica. Hay algo más, algo más esencial.

Quienes están habituados a los textos mitológicos y religiosos reconocen inmediatamente, o deberían reconocer, este tema del despeñadero. Al igual que la lapidación, la caída desde lo alto del acantilado tiene unas connotaciones colectivas, rituales y penales. Es una práctica social extremadamente difundida tanto en el mundo antiguo como en las sociedades llamadas primitivas. Es un modo de inmolación sacrificial que se diferencia más adelante al modo de la ejecución capital. En Roma, es el principio de la roca Tarpeya. En el universo griego, la ejecución periódica del *pharmakos* ritual se efectuaba a veces de esta manera, especialmente en Marsella. Se obligaba al desdichado a precipitarse al mar desde tal altura que necesariamente le ocasionaba la muerte.

Dos grandes métodos de ejecución ritual aparecen de manera casi explícita en nuestro texto, la lapidación y la caída desde lo alto del acantilado. Hay semejanzas entre ambos. Todos los miembros de la colectividad pueden y deben arrojar piedras sobre la víctima. Todos los miembros de la colectividad pueden y deben avanzar simultáneamente hacia el condenado y arrinconarle al borde del acantilado para no dejarle otra salida que la muerte. Las semejanzas no se limitan al carácter colectivo de la ejecución. Todo el mundo participa en la destrucción del anatema pero nadie entra en contacto directo, físico, con él. Nadie corre el riesgo de quedar contaminado. Solo el grupo es responsable. Todos los individuos comparten el mismo grado de inocencia y de responsabilidad.

Se comprueba sin esfuerzo, igualmente, que todo ello es cierto respecto a los demás modos de ejecución tradicionales, en especial de todas las formas de *exposición* de las que la crucifixión constituye una variante. El temor supersticioso del contacto físico con la víctima no debe cegarnos al hecho de que esas técnicas de ejecución resuelven un problema esencial para unas sociedades de sistema judicial débil o inexistente, unas sociedades todavía impregnadas por el espíritu de la venganza privada, confrontadas a menudo, por consiguiente, con la amenaza de una violencia interminable en el seno de la comunidad.

Estos métodos de ejecución no ofrecen ningún asidero al apetito de venganza, pues eliminan toda diferencia en los papeles individuales. Todos los perseguidores actúan de la misma manera. Quienquiera que sueñe con la venganza se ve obligado a enfrentarse al conjunto de la colectividad. Es como si la fuerza del Estado, todavía inexistente en ese tipo de sociedad, comenzara a existir de manera temporal pero real, y no únicamente simbólica, en esas formas violentas de la unanimidad.

Estos modos colectivos de la ejecución capital responden

hasta tal punto a la necesidad que acabo de definir que, a primera vista, cuesta trabajo imaginárselos surgiendo de manera espontánea en las colectividades humanas. Parece que están demasiado bien adaptados a su objetivo para no haber sido pensados antes de ser realizados. Siempre aparece ahí bien la moderna ilusión del funcionalismo que cree que la necesidad crea el órgano, bien la ilusión más antigua de las tradiciones religiosas que siempre señalan con el dedo a una especie de legislador primordial, un ser de una sabiduría y de una autoridad sobrehumanas que habría dotado a la comunidad de todas sus instituciones fundamentales.

En realidad, las cosas han tenido que ocurrir de otra manera. Es absurdo pensar que un problema como el nuestro se haya planteado de manera teórica antes de quedar decidido en la práctica. Pero es imposible evitar este absurdo en tanto no se obtenga la solución que ha podido preceder al problema. Solo puede tratarse, evidentemente, de un efecto espontáneo de chivo expiatorio. En el paroxismo del mimetismo conflictivo, la polarización sobre una víctima única puede llegar a ser tan fuerte que todos los miembros del grupo se esfuerzan por participar en su muerte. Este tipo de violencia colectiva tenderá espontáneamente hacia las formas de ejecución unánimes, igualitarias y a distancia que acabo de definir.

¿Significa esto que los grandes legisladores primordiales que mencionan tantas tradiciones religiosas no han existido nunca? En absoluto. Siempre hay que tomar en serio las tradiciones primitivas, sobre todo cuando se parecen. Los grandes legisladores han existido pero jamás han promulgado la legislación *en vida suya*. Coinciden, evidentemente, con los chivos expiatorios cuyo definitivo exterminio es escrupulosamente imitado, copiado y perfeccionado en los ritos, a causa de sus efectos reconciliadores. Los efectos son reales porque esta muerte ya se parece al tipo de ejecución capital que de ella se desprende y que reproduce los mismos efectos, ataja la venganza. Así pues, parece proceder de una sabiduría más que humana y solo puede ser atribuido a un chivo expiatorio sacralizado, como todas las instituciones que derivan del mecanismo victimario. El legislador supremo es la misma esencia del chivo expiatorio sacralizado.

El personaje de Moisés es un ejemplo de chivo expiatorio legislador. Su tartamudeo es un signo victimario. Aparecen en él unas huellas de culpabilidad mítica: la muerte del egipcio, la falta que provoca la prohibición de penetrar en la Tierra prometida, la responsabilidad en las diez plagas de Egipto que son unas pestes indiferenciadoras. Todos los estereotipos de la persecución están ahí, a excepción del homicidio colectivo, de igual manera que en el caso de Rómulo. Freud no se equivocó al tomar en serio este rumor de homicidio colectivo.

Pero vuelvo a los demonios de Gadara. ¿Es razonable hacer intervenir la lapidación y la ejecución desde lo alto del acantilado en la explicación de ese texto? ¿Es razonable asociar ambos modos de ejecución? Creo que sí; el contexto nos invita a hacerlo. La lapidación está en todos los Evangelios y en los Hechos. Ya he mencionado a la mujer adúltera salvada por Jesús. El primer mártir, Esteban, se hace lapidar. La propia Pasión va precedida de varios intentos de lapidación. Existe también, y es muy significativo, un intento fallido para precipitar a Jesús desde lo alto de un acantilado.

La escena sucede en Nazareth. Jesús es mal acogido en la ciudad de su infancia; no puede realizar en ella ningún milagro. Su predicación en la sinagoga escandaliza a sus oyentes. Se aleja sin ser inquietado, salvo en el caso de Lucas, donde aparece lo siguiente:

Entonces todos en la sinagoga fueron llenos de ira, oyendo estas cosas (las palabras de Cristo);

Y levantándose, le echaron fuera de la ciudad y le llevaron hasta la cumbre del monte sobre el cual la ciudad de ellos estaba edificada, para despeñarle.

Mas él, pasando por medio de ellos, se fue. (Lucas 4, 28-30.)

Hay que ver en este episodio un esbozo y, por consiguiente, un anuncio de la Pasión. Su presencia revela que Lucas, y sin duda los demás evangelistas, consideran la caída desde la cumbre del monte, así como la lapidación, como un equivalente de la crucifixión. Entienden el interés de esta equivalencia. Todas las formas del homicidio colectivo significan lo mismo y Jesús y su Pasión revelan su sentido. Esta revelación es la que importa, no la localización real de tal o cual despeñadero. Al decir de las personas que conocen Nazareth, la ciudad y sus alrededores inmediatos no se prestan al papel que quiere hacerle desempeñar Lucas. No existe despeñadero.

Esta inexactitud geográfica no ha escapado a la vigilancia histórico-positivista. La crítica no ha ahorrado los comentarios sardónicos. Desgraciadamente, jamás ha llevado su curiosidad hasta el punto de preguntarse por qué Lucas dota la ciudad de Nazareth de un acantilado inexistente. Los profesores positivistas eran unos espíritus relativamente cándidos. Su universo era un vasto examen de historia y de geografía en el que suspendían sistemáticamente a los evangelistas, creyendo con ello «refutarles» para siempre, y demostrar su impúdica superchería. Bastaba eso para hacerles felices.

Los Evangelios se interesan demasiado por las diferentes variantes de la muerte colectiva para interesarse por la topografía de Nazareth. Su auténtica preocupación se refiere a la autolapidación del endemoniado y a la caída de los cerdos *desde lo alto del despeñadero*.

Pero aquí no es el chivo expiatorio el que salta por encima del despeñadero, no es una víctima única o un pequeño número de víctimas, es la multitud de los demonios, son los dos mil puercos endemoniados. Se han invertido las relaciones habituales. La multitud es la que debería permanecer arriba y hacer caer a la víctima; en este caso la multitud es la que se precipita y la víctima se salva.

La curación de Gadara invierte el esquema universal de la violencia fundadora en todas las sociedades del mundo. Esta inversión se produce indudablemente en determinados mitos, pero no tiene las mismas características; concluye siempre con la restauración del sistema que acaba de ser destruido o con la instauración de un nuevo sistema. Aquí no ocurre nada de eso; el anegamiento de los puercos endemoniados tiene un carácter definitivo; es un acontecimiento sin futuro, salvo para el propio beneficiario del milagro.

Nuestro texto pretende sugerir una diferencia, no de grado pero sí de naturaleza, entre el milagro de Jesús y las curaciones habituales. Y esta diferencia de naturaleza corresponde realmente a todo un conjunto de datos concordantes. Es lo que no ven los comentaristas modernos. Los aspectos fantásticos del milagro parecen demasiado gratuitos para retener largo tiempo la atención. Solo se ven añejas cantinelas mágicas en la petición que los demonios hacen a Jesús, su desordenado repliegue hacia la piara y la caída de esta. En realidad, el tratamiento de estos temas es excepcional y corresponde rigurosamente a lo que exige a este respecto la revelación del mimetismo victimario, teniendo en cuenta el estilo del conjunto, que sigue siendo demonológico.

Los demonios toleran en última instancia que se les eche, a condición de que no se les expulse *fuera de la provincia*. Yo creo que eso quiere decir que los exorcismos ordinarios no son nunca otra cosa que unos desplazamientos locales, unos intercambios y unas sustituciones que siempre pueden producirse en una estructura sin aportar ningún cambio apreciable, sin comprometer la perpetuación del conjunto.

Los curanderos tradicionales ejercen una acción real pero limitada en la medida en que solo mejoran el estado de un individuo X a expensas de otro individuo. Y viceversa. En lenguaje demonológico, eso quiere decir que los demonios de X le han abandonado y se han instalado en Y. Los curanderos modifican algunas relaciones miméticas pero sus pequeñas manipulaciones no comprometen el equilibrio del sistema que permanece inmutable. Es algo así como los cambios ministeriales de un gobierno deteriorado. El sistema permanece y no debe definirse únicamente como el de unos hombres, sino de unos hombres y de sus demonios.

Este sistema total es el que se ve amenazado por la curación del poseso y el anegamiento consiguiente de Legión. Los habitantes de Gadara lo adivinan y eso es lo que les inquieta. Los demonios todavía lo entienden mejor. Aún se muestran más lúcidos que los hombres en ese punto, lo que no les impide estar ciegos respecto a otros y ser propicios al engaño. Lejos de ser puramente imaginarios y fantasiosos, como suponen las mentes mediocres, estos temas son ricos en sentido. Las cualidades atribuidas a los demonios corresponden rigurosamente a las auténticas propiedades de esta extraña realidad que los Evangelios les hacen en cierto modo encarnar, la *desencarnación* mimética. Cuanto más frenético y demoníaco se hace el deseo, menos se le escapan sus propios fines, pero su lucidez no disminuye en nada su sujeción. Los grandes escritores aprecian y ponen en escena este saber paradójico. Dostoievski no solo extrae de los demonios de Gadara el título de su novela, *Los Demonios*, sino todo el sistema de las relaciones entre los personajes, y el dinamismo del abismo que arrastra el sistema.

Los demonios intentan «negociar» con Jesús, de la misma manera que lo hacen con los curanderos locales. Tratan de igual a igual con aquellos cuya potencia e impotencia apenas difiere de la suya. Con Jesús la negociación es más aparente que real. Este viajero no es el iniciado de ningún culto local; no le ha enviado nadie de la comunidad. No necesita hacer concesiones para conseguir que los demonios se alejen del poseso. El permiso concedido para invadir los puercos no provoca ninguna consecuencia, ya que carece de efectos duraderos. Basta con que Jesús aparezca en algún lugar para limpiarlo de demonios y amenazar el orden necesariamente demoníaco de cualquier sociedad. Los demonios no pueden mantenerse en su presencia. Su agitación se hace extrema, pasan por breves convulsiones agónicas y luego tienden a desintegrarse por completo. Este curso inevitable de las cosas es lo que nos muestra el momento paroxístico de nuestro milagro.

En todas las grandes derrotas, las últimas maniobras se convierten en el instrumento perfecto del derrumbamiento. Esta doble significación es la que nuestro texto consigue conferir al regateo entre el taumaturgo y los demonios. Es un tema que procede de las prácticas de los chamanes y otros curanderos, pero aquí solo es un pretexto para unas significaciones que lo superan.

En presencia de Jesús, los demonios solo confían en mantenerse en los márgenes del universo donde antes imperaban, en sus rincones más nauseabundos. Para ponerse al amparo del abismo que les amenaza, en suma, los demonios se dirigen voluntariamente hacia él. Presas del pánico, y a falta de otra cosa mejor, deciden apresuradamente *convertirse en puercos*. Eso se parece extrañamente a lo que ocurre un poco por todas partes. Pero incluso convertidos en cerdos, como los compañeros de Ulises, los demonios no consiguen resistir. El anegamiento es una derrota definitiva. Materializa los peores temores de la horda sobrenatural, los de ser expulsados *fuera de aquella provincia*. Así reza la expresión de Marcos y es preciosa; obliga a tomar conciencia de la naturaleza social de la partida, del papel que juega lo demoníaco en lo que algunos denominan lo «simbólico». El texto de Lucas tampoco está mal. Al mostrarnos a los demonios que suplican a Jesús que no les envié para siempre jamás *al abismo*, ese evangelio explica mejor el aniquilamiento definitivo de lo demoníaco, es decir, la significación principal del texto, la que explica la reacción de los propios gadarenos. Estos infortunados presienten que su precario equilibrio se basa en lo demoníaco, es decir, en el tipo de actividades que se desarrollan periódicamente entre ellos y la especie de celebridad local en que se ha convertido su poseso.

No hay nada en la posesión que no sea el resultado de un mimetismo frenético. Como ya he dicho, es lo que sugiere la variante de Mateo, que sustituye por dos posesos indiferenciados, y por tanto miméticos, al endemoniado solitario de los otros dos sinópticos. En el fondo, el texto de Marcos expresa lo mismo, de manera menos visible pero aún más esencial, menos visible por ser más esencial, al mostrarnos a su personaje único poseído por un demonio simultáneamente uno y múltiple, singular y plural. Eso quiere decir que el poseso no está poseído únicamente por uno, como sugiere Mateo, sino por todos los demás en tanto que simultáneamente uno y múltiple, en otras palabras, en tanto que forman una sociedad en el sentido humano del término, o, si se prefiere, en el sentido demoníaco, una sociedad basada en la expulsión colectiva. Eso es precisamente lo que imita el poseso. Los demonios están hechos a imagen del grupo humano, son la *imagen* de este grupo porque son su *imitativo*. De igual manera que la sociedad de Gadara al final de nuestro texto, la sociedad de los demonios posee al principio una estructura, una especie de organización; es la unidad de lo múltiple: Legión me llamo; porque somos muchos. De la misma manera que, al final, se eleva una voz para hablar en nombre de todos los habitantes de Gadara, al comienzo se alza una voz para hablar en nombre de todos los demonios. Y, a decir verdad, ambas voces expresan lo mismo. Puesto que cualquier coexistencia es imposible entre Jesús y los demonios, es indiferente que rueguen a Jesús que no expulse a los demonios, cuando se es demonio, o que le rueguen que se vaya, cuando se es de Gadara.

La prueba esencial de lo que afirmo, la identidad de los demonios y de los habitantes de Gadara, es el comportamiento del poseso, tan pronto como está poseído por esos demonios. Los pobladores de Gadara lapidan a sus víctimas y los demonios obligan a la suya a lapidarse a sí misma, lo que equivale a lo mismo. Este poseso arquetípico imita la práctica social más fundamental, la que engendra literalmente la sociedad transmutando la multiplicidad mimética más atomizada en la más fuerte unidad social, la unanimidad del homicidio fundador. Al expresar la unidad de lo múltiple, Legión simboliza el propio principio social, el tipo de organización que no se basa en la expulsión definitiva de los demonios, sino en unas expulsiones equívocas y mitigadas del tipo ilustrado precisamente por nuestro poseso, expulsiones que culminan en el fondo en la coexistencia de los hombres y de los demonios.

He dicho que Legión simboliza la unidad múltiple de lo social y eso es muy cierto pero, en la frase justamente célebre: *Legión me llamo; porque somos muchos*, simboliza esa unidad a punto ya de desintegrarse puesto que el orden invertido del engendramiento social es lo que prevalece. Lo singular que se transforma irresistiblemente en plural, dentro de una única e idéntica frase, es la recaída de la unidad en la multiplicidad mimética, es el primer efecto de la presencia disolvente de Jesús. Es casi arte moderno. Yo es otro, dice Mateo. Yo es todos los otros, dice Marcos.

¿Tengo derecho a identificar la piara de puercos con la multitud de linchadores? ¿Se me reprochará que incline los Evangelios en el sentido de mis molestas obsesiones? ¿Cómo podrían hacerlo ya que la identificación que reclamo aparece explícitamente en un evangelio por lo menos, el de Mateo? Estoy pensando ahora en un aforismo muy significativo, situado a escasa distancia del relato de Gadara: *No echéis vuestras perlas delante los cerdos; porque no las rehuellen con sus pies, y vuelvan y os despedacen* (7, 6).

Pero ya he dicho que en el relato de Gadara son los linchadores quienes sufren el tratamiento «normalmente» reservado a la víctima. No se hacen lapidar, como el poseso, pero saltan por el despeñadero, lo que equivale a lo mismo. Para ver lo que tiene de revolucionaria esta inversión, hay que trasladarla a un universo que nuestro humanismo antibíblico respeta más que el judaico, el de la Antigüedad clásica, griega o romana. Hay que imaginar al *pharmakos* haciendo saltar a la *polis* griega, filósofos y matemáticos incluidos, por el despeñadero. Ya no es el réprobo el que se balancea en el vacío desde lo alto de la roca Tarpeya, son los majestuosos cónsules, los virtuosos Catones, los solemnes jurisconsultos, los procuradores de Judea y todo el resto del *senatus populusque romanus*. Todo eso se desvanece en el abismo mientras que encima de él, la antigua víctima, *vestida y en su cabal juicio*, observa tranquilamente la asombrosa caída.

El final del milagro satisface un cierto apetito de revancha pero ¿está justificado en el marco del pensamiento que define? ¿No supone precisamente una dimensión vengadora que contradice mi tesis sobre la ausencia de espíritu vengador en los Evangelios?

¿Cuál es la fuerza que catapulta a los puercos al mar de Galilea si no es nuestro deseo de verlos caer en él o la violencia del propio Jesús? ¿Qué es lo que puede motivar que toda una piara se autodestruya sin estar obligada a hacerlo por nada concreto? La respuesta es evidente. Es el espíritu gregario, es lo que convierte, precisamente, en piara a una piara, en otras palabras, la irresistible tendencia al mimetismo. Basta con que un primer puerco caiga al mar, acaso por casualidad o de manera accidental, bajo el efecto de un pánico estúpido o de unas convulsiones provocadas por la invasión demoníaca, para que todos sus congéneres hagan lo mismo. El frenético seguidismo se combina perfectamente con la proverbial indocilidad de la especie. Más allá de un cierto umbral mimético, el mismo precisamente que define la posesión, el rebaño entero reproduce instantáneamente cualquier comportamiento que le parezca que sale de lo común. Es, en cierto modo, el fenómeno de la moda en las sociedades llamadas avanzadas, en el sentido en que la de Gadara ya está muy avanzada.

Basta con que un animal cualquiera pierda repentinamente pie, sin hacerlo adrede, y ya tenemos un nuevo modo de lanzamiento, el de la *inmersión en los abismos*, que transportará de entusiasmo hasta al último gorrino. La menor incitación mimética rompe unas multitudes compactas. Cuanto más débil o fútil o, mejor aún, fatal sea el objetivo, más rodeado estará de misterio y más deseo inspirará. Todos estos puercos están escandalizados, y por tanto ya desequilibrados, necesariamente interesados, de repente, e incluso electrizados por una pérdida de equilibrio más *radical*; ahí está el gran gesto que oscuramente buscaban todos, el *gesto imposible que es recuperar*. Se precipitan tras las huellas del «audaz innovador».

Cuando Jesús habla, sitúa casi siempre el mimetismo del escándalo en lugar de cualquier diablería. En este caso basta con hacer lo mismo y se disipa el misterio. Estos cerdos son unos auténticos posesos en la medida en que están mimetizados hasta la coronilla. Si nos limitamos estrictamente a unas referencias no evangélicas, no es en los manuales de demonología donde hay que buscarlos, y tampoco en las falsas ciencias modernas del instinto, que descubren tristemente nuestro futuro en unas sombrías historias de ratones campestres; prefiero dirigirme a una literatura más alegre y más profunda. Los demonios suicidas de Gadara son unos supercorderos de Panurgo que ni siquiera necesitan un Dindenneau para arrojarse al mar. Jamás falta una respuesta mimética a las preguntas que plantea nuestro texto, y siempre es la mejor.

CAPÍTULO XIV
SATANÁS DIVIDIDO EN CONTRA DE SÍ MISMO

El análisis de los textos no puede revelar nada respecto a las curaciones milagrosas en sí mismas.[1] Solo puede referirse al lenguaje de su descripción. Los Evangelios hablan el lenguaje de su universo. Así pues, parecen convertir a Jesús en un curandero más, al mismo tiempo que afirman que el Mesías es otra cosa. El texto de Gadara les da la razón en la medida en que describe la destrucción de todos los demonios y de su universo, el mismo que ofrece a los evangelistas el lenguaje de su descripción, el lenguaje de los demonios y de su expulsión. Se trata, pues, de una expulsión... de la expulsión en sí misma, es decir, del resorte constitutivo de este mundo, se trata siempre de acabar de una vez por todas con los demonios y lo demoníaco.

En poquísimos pasajes de los Evangelios recurre el propio Jesús al lenguaje de la expulsión y de la demonología. El

1. Sobre los milagros y el sentido de las curaciones milagrosas, véase Xavier Léon-Dufour, *Études d'Évangile*, París, Seuil, 1965. (Hay trad. esp.: *Estudios de Evangelio*, trad. de Alfonso Ortiz, Cristiandad, Madrid, 1982.) Véase también del mismo autor, *Face à la Mort, Jésus et Paul*, París, 1979, especialmente sobre la lectura sacrificial de la Pasión.

principal de ellos se presenta como un debate con unos interlocutores hostiles. Es un texto capital y aparece en los tres sinópticos. Lo cito, en su versión más rica, la de Mateo. Jesús acaba de curar a un endemoniado. La multitud está admirada pero están presentes los miembros de la élite religiosa, unos «fariseos» según Mateo, unos «escribas» en el texto de Marcos, y consideran sospechosa esta curación.

Y todas las gentes estaban atónitas, y decían: ¿Será este aquel Hijo de David?

Mas los Fariseos, oyéndolo, decían: Este no echa fuera los demonios, sino por Beelzebub, príncipe de los demonios.

Y Jesús, como sabía los pensamientos de ellos, les dijo: Todo reino dividido contra sí mismo es desolado; y toda ciudad o casa dividida contra sí misma no permanecerá.

Y si Satanás echa fuera a Satanás, contra sí mismo está dividido; ¿cómo, pues, permanecerá su reino?

Y si yo por Beelzebub echo fuera los demonios, ¿vuestros hijos por quién los echan? Por tanto, ellos serán vuestros jueces.

Y si por espíritu de Dios yo echo fuera los demonios, ciertamente ha llegado a vosotros el reino de Dios.

(Mateo, 12, 13-28.)

Es imposible leer este texto de una sentada. La lectura inmediata desemboca en una lectura mediata, más profunda. Comienzo por la lectura inmediata. A primera vista encontramos en la frase inicial un principio indiscutible pero banal, el que retiene la sabiduría de las naciones. El inglés lo ha convertido en una especie de proverbio: *Every kingdom divided against itself... shall not stand.*

La siguiente frase aparece inicialmente como una aplicación de este principio: *Y si Satanás echa fuera a Satanás, contra sí mismo está dividido; ¿cómo, pues, permanecerá su reino?* Jesús no contesta pero la respuesta es evidente. Si está dividido contra sí mismo, el reino de Satanás no permanecerá. Si los fariseos son realmente hostiles a Satanás, no deberían reprochar a Jesús que eche a Satanás con Satanás; aunque tuvieran razón, lo que Jesús acaba de hacer contribuiría a la destrucción final de Satanás.

Pero he aquí ahora otra suposición y otra pregunta: *Y si yo por Beelzebub echo fuera los demonios, ¿vuestros hijos por quién los echan?...* Si mi propia acción procede del diablo, ¿de dónde procede la vuestra y la de vuestros adeptos, de vuestros hijos espirituales? Jesús devuelve a sus críticos su misma acusación: ellos son los que expulsan *por Satanás* y reivindica para sí un tipo de expulsión radicalmente diferente, una expulsión mediante el Espíritu de Dios: *Y si por espíritu de Dios yo echo fuera los demonios, ciertamente ha llegado a vosotros el reino de Dios.*

Jesús parece metido en una desmesurada polémica necesariamente estéril. Entre curanderos rivales, cada cual pretende ser el único en practicar la «buena expulsión», la más eficaz, la más ortodoxa, la que procede de Dios, mientras que los demás practican la que procede del diablo. Nos hallamos en un juego de competencia mimética en el que cada cual, precisamente, expulsa al otro, algo así como Edipo y Tiresias, los profetas rivales en el *Edipo rey* de Sófocles. La violencia está en todas partes y todo se reduce a una cuestión de fuerzas. Es lo que sugiere el resto del pasaje que todavía no he citado. Allí aparecen representadas de manera caricaturescamente violenta las relaciones entre las dos expulsiones:

Porque, ¿cómo puede alguno entrar en la casa del valiente, y saquear sus alhajas, si primero no prendiere al valiente? y entonces saqueará su casa. (Mateo 12, 29.)

El primer valiente, en este caso, es el diablo presentado como el propietario legítimo, o por lo menos como el primer ocupante de la morada. El hombre todavía más valiente que domina al primero es Dios. Esta manera de ver las cosas no es propia de Jesús. Dios no es un vulgar asaltante. Jesús adopta el lenguaje de sus interlocutores, el lenguaje de las expulsiones rivales para descubrir su sistema, el de la violencia y de lo sagrado. Dios es sin duda más valiente que Satanás, pero si lo es en el sentido aquí indicado nunca es otra cosa que otro Satanás.

Así es como los habitantes de Gadara interpretan el estallido de Jesús en su comunidad. Tienen entre ellos un valiente, la Legión demoníaca. Este propietario les da mala vida pero mantiene una especie de orden. He aquí que ahora aparece Jesús, que todavía debe ser más valiente, ya que reduce al valiente a la impotencia. Los habitantes de Gadara temen que Jesús se apodere de todos sus bienes. Esta es la razón de que le pidan decididamente que se vaya. No desean cambiar un primer amo tiránico por otro aún más tiránico.

Jesús adopta el lenguaje de su universo que, por otra parte, es con frecuencia el lenguaje de los propios Evangelios. Los evangelistas no saben muy bien por dónde andan. Su texto es extraordinariamente elíptico, tal vez está mutilado. Sin embargo, Mateo ve perfectamente que no debe tomárselo todo al pie de la letra. En las palabras que acabamos de leer existe toda una ironía que debe ser desprendida, toda una carga de sentido que escapa al nivel polémico más inmediatamente visible, el único, sin duda, que perciben los interlocutores de Jesús, y, en nuestros días, la mayoría de los lectores. Mateo hace preceder la cita de una significativa advertencia: *Y Jesús, como sabia los pensamientos de ellos, les dijo...*

Marcos no manifiesta la misma precaución pero sí otra distinta, aún más reveladora; nos previene de que se trata de una *parábola* (Marcos 3, 23). Cree que es importante para la misma definición del discurso parabólico. Se trata de un discurso indirecto que puede recurrir a unos elementos narrativos pero no de modo indispensable, ya que aquí no lo hace. Lo que constituye la esencia de la parábola, en el uso evangélico, es el encierro voluntario de Jesús en la representación persecutoria, en favor de personas que no pueden oír otra cosa, estando encerrados en ella ellos mismos. Jesús utiliza los recursos del sistema de tal manera que advierte a los hombres de lo que les espera en el único lenguaje que entienden y, haciendo esto, revela a la vez el próximo fin de dicho sistema y las incoherencias, las contradicciones internas de sus discursos. Al mismo tiempo, confía en quebrantar este mismo sistema en el espíritu del oyente, llevarle a conferir a sus palabras un segundo y más auténtico sentido, a la vez que más difícil, porque es ajeno a la violencia persecutoria, al sentido que revela esta violencia y el efecto de encierro que produce sobre cada uno de nosotros.

A la luz de nuestros análisis, no nos cuesta trabajo ver que la idea de un sentido segundo no es ilusoria. El texto expresa realmente mucho más de lo que hasta ahora hemos sacado de él. Resume lo más esencial de nuestros resultados, formula claramente el principio que yo mismo he desprendido, el de la violencia que se expulsa a sí misma, mediante la violencia, para fundar todas las sociedades humanas.

A primera vista, como ya he dicho anteriormente, la idea de que toda comunidad dividida contra sí misma corre hacia su perdición aparece como una observación verídica pero de una sabiduría común. Para iniciar el debate, Jesús enuncia una proposición sobre la que todo el mundo estará de acuerdo.

La segunda frase aparece entonces como un caso especial del primero. Lo que es cierto referido a cualquier reino, a cualquier ciudad, a cualquier casa, debe ser también cierto respecto al reino de Satanás.

Pero el reino de Satanás no es un reino como los demás. Los Evangelios afirman expresamente que Satanás es el principio de cualquier reino. ¿De qué manera Satanás puede ser este principio? Siendo el principio de la expulsión violenta y de la mentira que de ella resulta. El reino de Satanás no es otra cosa que la violencia expulsándose a sí misma, en todos los ritos y los exorcismos a los que los fariseos acaban de aludir, pero más originariamente en la acción fundadora y oculta que sirve de modelo a todos estos ritos, el homicidio unánime y espontáneo de un chivo expiatorio. La segunda frase nos aporta la definición compleja y completa del reino de Satanás. No enuncia únicamente lo que acabará un día por destruir a Satanás, sino lo que lo suscita y establece en su poder, su principio constitutivo. Lo extraño, claro está, es que el principio constitutivo y el principio de la destrucción última coincidan. Es algo que puede desconcertar a los ignorantes, pero ya no hay nada que pueda desconcertarnos a nosotros. Sabemos perfectamente que el principio del deseo mimético, de sus rivalidades, de las divisiones internas que suscita, coincide con el principio de la unificación social, también él mimético, el principio del chivo expiatorio.

Se trata del mismo proceso que se ha desarrollado en

varias ocasiones ante nosotros. Esta es la razón de que al comienzo del homicidio de Juan Bautista nos encontremos con una querella de hermanos enemigos, de la misma manera que la encontramos al comienzo de innumerables mitos. Uno acaba *normalmente* por matar al otro, para ofrecer a los hombres una *norma*.

Lejos de ser la simple aplicación de un principio planteado en la primera frase, la segunda plantea el principio cuyas aplicaciones enuncia la primera. Hay que invertir el orden de las frases. Hay que releer el texto comenzando por el final. Y entonces se entiende por qué la primera frase sigue estando presente en la memoria de los pueblos. Contiene algo insólito que sugiere un paso más allá de la banal sabiduría descubierta en primer lugar. La traducción que he citado de la Biblia de Jerusalén no acaba de sugerir este más allá porque no repite el adjetivo inicial *todo* que aparece dos veces en el original griego.* *Todo reino dividido contra sí mismo es desolado; y toda ciudad o casa dividida contra sí misma...* La repetición de *todo* acentúa la impresión de simetría entre todas las formas de comunidad que han sido aquí mencionadas. El texto enumera todas las sociedades humanas, de la mayor a la más pequeña, el reino, la ciudad, la casa. Por motivos que inicialmente se nos escapan, tiene la preocupación de no omitir ninguna de ellas y la repetición del *todo* subraya una vez más esta voluntad cuya significación no se percibe al nivel del sentido inmediato. No se trata, sin embargo, de algo fortuito o de un efecto de estilo sin consecuencia alguna respecto al sentido. Existe una significación segunda que no puede escapársenos.

* Pero que sí recoge, en cambio, en la traducción aquí utilizada. (*N. del T.*)

311

Lo que el texto sugiere con insistencia es que, efectivamente, todos los reinos, todas las ciudades y todas las casas están divididas contra sí mismas. En otras palabras, todas las comunidades humanas sin excepción alguna proceden del mismo principio simultáneamente edificador y destructor planteado en la segunda frase; todas ellas son ejemplos del reino de Satanás y no es este reino de Satanás, o este reino de la violencia, lo que es un ejemplo cualquiera de sociedad, en el sentido empírico de nuestros sociólogos.

Así pues, las dos primeras frases son más ricas de lo que parece; en ellas se resume toda una sociología, toda una antropología fundamental. Pero hay más. Ante esta luz que comienza a brillar, la tercera y sobre todo la cuarta frase, la más enigmática aparentemente, también se esclarecen: *Y si yo por Beelzebub echo fuera los demonios, ¿vuestros adeptos por quién los echan? Por tanto, ellos serán vuestros jueces.*

El original griego no dice adeptos, sino hijos.* ¿Por qué los hijos espirituales, es decir, los discípulos, los imitadores, se convertirían en los jueces de sus maestros y modelos? La palabra para juez es *kritai*; evoca la idea de crisis y de división. Bajo el efecto de fuertes presiones miméticas, la división interior de toda comunidad «satánica» se exacerba; la diferencia entre violencia legítima y violencia ilegítima disminuye, las expulsiones se hacen recíprocas; los hijos reproducen y refuerzan las violencias de sus padres con unos resultados cada vez más deplorables para todos; acaban, pues, por comprender lo que tenía de nefasto el ejemplo paterno y maldicen a sus propios padres. Aplican sobre todo lo que les precede, como seguimos haciendo ahora nosotros mismos, el juicio negativo igualmente sugerido por la palabra *kritai*.

* Así también la versión de Cipriano de Valera. *(N. del T.)*

La idea de que existe una violencia divina y de que es la más fuerte de todas parece desprenderse inicialmente de nuestro texto; llega a ser explícita, de la misma manera que en el relato del milagro de Gadara, pero más allá de un cierto umbral la lectura se invierte y descubrimos que no hay en absoluto expulsión divina, o mejor dicho que solo existe en el caso de la representación persecutoria, para el espíritu de acusación recíproca, en otras palabras, para el propio Satanás. La fuerza de expulsión procede siempre del propio Satanás y Dios no tiene nada que ver con ella; es más que suficiente para poner término al «reino de Satanás». Son los hombres divididos por su mimetismo, «poseídos» por Satanás, los que se expulsan recíprocamente hasta la extinción total.

Pero si la división contra sí mismo (la rivalidad mimética) y la expulsión de la expulsión (el mecanismo del chivo expiatorio) no son únicamente principios de descomposición para las sociedades humanas, sino principios de composición, ¿por qué Jesús no toma en consideración este segundo aspecto en todos sus finales de frase anunciadores únicamente de destrucción, meramente apocalípticos? ¿Acaso me habré equivocado creyendo descubrir en este texto la paradoja de la violencia mimética fuente de orden tanto como de desorden? ¿Acaso el texto no sería tan groseramente polémico, inconscientemente mimético y bajamente dualista como lo sugiere la lectura inmediata, la que la malévola pereza adopta apresuradamente y no intenta superar?

Diríase que Satanás no acaba nunca de expulsar a Satanás y que no hay ninguna razón para que lo consiga en un futuro previsible. Jesús habla como si el principio satánico hubiera agotado su fuerza de orden, y como si todo orden social tuviera que sucumbir ahora a su propio desorden. El principio de orden aparece claramente en nuestras dos primeras frases pero a un nivel de mera alusión, a través de un efecto estilístico, como si se tratara de una cosa más o menos terminada, condenada por la carrera hacia la destrucción que constituye el único mensaje explícito del caso, el único accesible a la mayoría de los lectores.

La significación de orden está muy presente, pero es precisamente esta presencia la que determina el carácter típicamente vestigial del tratamiento de que es objeto. ¿Por qué? Porque el orden violento de la cultura revelado por todas partes en el Evangelio, principalmente en la Pasión, pero también en todos los textos que hemos leído y finalmente en este, no puede sobrevivir a su propia revelación.

Revelado el mecanismo fundador, el mecanismo del chivo expiatorio –la expulsión de la violencia por la violencia– se ha convertido en caduco a través de su revelación. Ya no tiene ningún interés. Lo que interesa a los Evangelios es el futuro abierto a la humanidad por esta revelación, por el término del mecanismo satánico. Que los chivos expiatorios ya no puedan salvar a los hombres, la representación persecutoria se hunde, la verdad brilla en los calabozos, no es una mala sino una buena noticia: no existe un Dios violento; el auténtico Dios no tiene nada que ver con la violencia y ya no se dirige a nosotros a través de unos lejanos intermediarios, sino directamente. El Hijo que nos envía coincide con él. La hora del Reino de Dios ha sonado.

Si es por el Espíritu de Dios por lo que yo expulso a los demonios es que el Reino de Dios ha llegado para vosotros. El Reino de Dios no tiene nada en común con el reino de Satanás y con los reinos de este mundo basados en el principio satánico de la división contra sí mismo y de la expulsión. No practica ninguna expulsión.

Jesús accede a debatir su propia acción en términos de

expulsión y de violencia porque son los únicos términos que sus interlocutores son capaces de entender. Pero es para sugerirles un acontecimiento que no tiene nada que ver con ese lenguaje. Si es por el Espíritu de Dios por lo que yo expulso a los demonios, dentro de poco quedarán fuera de juego demonios y expulsiones, pues el reino de la violencia y de la expulsión se precipita a marchas forzadas hacia su ruina, sin más demora. El Reino de Dios ha llegado *para vosotros*. Los oyentes son directamente interpelados. El Reino llega como el relámpago. Al igual que el esposo de las vírgenes locas y de las vírgenes prudentes: ha tardado mucho en llegar pero ya está ahí.

El Reino de Dios ha llegado para vosotros que me estáis oyendo en este momento, pero no del todo todavía para esos habitantes de Gadara a los que he abandonado sin decirles nada porque no se hallan en el mismo punto que vosotros. Jesús interviene cuando *los tiempos se han cumplido*, en otras palabras, cuando la violencia ya no puede expulsar la violencia y la división contra sí mismo alcanza el punto crítico, es decir, el punto de la víctima propiciatoria que se convierte esta vez en el punto de no-retorno pues, aunque esta víctima devuelve en apariencia un orden antiguo y por un cierto tiempo, en realidad lo destruye para siempre, sin expulsarlo en absoluto, haciéndose por el contrario expulsar por él, y revelando a los hombres el misterio de esa expulsión, el secreto que Satanás no habría debido dejar escapar, pues sobre él se basa la dimensión positiva de su poder, la fuerza ordenadora de la violencia.

Siempre atento a los aspectos históricos de la revelación, Mateo hace decir a sus dos posesos, en el relato de Gadara, unas frases que solo él cita y que sugieren una distancia entre el universo sometido a la ley y los universos que no lo están: *¿Qué tenemos contigo, Jesús, Hijo de Dios?, ¿Has venido acá a molestarnos antes de tiempo?* (Mateo 8, 29).

Esta queja es significativa en el contexto de los análisis presentes. Ya he dicho que la multitud de Gadara es menos multitud que las multitudes sin pastor a las que Jesús está acostumbrado a predicar. La comunidad sigue estando más «estructurada». Lo debe a su paganismo. Claro está que no se trata de exaltar el paganismo a expensas del judaísmo, sino de sugerir que no ha llegado al mismo punto crítico de su evolución.

La crisis final que determina la revelación final es y no es específica. Es idéntica en su principio al desgaste de todos los sistemas sacrificiales, basados en la expulsión «satánica» de la violencia por la violencia. La revelación bíblica, y luego evangélica, hace irremediable esta crisis, tanto para bien como para mal. Ventilando el secreto de la representación persecutoria, impide, a la larga, que funcione el mecanismo victimario y que engendre, en el paroxismo del desorden mimético, un nuevo orden de la expulsión ritual susceptible de sustituir el que se ha descompuesto.

Tarde o temprano, el fermento evangélico debe provocar el desmoronamiento de la sociedad en la que penetra y de todas las sociedades análogas, incluso aquellas que parecen inicialmente depender únicamente de él, las sociedades llamadas cristianas, que sí dependen, pero de una manera ambigua y a partir de un malentendido parcial, de un malentendido necesariamente sacrificial arraigado en el engañoso parecido de los Evangelios y de todas las constituciones religiosas mitológicas. *Las casas se hunden las unas sobre las otras*, nos cuenta Marcos, pero este hundimiento no es una expulsión más fuerte que procedería de Dios o de Jesús, sino que, por el contrario, es el final de toda expulsión. Esta es la razón de que el advenimiento del Reino de Dios sea destrucción para los que nunca entienden otra cosa que destrucción, y reconciliación para los que intentan reconciliarse.

La lógica del reino que no permanece si se divide perpetuamente contra sí mismo siempre ha sido exacta en términos absolutos, pero jamás en la historia real gracias al mecanismo disimulado de la víctima propiciatoria que siempre ha rechazado el vencimiento devolviendo su fuerza a la diferencia sacrificial, a la expulsión violenta de la violencia. He aquí que ahora se produce en la realidad histórica, en primer lugar para los judíos, que son los primeros en oír a Jesús, y luego para los paganos, para los habitantes de las Gadaras del mundo moderno que siempre se han comportado un poco con Jesús como los del Evangelio, pese a que se reclamen muy oficialmente él. Se alegran de ver que nada irremediable ocurre jamás a sus comunidades y creen que han convencido a los Evangelios de su catastrofismo imaginario.

Una primera lectura de los demonios de Gadara nos da la impresión de que todo se basa en una lógica de la doble expulsión. La primera jamás consigue unos resultados decisivos, es el banco de pruebas de los demonios y de sus gadarenos que, en el fondo, están a partir un piñón. La segunda es la de Jesús, y es una auténtica limpieza por el vacío que acaba por enseñorearse de la vivienda y todos sus habitantes.

Esta misma doble expulsión, interior la primera al sistema que estabiliza, exterior la segunda y destructora de él, aparece explícitamente en el texto que acabamos de leer: *Si por Beelzebub... si por Espíritu de Dios ya echó fuera los demonios...* Una comprensión más profunda muestra que el poder divino no es destructor; no expulsa a nadie. Es la verdad ofrecida a los hombres lo que desencadena las fuerzas satánicas, el mimetismo destructor, privándole de su poder de autorregulación. El equívoco fundamental de Satanás provoca un equívoco superficial y explicable de la acción divina. Jesús introduce la guerra en el universo satánico desdoblado porque, fundamentalmente, introduce la paz. Los hombres no lo entienden o fingen no entenderlo. Nuestro texto está admirablemente confeccionado para adaptarse simultáneamente a los lectores que lo entienden y a los que no. Las frases sobre las agrupaciones humanas enteramente divididas contra sí mismas y sobre Satanás que expulsa a Satanás significan a un tiempo el poder de autorregulación del mimetismo satánico y la pérdida de este poder. El texto no enuncia explícitamente la identidad del principio de orden y del principio de desorden, la *realiza* en unas frases de doble sentido, con un poder de fascinación inagotable porque presentan en claroscuro una verdad sobre la cual no hay que reclamar demasiado la atención para hacerla funcionar en el texto exactamente igual que como funciona en la realidad; si no se entiende, no salimos del universo satánico y permanecemos al nivel de la primera lectura, creemos que existe una violencia divina, rival de la violencia de Satanás; seguimos, pues, prisioneros de la representación persecutoria. Si lo entendemos, comprendemos que el reino satánico corre hacia su perdición porque esta verdad ha sido revelada y escapamos a esta misma representación. Entonces entendemos lo que ocurre con el Reino de Dios y por qué no representa para los hombres un beneficio sin contrapartida. No tiene nada que ver con la instalación de un rebaño de vacas en unos pastos eternamente verdes. Enfrenta a los hombres a la tarea más ruda de su historia. Comparada con nosotros, la gente de Gadara tiene algo de honesto y de simpático. Todavía no se comportan como imperiosos usuarios de la sociedad de consumo. Admiten que les sería difícil vivir sin chivos expiatorios ni demonios.

En todos los textos que hemos leído, la perspectiva demonológica subsiste pero se subvierte por sí sola. Para completar su derrota, basta con ampliar ligeramente la jurisdicción de este *skandalon* que el propio Jesús teoriza y cuyo prodigioso poder operatorio hemos comprobado en todas partes. Los textos que he comentado son representativos, diría, de todo lo que aparece en los Evangelios sinópticos.

En suma, para completar la derrota del demonio basta con orientar el texto en la dirección que el propio Jesús recomienda, la del *skandalon*, y de todo lo que conlleva este término, o sea, la problemática del mimetismo y de sus expulsiones.

Como vemos, no les falta motivo a Marcos y a Mateo para advertir de que no nos quedemos en la letra del mayor de todos los textos demonológicos puestos en boca del propio Jesús. Basta con consultar el diccionario para comprobar que la distorsión parabólica de un texto debe referirse a lo que lo convierte en una especie de concesión a la representación mitológica y violenta, la que procede del homicidio colectivo de un chivo expiatorio.

Abrid vuestro diccionario griego en *paraballo*. El primer sentido del verbo muestra claramente lo que es, pues nos dirige precisamente hacia el homicidio colectivo. *Paraballo* significa arrojar algo como pasto a la multitud para satisfacer su apetito de violencia, preferentemente una víctima, un condenado a muerte; así es, evidentemente, como sale uno mismo de una situación espinosa. Para impedir que la multitud se vuelva contra el orador, este recurre a la parábola, es decir, a la metáfora. No hay discurso, en último término, que no sea parabólico: en efecto, el conjunto del lenguaje humano debe proceder del homicidio colectivo, junto con las demás instituciones culturales. Después de las parábolas más contundentes, la multitud esboza en ocasiones un gesto de violencia al que Jesús escapa, pues todavía no ha llegado su hora.

Prevenir a los lectores de que Jesús habla mediante parábolas es anunciar a los lectores la distorsión persecutoria para permitirles que la tomen en consideración. Aquí se trata necesariamente de precaverles contra el lenguaje de la expulsión. No hay alternativa concebible. No ver la dimensión parabólica de la expulsión es seguir engañado por la violencia, o sea, practicar el tipo de lectura respecto a la cual Jesús nos dice a un tiempo que debemos evitarla y que es casi inevitable: Le preguntaron los que estaban cerca de él con los doce, sobre la parábola. Y les dijo: «A vosotros os es dado saber el misterio del reino de Dios; mas a los que están fuera, por parábolas todas las cosas; para que viendo, vean y no echen de ver; y oyendo, sigan y no entiendan...».

En este momento, Marcos todavía une más estrechamente de lo que lo ha hecho Mateo la parábola al sistema de representación que los Evangelios combaten. A los que viven en este sistema, escribe, todo les llega en parábolas. Lejos de sacarnos de este sistema, la parábola, por consiguiente, tomada al pie de la letra, consolida los muros de la cárcel. Eso es lo que significan las siguientes líneas. Sería inexacto deducir que la parábola no tiene como objetivo la conversión del oyente. También en este caso, Jesús se dirige a sus discípulos: «A vosotros os es dado saber el misterio del reino de Dios; mas a los que están fuera, por parábolas todas las cosas, *para que no vean con sus ojos, ni oigan con sus oídos, ni se conviertan*» (Isaías 6, 9-10; en cursiva, Marcos 4, 10-12).

Incluso en los textos calificados generalmente de «arcaicos», la creencia en el demonio que parece desarrollarse tiende perpetuamente a abolirse. Es el caso del diálogo sobre la expulsión que acabamos de leer, o también el caso del milagro de Gadara. Esta abolición se nos escapa, pues viene expresada en el lenguaje contradictorio de la expulsión expulsada y del demonio arrojado. El demonio es expelido a una nada que en cierto modo le es «consustancial», la nada de su propia existencia.

Eso es exactamente lo que significa, en boca de Jesús, una expresión como: *He visto caer a Satanás como un relámpago*. Solo existe una única trascendencia en los Evangelios, la del amor divino que triunfa de todas las manifestaciones de la violencia y de lo sagrado revelando su nada. El examen de los Evangelios muestra que Jesús prefiere el lenguaje del *skandalon* al de lo demoníaco pero a los discípulos y a los redactores de los Evangelios les ocurre lo contrario. Así pues, no debemos asombrarnos de comprobar un cierto salto entre las palabras atribuidas a Jesús, casi siempre fulgurantes pero presentadas en un orden no siempre muy coherente, y los pasajes narrativos, los relatos de milagros especialmente, mejor organizados desde un punto de vista literario pero ligeramente retrasados respecto al pensamiento que se desprende de las citas directas. Todo eso se explicaría muy bien si los discípulos fueran tal como nos son descritos en los propios Evangelios, muy atentos y llenos de buena voluntad pero no siempre muy capaces de entender plenamente lo que dice y hace su maestro. Es algo que me ha hecho suponer el relato de la negación de Pedro. Cabe pensar que la elaboración de los pasajes narrativos depende más directamente de los discípulos que la transcripción de las palabras de Jesús.

Jesús es el único que domina el lenguaje del *skandalon*: los pasajes más significativos revelan claramente que los dos lenguajes se aplican a los mismos objetos y nos muestran a Jesús en trance de traducir el *logos* demoníaco a términos de escándalo mimético. Es lo que ocurre en el famoso apóstrofe a Pedro que ya he citado. *¡Vade retro, Satanás! Me escandalizas* (me obstaculizas), *pues tus pensamientos no son los de Dios, sino los de los hombres.* ¿En ese instante, Jesús ve en Pedro el *poseso* del propio Satanás, en el sentido que los cazadores de brujas daban a esta expresión? La prueba de que no es así está en la frase siguiente, que convierte la actitud de Pedro en algo típicamente humano: *Tus pensamientos son los de los hombres y no los de Dios.*

El lenguaje del *skandalon* sustituye al miedo, saludable sin duda durante largo tiempo, pero ciego, de los poderes infernales por un análisis de las razones que impulsan a los hombres a caer en la trampa de la circularidad mimética. Exponiendo a Jesús el contagio tentador de su propio deseo mundano, Pedro convierte la misión divina en una empresa mundana, necesariamente hecha para chocar con las ambiciones rivales que suscita indefectiblemente o que la han suscitado a ella, la de Pedro para empezar. Así pues, Pedro desempeña claramente en esta ocasión el papel de *soporte* de Satanás, *suppositus*, el modelo-obstáculo del deseo mimético.

Como vemos, existe una rigurosa correspondencia entre lo que los Evangelios nos dicen de los demonios y la verdad de las relaciones miméticas, tal como la formula Jesús, como la revelan algunas obras maestras de la literatura o, en nuestros días, un análisis teórico de esas relaciones. No ocurre lo mismo con la mayoría de los textos que reflejan una creencia en los demonios, pero, en nuestros días, la mayoría de los comentaristas no son tan meticulosos. Todos los textos que muestran este tipo de creencia les parecen imbuidos de la misma superstición y se opone a todos ellos el mismo rechazo. Su contenido no es realmente examinado.

En realidad, los Evangelios no solo son superiores a todos los textos marcados todavía por el pensamiento mágico, sino que también lo son a las interpretaciones modernas de las relaciones humanas que nos proponen nuestros psicólogos y psicoanalistas, nuestros etnólogos, sociólogos y demás especialistas en las ciencias humanas. No solo son superiores en la concepción mimética, sino también en la combinación de mimetismo y de demonología presentada en un texto como el de Gadara. Como hemos visto, la visión demonológica abarca la unidad y la diversidad de algunas actitudes individuales y sociales con una fuerza que sigue siéndonos inaccesible. Esta es la razón de que tantos grandes escritores, un Shakespeare, un Dostoievski o, en nuestros días, un Bernanos, hayan debido recurrir al lenguaje del demonio para escapar a la banalidad ineficaz del saber pseudocientífico de su época y de la nuestra.

Afirmar la existencia del demonio significa fundamentalmente reconocer la operación entre los hombres de una cierta fuerza de deseo y de odio, de envidia y de celos, mucho más insidiosa y retorcida en sus efectos, más paradójica y repentina en sus inversiones y sus metamorfosis, más compleja en sus consecuencias y más simple en su principio, o incluso, si se prefiere, simplista –el demonio es a la vez muy inteligente y muy estúpido– que cuanto ha podido concebir, a partir de entonces, el empecinamiento de algunos hombres en explicar los mismos comportamientos humanos sin intervención sobrenatural. La naturaleza mimética del demonio es explícita ya que, entre otras cosas, es el simio de Dios. Al afirmar el carácter uniformemente «demoníaco» del trance, de la posesión ritual, de la crisis histérica y de la hipnosis, la tradición afirma una unidad de todos estos fenómenos que es real y cuya base común es imprescindible descubrir para hacer avanzar realmente la psiquiatría. Es precisamente esta base la que Jean-Michel Dughourlian está a punto de recuperar: el mimetismo conflictivo.

Pero el tema demoníaco demuestra su superioridad, sobre todo en su aptitud hasta el momento incomparable para reunir bajo un mismo título la fuerza de división –*diabolos*–, los «afectos perversos», la fuerza generadora de cualquier desorden en todos los niveles de las relaciones humanas y la fuerza de unión, la fuerza ordenadora de lo social. Este tema consigue sin esfuerzo alguno lo que cualquier sociología, cualquier antropología ha querido denodadamente rehacer sin conseguirlo jamás. Los Evangelios afirman el principio que permite distinguir la trascendencia social y la inmanencia de las relaciones individuales y al mismo tiempo permite su unificación, es decir, dominar la relación entre lo que el psicoanálisis francés denomina actualmente lo *simbólico* y lo *imaginario*.

Lo demoníaco hace justicia por una parte a todas las tendencias al conflicto en las relaciones humanas, a cualquier fuerza centrífuga en el seno de la comunidad, y por otra a la fuerza centrípeta que congrega los hombres, el cimiento misterioso de esta misma comunidad. Para transformar esta demonología en auténtico saber, hay que seguir el camino indicado por los Evangelios y comprobar la traducción que ellos mismos han comenzado. Descubrimos entonces que la fuerza que divide en las rivalidades miméticas y la que congrega en el mimetismo unánime del chivo expiatorio es la misma.

Es evidente que a eso se refiere Juan cuando presenta a

Satanás como *mentiroso* y *padre de mentira* en su calidad de *homicida desde el principio* (Juan 8, 44). Esta mentira es la que desacredita la Pasión mostrando la inocencia de la víctima. Si la derrota de Satanás está muy precisamente localizada en el mismo instante de la Pasión, se debe a que el relato verídico de este acontecimiento ofrecerá a los hombres lo que necesitan para escapar a la eterna mentira, para reconocer la calumnia de que es objeto la víctima. Gracias a su bien sabida habilidad mimética, Satanás consigue acreditar la mentira de una víctima culpable. En hebreo, Satanás significa el *acusador*. En este caso, todas las significaciones, todos los símbolos se enlazan de manera rigurosa entre sí para crear un edificio de una sola pieza y de una racionalidad perfecta. ¿Es posible creer realmente que se trata de meras coincidencias? ¿Cómo es posible que un mundo de investigadores imbuidos de comparatismo y de estructuras que encajan entre sí pueda permanecer insensible a esa perfección?

Cuanto más se agrava la crisis mimética, más inmateriales pasan a ser el deseo y sus conflictos, carentes de objeto, y más «perversa» se hace la evolución, estimulando con ello la creencia en un mimetismo puro espíritu, la tendencia inevitable a transformar unas relaciones cada vez más obsesivas en una entidad relativamente autónoma. La prueba de que la demonología no se deja engañar del todo por esta autonomía es que ella misma nos habla de la necesidad absoluta que tienen los demonios de *poseer* un ser vivo para perpetuarse. El demonio no tiene ser suficiente para existir al margen de esta posesión. Pero existe tanto más vigorosamente en la medida en que los hombres resisten menos las incitaciones miméticas cuyas principales modalidades numera la gran escena de la tentación en el desierto. La más significativa de todas es la última, la que muestra a Satanás deseoso de reemplazar a Dios como objeto de adoración, es decir, como modelo de una imitación necesariamente contrarrestada. La prueba de que esta imitación convierte a Satanás en el *skandalon* mimético es la respuesta de Jesús, casi idéntica a la que recibe Pedro cuando se hace tratar de Satanás: es el mismo verbo griego, *upage*, vete, el que aparece en ambos casos y sugiere el obstáculo escandaloso. Adorar a Satanás es aspirar a la dominación del mundo, es, por tanto, entrar con otro en unas relaciones de idolatría y de odio recíprocos que solo pueden culminar en los falsos dioses de la violencia y de lo sagrado en tanto que los hombres consigan perpetuar su ilusión, y luego, finalmente, en la destrucción total el día en que esta ilusión ya no sea posible:

> Otra vez le pasa el diablo (a Jesús) a un monte muy alto,
> y le muestra todos los reinos del mundo y su gloria.
> Y dícele: Todo esto te daré, si postrado me adoras.
> Entonces Jesús le dice: Vete, Satanás, que escrito está:
> Al Señor tu Dios adorarás y a él solo servirás.
>
> (Mateo 4, 8-10.)

CAPÍTULO XV
LA HISTORIA Y EL PARÁCLITO

Todos los pasajes de los Evangelios que hemos examinado se refieren a unos fenómenos de persecución colectiva desacreditados y condenados en el mismo sentido en que desacreditamos y condenamos otros fenómenos análogos en nuestra propia historia. Los Evangelios contienen todo un juego de textos susceptible de aplicarse a unas situaciones muy diversas, cuanto necesitan los hombres, en suma, para criticar sus representaciones persecutorias y para resistir a los mecanismos miméticos y violentos que los mantienen encerrados en ellas.

La acción concreta de los Evangelios sobre estos problemas comienza visiblemente con las violencias contra aquellos que los cristianos llaman sus *mártires*. Vemos en ellos unos inocentes perseguidos. Esa es la verdad que la historia nos ha transmitido. La perspectiva de los perseguidores no prevalece. Esta es la comprobación fundamental. Para que exista lo sagrado en el sentido mitológico, es preciso que la glorificación de la víctima se produzca sobre la base misma de la persecución. Es preciso que los crímenes imaginados por los perseguidores sean considerados verídicos.

En el caso de los mártires, las acusaciones no faltan. Circulan los rumores más delirantes e incluso distinguidos escritores les prestan fe. Son los crímenes clásicos de héroes mitológicos y de violencias populares. Se acusa a los cristianos de infanticidio y de otros crímenes contra su propia familia. Su intensa vida comunitaria les lleva a ser sospechosos de violar los tabúes del incesto. Estas transgresiones, sumadas al rechazo de adorar al emperador, adquieren, a ojos de las multitudes, e incluso de las autoridades, un alcance social. Si Roma arde, es muy probable que los cristianos hayan prendido el fuego...

Existiría realmente una génesis mitológica si todos estos crímenes estuvieran incorporados a la apoteosis final. El santo cristiano sería entonces un héroe mitológico. Reuniría al bienhechor sobrenatural y al agitador omnipotente, capaz de castigar cualquier negligencia, cualquier indiferencia respecto a él mediante el envío de alguna plaga. Lo que caracteriza esencialmente lo sagrado mitológico es su naturaleza a un tiempo maléfica y benéfica. Tenemos la impresión de una doble trascendencia, de una conjunción paradójica, porque entendemos la cosa desde un punto de vista cristiano, considerado por nosotros como la norma cuando en realidad es único.

La inocencia del mártir jamás es puesta en duda, *Me han aborrecido sin causa*. Las conquistas de la Pasión se convierten en verdades concretas. El espíritu de venganza entabla vigorosos combates desde la retaguardia pero no por ello dejan los mártires de rogar por sus verdugos: *Padre mío, perdónales, no saben lo que hacen*.

Es cierto que los hombres no han esperado el cristianismo para rehabilitar a las víctimas inocentes. Se cita siempre a Sócrates, Antígona, y otros, y es correcto. Todos ellos poseen datos que se asemejan a la aprehensión cristiana del mártir, pero tienen un carácter puntual y no afectan a ninguna sociedad en su conjunto. La singularidad del mártir procede de que la sacralización fracasa en las condiciones más favorables a su éxito, la emoción de la multitud, la pasión persecutoria y religiosa. La prueba está en que todos los estereotipos de la persecución aparecen allí. A los ojos de la mayoría, los cristianos constituyen una minoría inquietante. Están ampliamente dotados de signos de selección victimaria. Pertenecen fundamentalmente a las clases inferiores. Son numerosas las mujeres y los esclavos. Pero nada está transfigurado. La representación persecutoria aparece como tal.

La canonización no es una sacralización. Es cierto que en la glorificación de los mártires, y más adelante en las vidas de los santos medievales, existen supervivencias de lo sagrado primitivo. Ya he mencionado algunas de ellas al hablar de san Sebastián. Los mecanismos de la violencia y de lo sagrado desempeñan un papel en la fascinación que ejercen los mártires. Se dice que la sangre antiguamente derramada posee una virtud que tiende a agotarse si, de vez en cuando, no acude a reactivarla la sangre fresca. Esto es absolutamente cierto en el caso de los mártires cristianos, y no debemos dudar de que se trata de un factor importante del esplendor del fenómeno, de su poder de difusión, pero no es el esencial.

Ahora, la mayoría de los investigadores, incluso los cristianos, insisten únicamente en los vestigios sacrificiales. Creen haber descubierto la bisagra entre unos aspectos teológicos del cristianismo que serían meramente sacrificiales y su eficacia social, también ella sacrificial. Descubren ahí algo real, si bien secundario, y que no debe ocultarles el proceso específicamente cristiano, el cual actúa en sentido contrario al sacrificio, en otras palabras, en el sentido de la revelación.

El hecho de que dos acciones opuestas puedan combinarse solo es paradójico aparentemente. O, mejor dicho, reproduce la paradoja de la Pasión y de la totalidad de los Evangelios que se prestan maravillosamente bien a las cristalizaciones mitológicas secundarias y superficiales en la medida en que necesitan reproducir el proceso mitológico con la mayor exactitud a fin de iluminarlo y revolucionarlo en profundidad.

Incluso una teología puramente sacrificial de los Evangelios debe sustentarse en último término en la Epístola a los Hebreos, y esta no autoriza en absoluto la importancia exclusiva concedida a las franjas sacrificiales en el fenómeno de los mártires. Yo creo que la Epístola no consigue definir la auténtica singularidad de la Pasión, pero se esfuerza en hacerlo y hace algo importante presentando la muerte de Cristo como el sacrificio perfecto y definitivo, el que hace caducos todos los sacrificios, y por consiguiente inadmisible cualquier empresa sacrificial posterior. Esta definición sigue dejando en la sombra lo que yo me esfuerzo en mostrar aquí, la absoluta especificidad del cristianismo, pero impide al mismo tiempo la mera y simple recaída en la tradición repetitiva y primitiva del sacrificio, y eso es lo que se produce en la lectura del martirio limitada a los mecanismos de la violencia y de lo sagrado.

El fracaso de la génesis mitológica, en el caso de los mártires, permite a los historiadores aprehender por primera vez, a gran escala, las representaciones persecutorias y las violencias correspondientes *bajo una luz racional*. Descubrimos a las multitudes en plena actividad *mitopoética* y no es tan bonito como suponen nuestros teóricos del mito y de la literatura. Afortunadamente para el humanismo anticristiano, todavía es posible negar que se trata exactamente del proceso que engendra por todas partes la mitología.

Por el mero hecho de ser revelado por la Pasión, el mecanismo del chivo expiatorio no tiene suficiente eficacia para producir un auténtico mito. Así que no es posible demostrar directamente que se trata de este mecanismo generador. Si, por el contrario, este mecanismo conservara su eficacia, ya no habría cristianismo, no existiría más que otra mitología y todo se nos aparecería bajo la forma ya siempre transfigurada de temas y de motivos realmente mitológicos. El resultado final sería el mismo: tampoco en este caso se reconocería el mecanismo generador. Quien lo descubriera se expondría a ser acusado de confundir las palabras y las cosas y de inventar la persecución real detrás de la noble imaginación mitológica.

Espero haber mostrado que la demostración es posible, que es incluso absolutamente cierta, pero debe adoptar los caminos indirectos que hemos seguido.

En las vidas de santos, siempre es la Pasión lo que sirve de modelo, lo que se desliza bajo las circunstancias concretas de tal o cual persecución. Pero no se trata únicamente de un ejercicio retórico, de piedad formal, como imaginan nuestros pseudodemistificadores. La crítica de las representaciones persecutorias comienza ahí; ofrece de entrada unos resultados rígidos, torpes e incluso parciales, pero es un proceso hasta entonces inconcebible y que exige un largo aprendizaje.

Se me objetará que la rehabilitación de los mártires es un asunto partidista, arraigado en la comunidad de creencia entre las víctimas y sus defensores. El «cristianismo» solo defiende a sus propias víctimas. Una vez victorioso, él mismo se convierte en opresor, tiránico y perseguidor. Respecto a sus propias violencias, demuestra la misma ceguera que los que le habían perseguido.

Todo eso es cierto, tan cierto como la connotación sacrificial del martirio, pero, una vez más, solo es una verdad secundaria que disimula la verdad fundamental. Está a punto de producirse una revolución formidable. Los hombres, o por lo menos algunos hombres, ya no se dejan seducir por las persecuciones que hacen suyas sus propias creencias, y menos aún por las del propio «cristianismo». La resistencia a la persecución surge del seno del universo perseguidor. Me estoy refiriendo, claro está, al proceso que he descrito extensamente al comienzo del presente ensayo, en la demistificación de los cazadores de brujas, en el abandono por parte de toda una sociedad de las formas más groseras del pensamiento mágico-persecutorio.

A lo largo de la historia occidental, las representaciones persecutorias se debilitan y se hunden. Eso no siempre significa que las violencias disminuyan en cantidad y en intensidad. Significa que los perseguidores no pueden imponer duraderamente su manera de ver a los hombres que les rodean. Hicieron falta siglos para demistificar las persecuciones medievales, bastó con unos cuantos años para desacreditar a los perseguidores contemporáneos. Aunque mañana algún sistema totalitario extendiera su dominio sobre todo el planeta, no conseguiría hacer prevalecer su propio mito, en otras palabras, el aspecto mágicopersecutorio de su pensamiento.

Se trata del mismo proceso que en el caso de los mártires cristianos, pero depurado de las últimas huellas de lo sagrado y radicalizado, ya que no exige ninguna comunidad de creencia entre las víctimas y los que demistifican el sistema de su persecución. El lenguaje empleado lo muestra claramente. Siempre utilizamos el mismo; no hay otro.

En el latín clásico ninguna connotación de injusticia va ligada a *persequi*; el término significa simplemente: perseguir ante los tribunales. Fueron los apologistas cristianos, especialmente Lactancio y Tertuliano, quienes decantaron *persecutio* en el sentido moderno. Se trata de la idea muy poco romana de un aparato legal al servicio no de la justicia, sino de la injusticia, sistemáticamente torcido por las distorsiones persecutorias. En griego, de igual manera, *mártir* significa testigo y es la influencia cristiana lo que hace evolucionar la palabra hacia el sentido actual de inocente perseguido, de víctima heroica de una violencia injusta.

Cuando exclamamos: «La víctima es un chivo expiatorio», recurrimos a una expresión bíblica, pero que ya no tiene, como he dicho, el sentido que tenía para los participantes en el ritual del mismo nombre. Tiene el sentido de la oveja inocente en Isaías, del cordero de Dios en los Evangelios. Cualquier referencia explícita a la Pasión ha desaparecido, pero siempre es la que se yuxtapone a las representaciones persecutorias; el mismo modelo sirve de código de desciframiento, pero ahora está tan bien asimilado que, en todas partes donde ya sabemos utilizarlo, lo hacemos de manera automática, sin referencia explícita a sus orígenes judaicos y cristianos.

Cuando los Evangelios nos afirman que ahora Cristo ha sustituido a todas las víctimas, lo entendemos únicamente como sentimentalismo y piedad grandilocuente mientras que desde una perspectiva epistemológica es literalmente cierto. Los hombres solo han aprendido a identificar a sus víctimas inocentes poniéndolas en el lugar de Cristo; Raymond Schwager lo ha entendido muy bien.[1] No es fundamentalmente la operación intelectual, claro está, lo que

---

1. Raymond Schwager, *Brauchen wir einen Sündenbock?*, *op. cit.* Sobre el poder revelador de los Evangelios frente a la mitología, este libro aporta unas luces importantes. Desgraciadamente todavía no ha sido traducido al francés.

interesa a los Evangelios, es el cambio de actitud que no tiene por qué ser *necesario*, como de manera absurda exigen algunos, sino *posible*.

Y cuando el Hijo del hombre venga en su gloria, y todos los santos ángeles con él, entonces se sentará sobre el trono de su gloria.

Y serán reunidas delante de él todas las gentes: y los apartará los unos de los otros, como aparta el pastor las ovejas de los cabritos.

Y pondrá las ovejas a su derecha, y los cabritos a la izquierda.

Entonces el Rey dirá a los que estarán a su derecha: Venid, benditos de mi Padre, heredad el reino preparado para vosotros desde la fundación del mundo:

Porque tuve hambre, y me disteis de comer; tuve sed, y me disteis de beber; fui huésped, y me recogisteis;

Desnudo, y me cubristeis; enfermo, y me visitasteis; estuve en la cárcel, y vinisteis a mí.

Entonces los justos le responderán, diciendo: Señor, ¿cuándo te vimos hambriento, y te sustentamos?, ¿o sediento, y te dimos de beber?

¿Y cuándo te vimos huésped, y te recogimos?, ¿o desnudo, y te cubrimos?

¿O cuándo te vimos enfermo, o en la cárcel, y vinimos a ti?

Y respondiendo el Rey les dirá: De cierto os digo que en cuanto lo hicisteis a uno de estos mis hermanos pequeños, a mí lo hicisteis.

Entonces dirá también a los que estarán a la izquierda: Apartaos de mí, malditos, al fuego eterno preparado para el diablo y para sus ángeles:

Porque tuve hambre, y no me disteis de comer; tuve sed, y no me disteis de beber;

Fui huésped, y no me recogisteis; desnudo, y no me cubristeis; enfermo, y en la cárcel, y no me visitasteis.

Entonces también ellos le responderán, diciendo: Señor, ¿cuándo te vimos hambriento, o sediento, o huésped, o desnudo, o enfermo, o en la cárcel, y no te servimos?

Entonces les responderá, diciendo: De cierto os digo que en cuanto no lo hicisteis a uno de estos pequeñitos, ni a mí lo hicisteis.

E irán estos al tormento eterno, y los justos a la vida eterna.

(Mateo 25, 31-46.)

Este texto tiene un carácter parabólico en la medida en que, para dirigirse a unos violentos que se ignoran en tanto que tales, recurre al lenguaje de la violencia, pero su sentido está completamente claro. No es la referencia explícita a Jesús lo que ahora importa. Solo nuestra actitud concreta respecto a las víctimas determina nuestra relación con las exigencias suscitadas por la revelación y esta puede llegar a ser efectiva sin necesidad de que nunca sea mencionado el propio Cristo.

Cuando el texto evangélico habla de su difusión universal, no quiere decir que se formule unas ilusiones utópicas, bien sobre la naturaleza de las adhesiones de que será objeto, bien sobre los resultados prácticos de la lenta penetración en profundidad que se efectuará paralelamente. Prevé tanto la adhesión superficial de un universo todavía pagano, la Edad Media «cristiana», como el rechazo indiferente o malhumorado del universo que le sucede, más afectado secretamente por la revelación y obligado con frecuencia por ese mismo hecho a erigir contra el cristianismo paganizado de antes unas parodias anticristianas de universo evangélico. No es al grito de: «Crucificadle» como se decide finalmente la muerte de Jesús, sino al de: «Libertad a Barrabás» (Mateo 27, 21; Marcos 15, 11; Lucas 23, 18).

La evidencia de los textos me parece irrefutable pero no es posible señalarla sin levantar un auténtico alud de protestas, un concierto de vociferaciones que ha llegado a ser casi universal, pues los últimos cristianos titulados se adhieren gustosamente a él. Es posible que los textos resulten tan fuertes ahora que el mismo hecho de alegarlos, de poner de manifiesto su pertinencia tenga algo de polémico y de persecutorio.

Muchas personas, por otra parte, siguen vinculadas a la visión modernista tradicional de un cristianismo esencialmente perseguidor. Esta visión se basa en dos tipos de datos demasiado diferentes en apariencia como para que su concordancia no parezca decisiva.

A partir de Constantino, el cristianismo triunfa al nivel del propio Estado y, muy rápidamente, encubrirá con su autoridad unas persecuciones análogas a aquellas que habían tenido por víctimas a los primeros cristianos. Al igual que otras tantas empresas religiosas, ideológicas y políticas después de él, el cristianismo todavía débil sufre las persecuciones, y, tan pronto como se hace fuerte, se convierte en perseguidor.

Esta visión del cristianismo tanto o más perseguidor que las demás religiones se ha reforzado, en lugar de disminuir, por la misma aptitud del mundo occidental y moderno para descifrar las representaciones persecutorias. En tanto que esta aptitud permanezca limitada a la vecindad histórica inmediata, es decir, al universo superficialmente cristianizado, la persecución religiosa, la violencia sancionada o suscitada por lo religioso aparece un poco como un monopolio de este universo.

En los siglos XVIII y XIX, por otra parte, los occidentales convierten la ciencia en un ídolo para mejor adorarse a sí mismos. Creen en un espíritu científico autónomo, del cual serían simultáneamente los inventores y el producto. Sustituyen los antiguos mitos por el del progreso, en otras palabras, por el mito de una superioridad moderna propiamente infinita, el mito de una humanidad liberándose y divinizándose poco a poco por sus propios medios.

El espíritu científico no puede ser primero. Supone una renuncia de la antigua preferencia por la causalidad mágico-persecutoria tan bien definida por nuestros etnólogos. A las causas naturales, lejanas e inaccesibles, la humanidad siempre ha preferido las causas *significativas bajo la relación social, y que admiten una intervención correctiva*; en otras palabras, las víctimas.

Para orientar a los hombres hacia la exploración paciente de las causas naturales, hay que comenzar por desviarles de sus víctimas y ¿cómo es posible hacerlo si no es mostrándoles que los perseguidores *aborrecen sin causa* y, a partir de ahora, sin resultado apreciable? Para operar este milagro, no solo entre unos pocos individuos excepcionales como en Grecia, sino a la escala de vastas poblaciones, hace falta la extraordinaria combinación de factores intelectuales, morales y religiosos que aporta el texto evangélico.

No porque los hombres hayan inventado la ciencia han dejado de perseguir a las brujas, sino que han inventado la ciencia porque han dejado de perseguirlas. El espíritu científico, al igual que el espíritu de empresa en economía, es un subproducto de la acción en profundidad ejercido por el texto evangélico. El Occidente moderno olvida la revelación para interesarse únicamente por los subproductos. Los ha convertido en armas, en instrumentos de poder, y he aquí que ahora el proceso se vuelve contra él. Se creía liberador y se descubre perseguidor. Los hijos maldicen a sus padres y se convierten en sus jueces. En todas las formas clásicas del racionalismo y de la ciencia, los investigadores contemporáneos descubren supervivencias de magia. Lejos de salir de una vez, como imaginaban, del círculo de la violencia y de lo sagrado, nuestros predecesores han reconstituido unas variantes debilitadas de los mitos y de los rituales.

Nuestros contemporáneos critican todo eso; condenan altivamente el orgullo del Occidente moderno, pero es para caer en una forma de orgullo aún peor. Para no aceptar nuestras responsabilidades en el mal uso que hacemos de las prodigiosas ventajas que se nos han concedido, negamos su realidad. Solo renunciamos al mito del progreso para recaer en el mito todavía peor del eterno retorno. Si juzgamos a partir de nuestros sabihondos, ahora no estamos trabajados por ningún fermento de verdad; nuestra historia carece de sentido, la misma noción de historia no significa nada. No existen signos de los tiempos. No vivimos la singular aventura que creemos vivir. La ciencia no existe; el saber tampoco.

Nuestra reciente historia espiritual se parece cada vez más a los estremecimientos convulsivos de un poseso que parece preferir la muerte a la curación que le amenaza. Para parapetarnos, como hacemos, contra toda posibilidad de saber, es necesario que sintamos un gran temor del advenimiento de un saber percibido como enemigo. He intentado mostrar que muchas cosas de nuestro mundo están determinadas por el parón dado al desciframiento de la representación persecutoria. Llevamos unos siglos leyendo algunas de ellas, y no leemos las demás. Nuestro poder demistificador no va más allá del ámbito que él mismo define como histórico. Se ha ejercido en primer lugar, y es comprensible, sobre las representaciones más próximas, las que es más fácil descifrar en tanto que ya están debilitadas por la revelación evangélica.

Pero ahora las dificultades ya no bastan para explicar nuestro estancamiento. Nuestra cultura es, como he mostrado, literalmente esquizofrénica en su rechazo a extender a la mitología clásica y primitiva unos procedimientos de interpretación que sería legítimo aplicarles. Intentamos proteger el mito del humanismo occidental, el mito rousseauniano de la bondad natural y primitiva del hombre.

Pero, en realidad, esos mitos apenas cuentan. Solo son las avanzadillas de una resistencia más obstinada. Descifrar la mitología, descubrir el papel de los «chivos expiatorios» en todo orden cultural, resolver el enigma de la religiosidad primitiva, significa necesariamente preparar el poderoso retorno de la revelación evangélica y bíblica. A partir del momento en que entendemos realmente los mitos, ya no podemos confundir el Evangelio con otro mito, ya que es lo que nos permite entenderlos.

Toda nuestra resistencia va dirigida contra esta luz que nos amenaza. Lleva mucho tiempo iluminando muchas cosas en torno a nosotros pero aún no se iluminaba a sí misma. Nos esforzábamos en creer que procedía de nosotros. Nos la habíamos apropiado indebidamente. Nosotros mismos nos creíamos la luz cuando no somos más que testigos de la luz. Pero basta con que aumente un poco el resplandor y el alcance de esta luz, y se saca a sí misma de la sombra, se vuelve sobre sí misma para iluminarse. La luz evangélica revela su propia especificidad a medida que se extiende a la mitología.

El texto evangélico está a punto de justificarse a sí mismo, en suma, al término de una historia intelectual que nos parecía ajena a él porque transformaba nuestra visión en un sentido extraño a todas las religiones de la violencia con las que, absurdamente, lo confundíamos. Pero he aquí que un nuevo progreso de esta historia, menor en sí pero cargado de consecuencias para nuestros equilibrios intelectuales y espirituales, disipa esta confusión y revela la crítica de la religiosidad violenta como el sentido mismo de la revelación evangélica.

Si los Evangelios no trataran ese tema, se les escaparía su propia historia; no serían lo que vemos en ellos, pero el caso es que lo tratan, bajo la rúbrica del Espíritu. Los grandes textos sobre el Paráclito iluminan el proceso que estamos viviendo. Esta es la razón de que su aparente oscuridad comience a disiparse. No es el desciframiento de la mitología lo que ilumina los textos sobre el Espíritu, son los Evangelios los que, reduciendo los mitos a la nada después de haberlos traspasado con su luz, nos permiten comprender unas palabras que parecen insensatas, penetradas de violencia y de superstición, porque anuncian este proceso bajo la forma de una victoria de Cristo sobre Satanás, o del Espíritu de verdad sobre el Espíritu de mentira. Los pasajes del evangelio de Juan dedicados al Paráclito resumen todos los temas de la presente obra.

Todos estos pasajes se encuentran en la despedida de Jesús a sus discípulos, que constituye la culminación del cuarto Evangelio. Pienso que los cristianos modernos se sienten algo embarazados al ver reaparecer a Satanás en un instante tan solemne. Lo que dice Juan es que la justificación de Jesús ante la historia, su autentificación, coincide con la anulación de Satanás. Este acontecimiento uno y doble nos es presentado como ya consumado por la Pasión y simultáneamente como todavía no consumado, siempre venidero, ya que es invisible a los ojos de sus propios discípulos.

Y cuando él viniere (el Paráclito) confundirá al mundo en materia de pecado, y en materia de justicia, y en materia de juicio:

De pecado ciertamente, por cuanto no creen en mí; y de justicia, por cuanto voy al Padre, y no me veréis más; y de juicio, por cuanto el príncipe de este mundo es juzgado.

Entre el Padre y el mundo existe un abismo que procede del propio mundo, de la violencia de este mundo. El hecho de que Jesús vuelva al Padre significa la victoria sobre la violencia, la superación de este abismo. Pero en un primer momento los hombres no lo descubren. Para ellos, que están en la violencia, Jesús solo es un muerto más. Ningún mensaje deslumbrante procederá de él ni del Padre, después del retorno al lado del Padre. Aunque Jesús sea divinizado, siempre lo será un poco a la manera de los dioses antiguos, en el ciclo perpetuado de la violencia y de lo sagrado. En tales condiciones, la victoria de la representación persecutoria parece garantizada.

Y sin embargo, afirma Jesús, las cosas no ocurrirán así. Manteniendo la palabra del Padre hasta el final y muriendo por ella, contra la violencia, Jesús supera el abismo que separa a los hombres del Padre. Se convierte él mismo en su Paráclito, es decir, en su protector, y les envía otro Paráclito, que no cesará de intervenir en el mundo para que la verdad surja a la luz.

Los sabios y los maliciosos sospechan aquí una de esas revanchas imaginarias que los derrotados de la historia se preparan con sus escritos. Y, sin embargo, aunque el lenguaje nos asombre, aunque el autor del texto parezca a veces atrapado por el vértigo ante la amplitud de su visión, no podemos dejar de reconocer lo que nosotros mismos acabamos de decir. El Espíritu trabaja en la Historia para revelar lo que Jesús ya ha revelado, el mecanismo del chivo expiatorio, la génesis de cualquier mitología, la nulidad de todos los dioses de la violencia, en otras palabras, en el lenguaje evangélico, el Espíritu completo, la derrota y la condena de Satanás. Al estar edificado sobre la representación persecutoria, el mundo no cree necesariamente en Jesús, o cree de mala manera. No puede concebir la fuerza reveladora de la Pasión. Ningún sistema de pensamiento puede concebir realmente el pensamiento capaz de destruirlo. Para confundir al mundo, por consiguiente, y para mostrar que es razonable y justo creer en Jesús como enviado del Padre, que vuelve al Padre después de la Pasión, es decir, en tanto que divinidad sin comparación posible con las de la violencia, es preciso que el Espíritu trabaje en la historia para disgregar el mundo y desacreditar poco a poco todos los dioses de la violencia; parece desacreditar incluso a Cristo en la medida en que la Trinidad cristiana, por culpa nuestra, tanto de infieles como de fieles, parece comprometida en la sacralidad violenta. En realidad, solo la imperfección del proceso histórico perpetúa e incluso refuerza la incredulidad del mundo, la ilusión de un Jesús demistificado por el progreso del saber, eliminado por la historia al mismo tiempo que los restantes dioses. Basta con que la historia avance un poco más y descubrimos que da la razón al Evangelio; «Satanás» es el desacreditado y Jesús el justificado. Así pues, la victoria de Jesús es un hecho desde un principio, desde el momento de la Pasión, pero solo se concreta en la mayoría de los hombres al término de una larga historia secretamente gobernada por la revelación. Pasa a ser evidente en el momento en que comprobamos que, efectivamente, gracias a los Evangelios y no en contra de ellos, podemos finalmente mostrar la inanidad de todos los dioses violentos, explicar y anular cualquier mitología.

Satanás solo reina gracias a la representación persecutoria que dominaba por doquier antes de los Evangelios. Así pues, Satanás es esencialmente el *acusador*, el que engaña a los hombres llevándoles a considerar culpables a unas víctimas inocentes. Ahora bien, ¿quién es el Paráclito?

En griego, *Parakleitos* es el equivalente exacto de abogado, o del latín *ad-vocatus*. El paráclito es convocado junto al detenido, a la víctima, para hablar en su lugar y en su nombre, para servirle de defensor. El Paráclito es el abogado universal, el encargado de la defensa de todas las víctimas inocentes, el destructor de cualquier *representación persecutoria*. Es, por consiguiente, el espíritu de verdad, el que disipa las brumas de cualquier mitología.

Hay que preguntarse por qué motivo Jerónimo, este formidable traductor que generalmente no carece de audacia, ha retrocedido ante la traducción de un nombre común tan corriente como el de *parakleitos*. Está literalmente atónito. No entiende la pertinencia de este término y opta por una pura y simple transliteración, *Paracletus*. Su ejemplo es seguido religiosamente por la mayoría de lenguas modernas, con los resultados de Paraclet, Paraclete, Paraklet, etc. Desde entonces, este vocablo misterioso no ha cesado de concretar a través de su opacidad no la ininteligibilidad de un texto en realidad perfectamente inteligible, sino la falta de inteligencia de sus intérpretes, la misma que Jesús reprocha a sus discípulos y que se perpetúa, y con frecuencia incluso se agrava, en los pueblos evangelizados.

Ni que decir tiene que existen innumerables estudios sobre el Paráclito, pero ninguno de ellos aporta una solución satisfactoria, pues todos definen el problema en términos estrictamente teológicos. La prodigiosa dignificación histórica y cultural del término sigue siendo inaccesible y se acaba generalmente por determinar que, si es realmente el abogado de alguien, el Paráclito debe ser el abogado de los discípulos ante el Padre. Esta solución aduce un pasaje de la Primera Epístola de Juan: *Y si alguno hubiere pecado, abogado tenemos para con el Padre, a Jesucristo el justo* (2, 1)... Paragleitos.

El texto de Juan convierte al propio Jesús en un Paráclito. En el evangelio del mismo autor, Jesús aparece efectivamente como el primer Paráclito enviado a los hombres:

> Y yo rogaré al Padre, y os dará otro Consolador (Paráclito), para que esté con vosotros para siempre:
> Al Espíritu de verdad, al cual el mundo no puede recibir, porque no lo ve, ni lo conoce. (Juan 14, 16-17.)

Cristo es el Paráclito (o consolador) por excelencia, en la lucha contra la representación persecutoria, ya que cualquier defensa y rehabilitación de las víctimas se basa en la fuerza reveladora de la Pasión pero, una vez partido Cristo, el Espíritu de verdad, el segundo Paráclito, hará brillar para todos los hombres la luz que ya está ahí, en el mundo, pero que los hombres se empeñan desde siempre en no ver.

Sin lugar a dudas, los discípulos no necesitan un segundo abogado junto al Padre, si tienen al propio Jesús. El otro Paráclito es enviado entre los hombres y en la historia; no debemos liberarnos de él enviándole piadosamente a lo trascendental. La naturaleza inmanente de su acción está confirmada por un texto de los Evangelios sinópticos:

> Y cuando os cojan para entregaros, no os preocupéis por lo que diréis, sino decid lo que se os ocurra en el momento pues no sois vosotros quienes hablaréis sino el Espíritu Santo.

Este texto es en sí mismo problemático. No acaba de decir lo que quiere decir. Parece expresar que los mártires no tienen por qué preocuparse de su defensa, ya que el Espíritu Santo estará con ellos para darles la razón. Pero no puede tratarse de un triunfo inmediato. Las víctimas no confundirán a sus acusadores en el mismo transcurso de su proceso; serán martirizadas; numerosos textos lo atestiguan; los Evangelios no se imaginan en absoluto que harán cesar las persecuciones.

Aquí no se trata de procesos individuales ni de ningún proceso trascendental en el que el Padre desempeñaría el papel del Acusador. Pensar de este modo equivale a convertir siempre al Padre, con las mejores intenciones del mundo –el infierno está adoquinado con ellas–, en una figura satánica. Así que solo puede tratarse de un proceso intermedio entre el cielo y la tierra, el proceso de los poderes «celestes» o «mundanos» y del propio Satanás, el proceso de la representación persecutoria en su conjunto. Esta es la razón de que los evangelistas no siempre sean capaces de definir el lugar de este proceso que en ocasiones entienden como demasiado trascendente y otras demasiado inmanente, y los comentaristas modernos jamás han salido de este dilema porque nunca han entendido que el destino de toda la sacralidad violenta está en juego en la batalla entre el Acusador, Satanás, y el abogado de la defensa, el Paráclito.

Lo que dicen los mártires no tiene mucha importancia porque ellos son los testigos, no de una creencia determinada, como suele imaginarse, sino de la terrible propensión de la comunidad humana a derramar la sangre inocente, para rehacer su unidad. Los perseguidores se esfuerzan en enterrar todos los cadáveres en el sepulcro de la representación persecutoria pero cuantos más mártires mueren, más se debilita esta representación, y más evidente se hace el testimonio. Esta es la razón de que siempre utilicemos el término de mártir, que significa testimonio, para todas las víctimas inocentes, sin tomar en consideración las diferencias de creencias o de doctrinas, tal como lo anuncian los Evangelios. De igual manera que en el caso del *chivo expiatorio*, la utilización popular de mártir va más lejos que las interpretaciones sabias y sugiere a la teología cosas que todavía ignora.

El mundo todavía intacto no puede entender nada de lo que trasciende la representación persecutoria; no puede ver al Paráclito ni conocerle. Los mismos discípulos todavía están imbuidos de ilusiones que solo la historia puede deshacer profundizando la influencia de la Pasión. Así pues, el futuro recordará a los discípulos unas Palabras que de momento no pueden retener su atención porque les parecen desprovistas de sentido:

> Estas cosas os he hablado estando con vosotros. Mas el Consolador, el Espíritu Santo, el cual el Padre enviará en mi nombre, él os enseñará todas las cosas, y os recordará todas las cosas que os he dicho. (Juan 14, 25-26.)

> Aún tengo muchas cosas que deciros, mas ahora no las podéis llevar.
> Pero cuando viniere aquel Espíritu de verdad, él os guiará a toda verdad; porque no hablará de sí mismo, sino que hablará todo lo que oyere, y os hará saber las cosas que han de venir.
> Él me glorificará: porque tomará de lo mío, y os lo hará saber. (Juan 16, 12-14.)

De todos los textos sobre el Paráclito, he aquí finalmente el más extraordinario. Parece hecho de piezas y de fragmentos heterogéneos, como si fuera el fruto incoherente de una especie de esquizofrenia mística. En realidad, nuestra propia esquizofrenia cultural es la que lo hace parecer así. No veremos nada en él mientras pensemos iluminarlo a partir de principios y de métodos que necesariamente dependen del mundo y no pueden ver ni conocer al Paráclito. Juan nos asesta unas verdades extraordinarias a un ritmo tal que no podemos ni queremos absorberlas. Es grande el peligro de proyectar sobre él la confusión y la violencia que, más o menos, siempre nos acompañan. Es posible que el texto se vea afectado, en determinados detalles, por los conflictos entre la Iglesia y la Sinagoga, pero su auténtico argumento no tiene nada que ver con los debates contemporáneos sobre el «antisemitismo de Juan».

El que me aborrece también a mi Padre aborrece.

Si no hubiese hecho entre ellos obras cuales ningún otro ha hecho, no tendrían pecado, mas ahora las han visto, y me aborrecen a mí y a mi Padre.

Mas para que se cumpla la palabra que está escrita en su ley: *Que sin causa me aborrecieron.*

Empero cuando viniera el *Consolador*, el cual yo os enviaré del Padre, el Espíritu de verdad, el cual procede del Padre, él dará testimonio de mí [ekeinos *marturesei* peri emou]. Y vosotros daréis testimonio [kai humeis de *martureite*] porque estáis conmigo desde el principio. (Juan 15, 23-27.)

Estas cosas os he hablado, para que no os *escandalicéis.*

Os echarán de las sinagogas; y aun viene la hora, cuando *cualquiera que os matare, pensará que hace servicio a Dios.*

Y estas cosas os harán, porque no conocen al Padre ni a mí.

347

Mas os he dicho esto, para que cuando aquella hora viniere, os acordéis que yo os lo había dicho. (Juan 16, 1-4.)

Este texto evoca, sin duda, las luchas y las persecuciones de la época de su elaboración. Directamente, no puede evocar otras. Pero, de manera indirecta, evoca todas las demás, pues no es dominado por la venganza, sino que, por el contrario, la domina. Convertirlo en una pura y simple prefiguración del antisemitismo contemporáneo, bajo el pretexto de que nunca ha sido entendido, es abandonarse al escándalo, es convertir en escándalo lo que se nos ha dado, como se nos dice, para preservarnos del escándalo, para anticipar los malentendidos ocasionados por el fracaso aparente de la revelación.

La revelación parece fracasar; culmina en unas persecuciones susceptibles, diríase, de sofocarla pero que finalmente la realizan. En tanto que las palabras de Jesús no nos alcancen, no cometemos pecado. Permanecemos en el estadio de los habitantes de Gadara. La representación persecutoria mantiene una legitimidad relativa. El pecado es la resistencia a la revelación. Se exterioriza necesariamente en la persecución odiosa del revelador, es decir, del propio Dios auténtico, ya que él es quien acude a turbar nuestros pequeños apaños más o menos confortables con nuestros demonios familiares.

La resistencia persecutoria –la de Pablo, por ejemplo, antes de su conversión– hace manifiesto exactamente aquello que debería ocultar para resistir eficazmente, los mecanismos victimarios. Realiza la palabra reveladora por antonomasia, la que desacredita la acusación persecutoria: *Que sin causa me aborrecieron.*

Veo aquí una recapitulación teórica del proceso evangélico por excelencia, el que describen todos los textos comentados en las páginas precedentes, el mismo que también se desarrolla en nuestra historia. El mismo que se desarrolla como historia, a la vista de todo el mundo y que es lo mismo que el advenimiento del Paráclito. Cuando llegue el Paráclito, dice Jesús, dará testimonio de mí, revelará el sentido de mi muerte inocente y de cualquier muerte inocente, desde el comienzo hasta el fin del mundo. Así pues, los que lleguen después de Cristo testimoniarán como él, menos por sus palabras o sus creencias que convirtiéndose en mártires, muriendo como el propio Jesús.

Se trata ciertamente de los primeros cristianos perseguidos por los judíos o por los romanos, pero también de los judíos, más adelante, perseguidos por los cristianos, de todas las víctimas perseguidas por todos los verdugos. ¿A qué se refiere, en efecto, el testimonio? Yo afirmo que siempre se refiere a la persecución colectiva generadora de las ilusiones religiosas. Y exactamente a eso alude la frase siguiente: *Y aun viene la hora, cuando cualquiera que os matare, pensará que hace servicio a Dios.* En el espejo de las persecuciones históricas, medievales y modernas, aprehendemos, si no la violencia fundadora en sí, por lo menos sus sucedáneos, tanto más criminales en cuanto ya no tienen nada de ordenador. Los cazadores de brujas caen bajo el peso de esta revelación, así como los burócratas totalitarios de la persecución. A partir de ahora, cualquier violencia revela lo que revela la Pasión de Cristo, la imbécil génesis de los ídolos ensangrentados, de todos los falsos dioses de las religiones, de las políticas y de las ideologías. No por ello los homicidas están menos convencidos de que sus sacrificios son meritorios. Tampoco ellos saben lo que hacen y debemos perdonarlos. Ha llegado la hora de perdonarnos los unos a los otros. Si seguimos esperando, ya será tarde.